シリーズ〈本の文化史〉2

書籍の宇宙

広がりと体系

鈴木俊幸▼編

平凡社

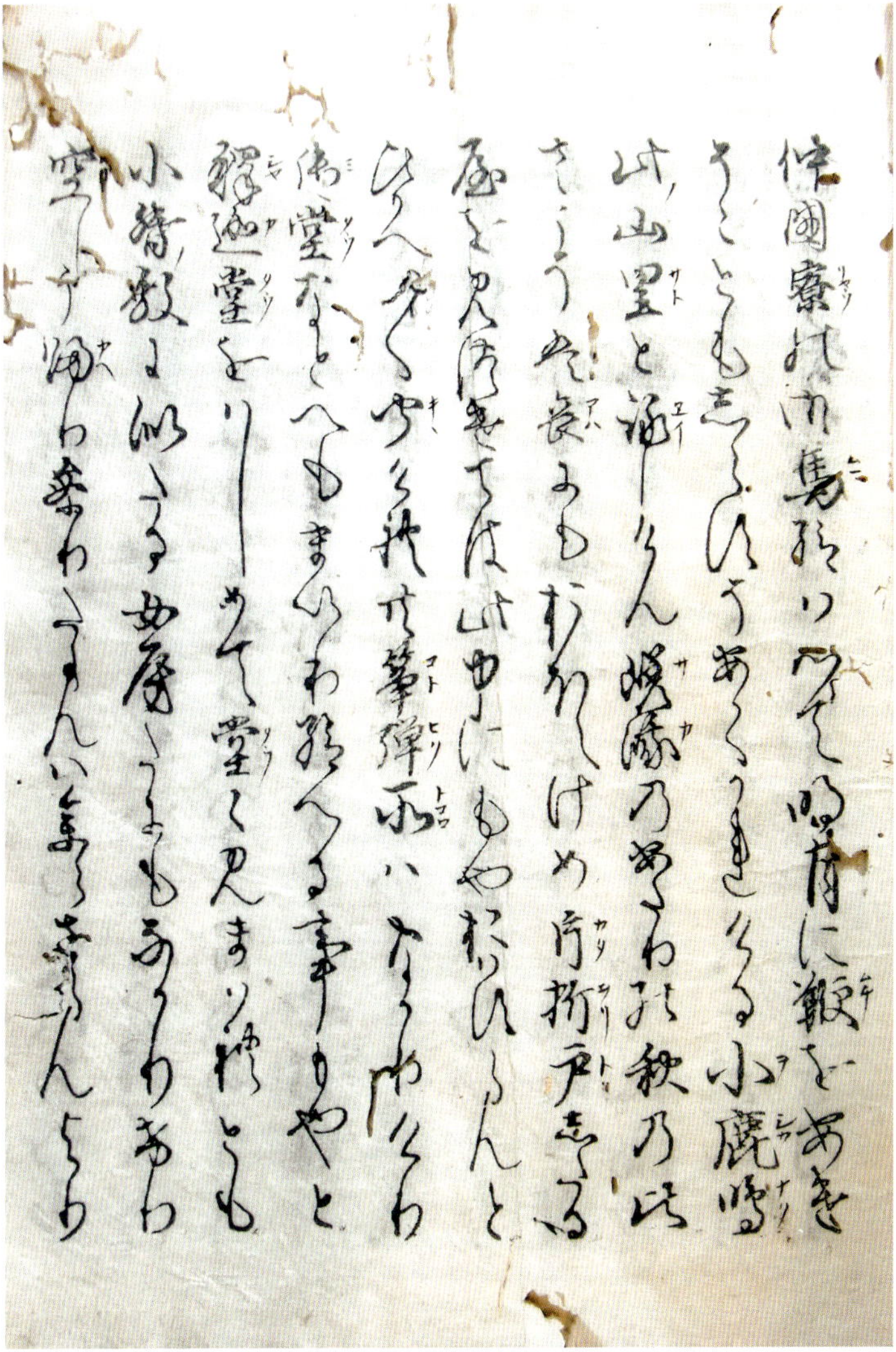

古活字版『平家物語』

ヨーロッパと朝鮮から活字印刷の技術が伝来したのを受けて、文禄・慶長から寛永頃までのおよそ50年間、木活字による書物、古活字版が刊行された。活字は1文字ずつとは限らず、連綿体を再現するために、2字、3字のつながったものもつくられた。

➡ 2「古活字版の世界」

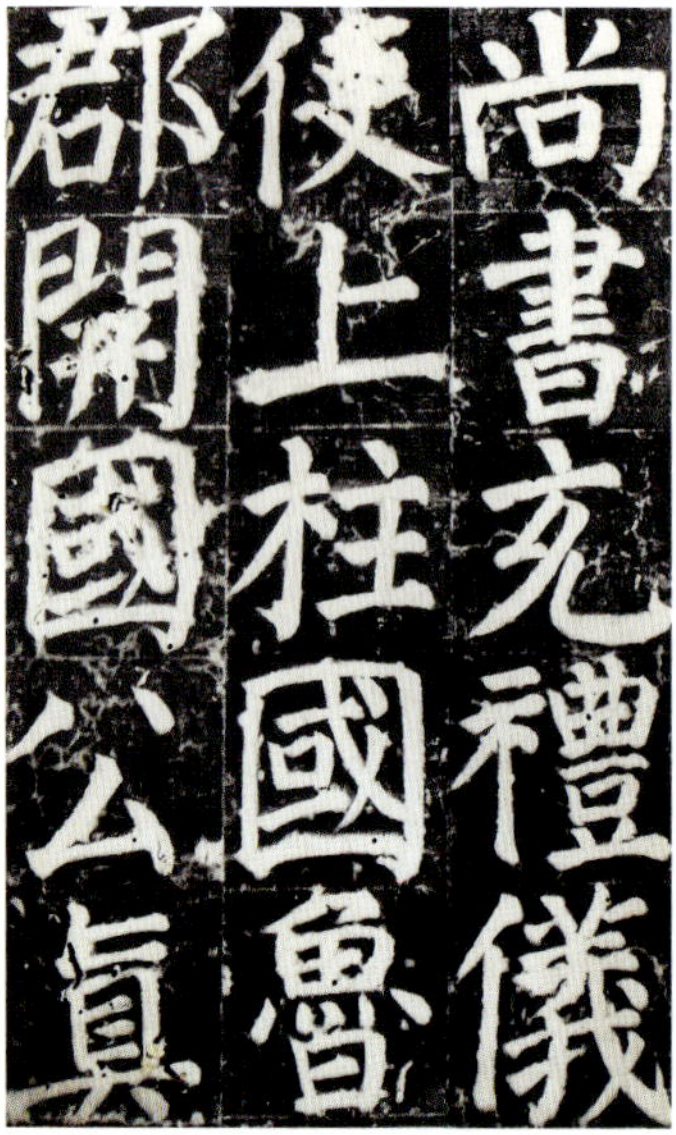

唐本・正面版、『顔氏家廟碑』

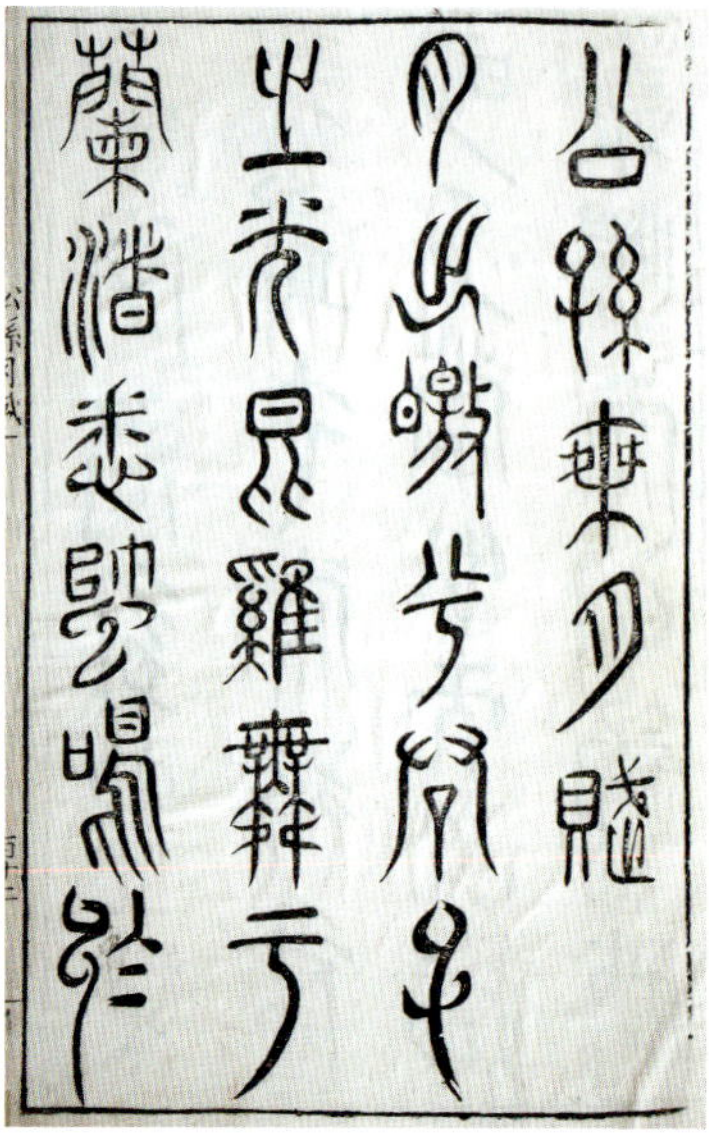

唐本・凸字版、『文字会宝』

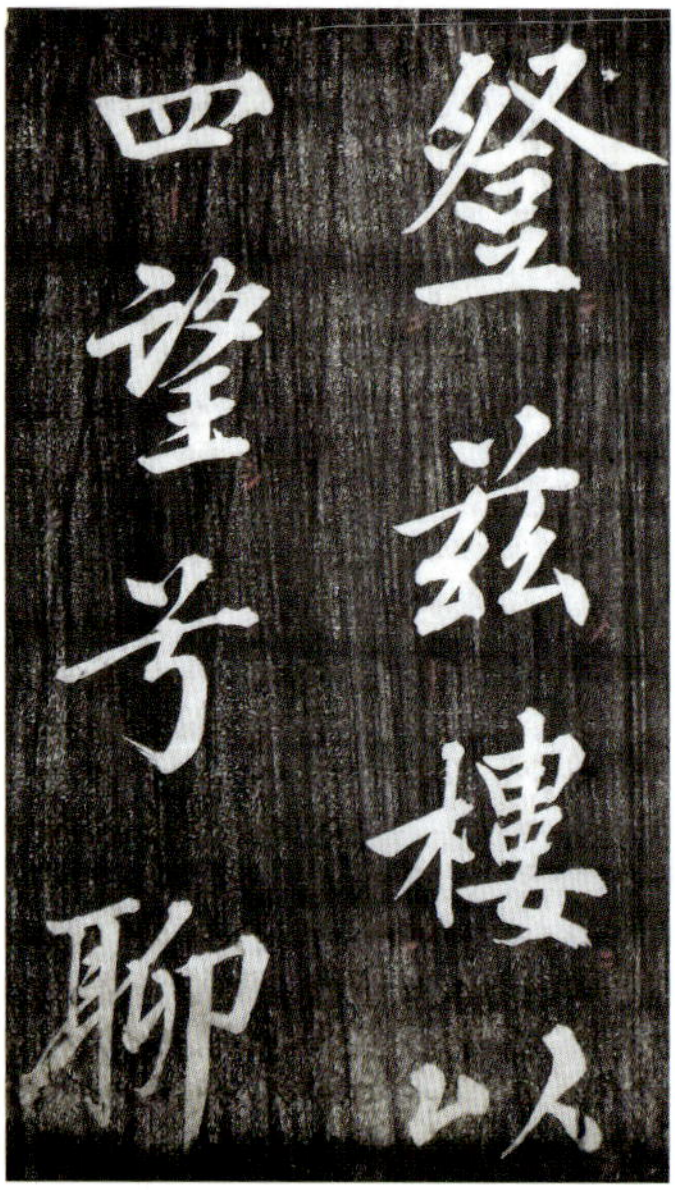

和本・左版、細井広沢『登楼帖』

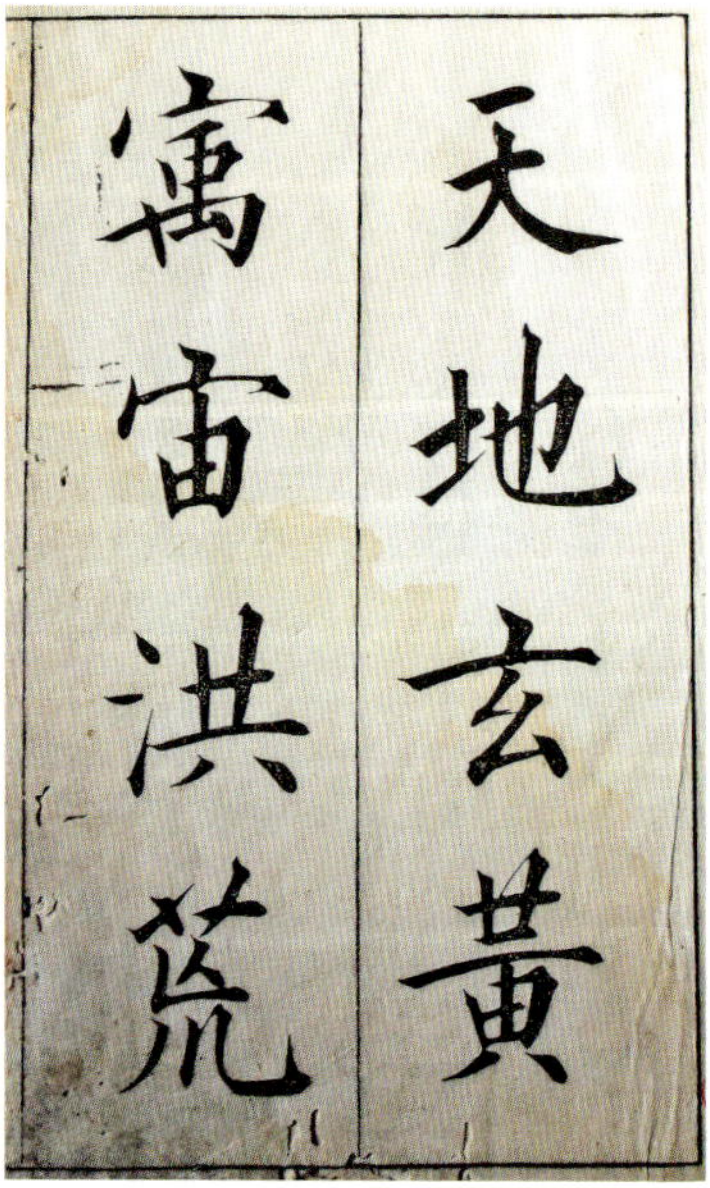

和本・凸字版、慈門正水『千字文』

和本・正面版、『太極帖』

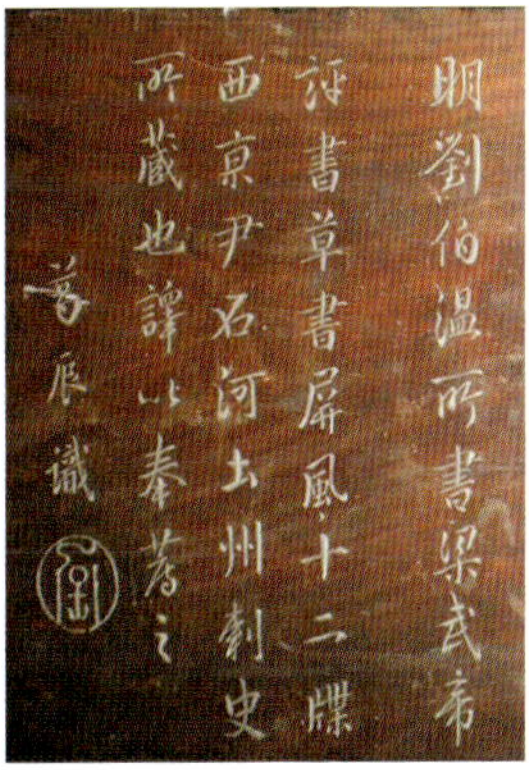

和刻法帖の正面版版木

和刻法帖の左版の版木

近世、筆で文字を書くための手本（「法帖」）がさかんに刊行された。中国で刊行され舶載されたもの（唐本）、朝鮮のものもある。また、印刷方法も他のジャンルにないものも用いられた。

➡ 3「「書」の手本の本」

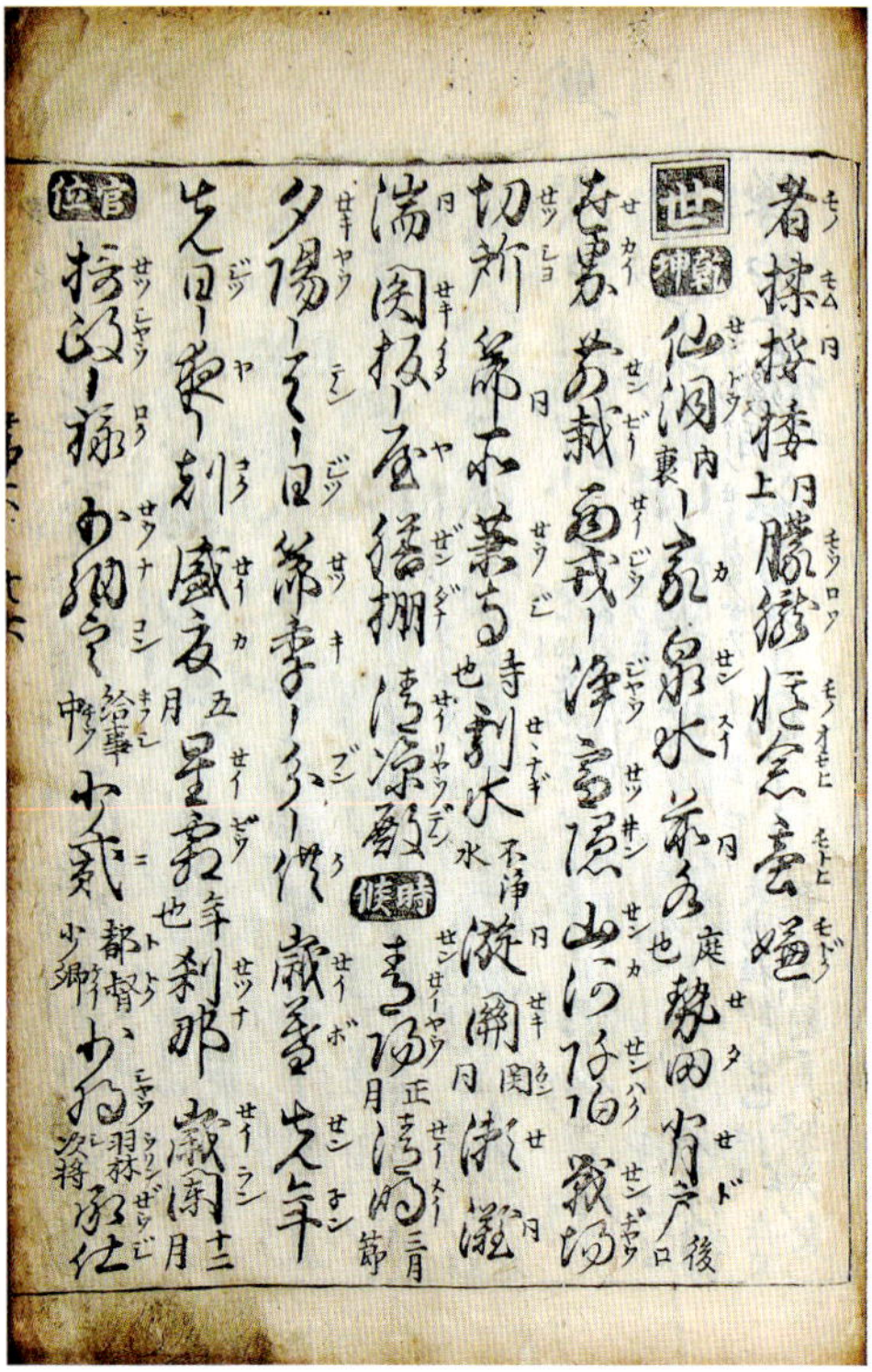

文字使用が庶民生活にも必要な素養とされた近世では、営利出版業の確立期から、辞書「節用集」の需要があてこまれた。中世までの古本節用集では、楷書・片仮名表記であったが、書肆たちは当時の文字使用の実態にあわせて、行書・平仮名表記に改めていった。また魅力ある内容とするために、豊富な挿絵を用いた日用教養記事を付録とした。これは類似書との差別化の意味もあるが、結果として、節用集を単なる辞書から教養全書へとふくらませることとなった。

➡ 4「辞書から近世をみるために」

17世紀初め、慶長15年刊、寿閑本『節用集』

17世紀後半の短期間、江戸には、出版先進地帯である京都のものとは異なる、「江戸版」という独自の造本様式をもつ書籍群が登場した。図は、独特の字風と師宣風の挿絵をもつ、万治２年刊、松会版『はちかつき』。

➡ 5「江戸版からみる17世紀日本」

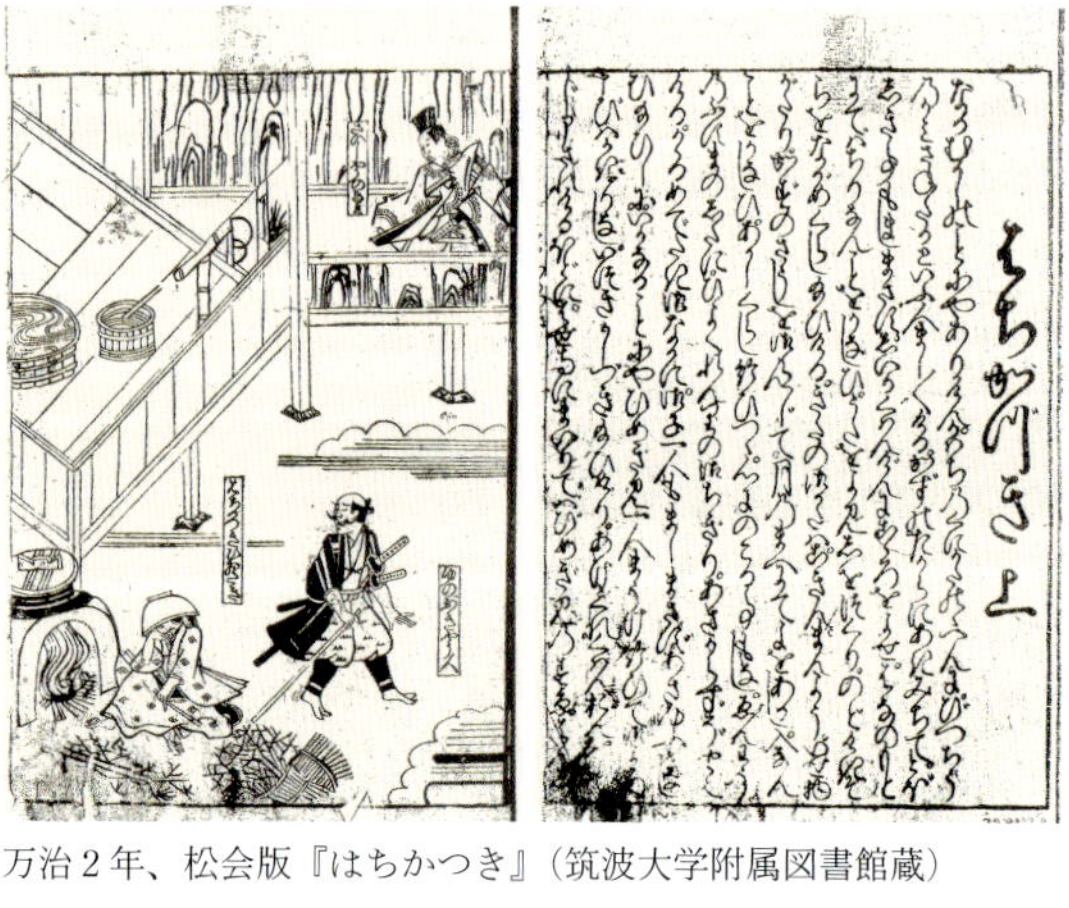

万治２年、松会版『はちかつき』（筑波大学附属図書館蔵）

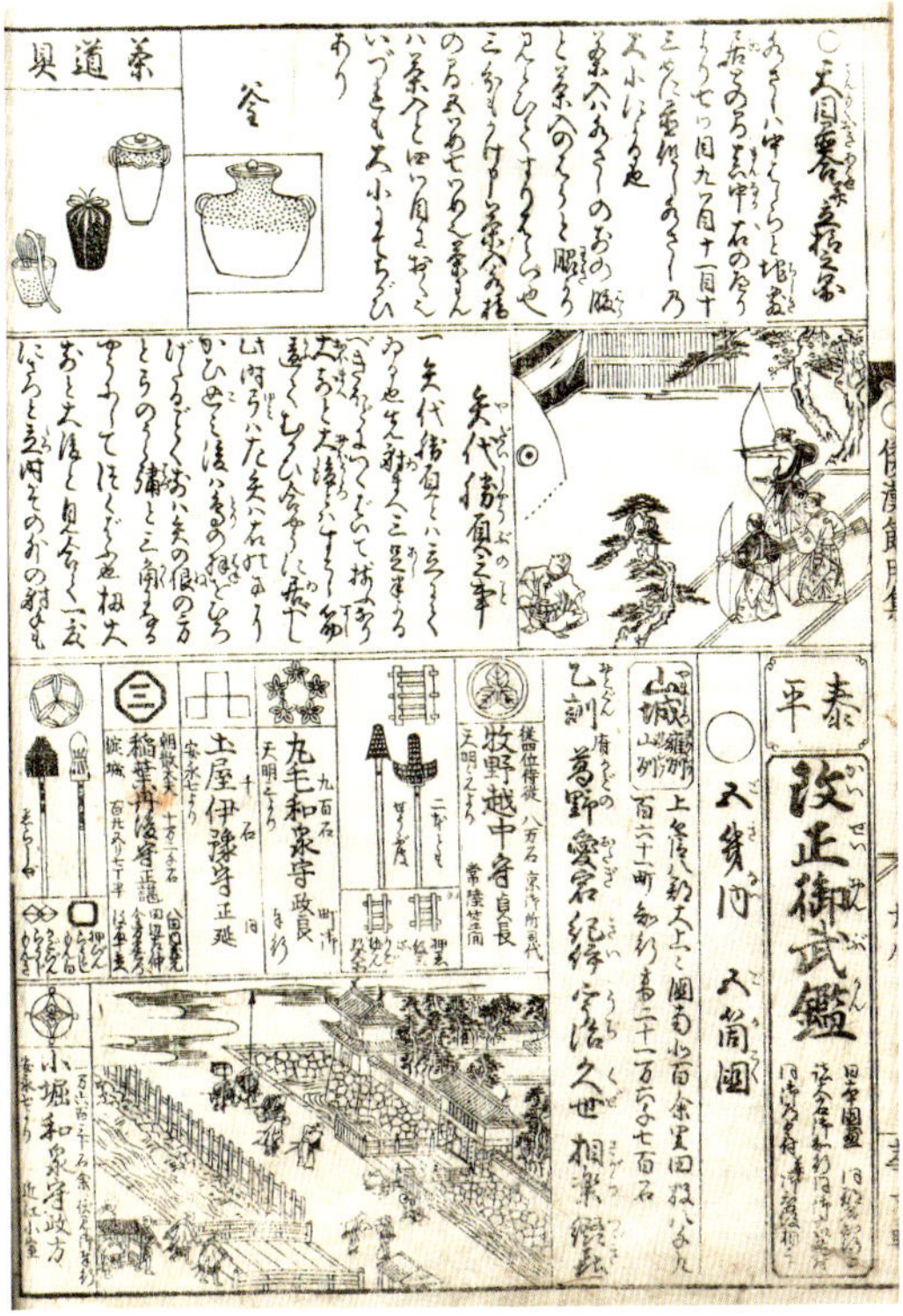

18世紀後半、天明４年刊、『倭漢節用無双嚢』の巻頭付録の一部

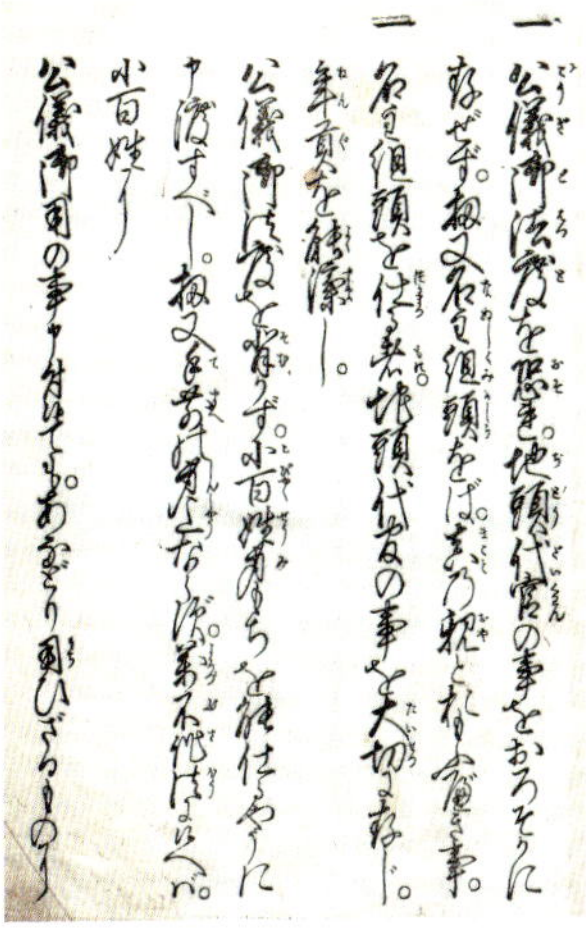

慶安２年（1649）に発せられた幕府の法令とされてきた「慶安御触書」。けれどもそれは今や否定されつつある。では、この文書はなんなのか。いつ、なぜ、流布するようになったのか。

➡ 6「領内出版物」

米沢藩版「慶安御触書」。岩村藩版の被せ彫りによる

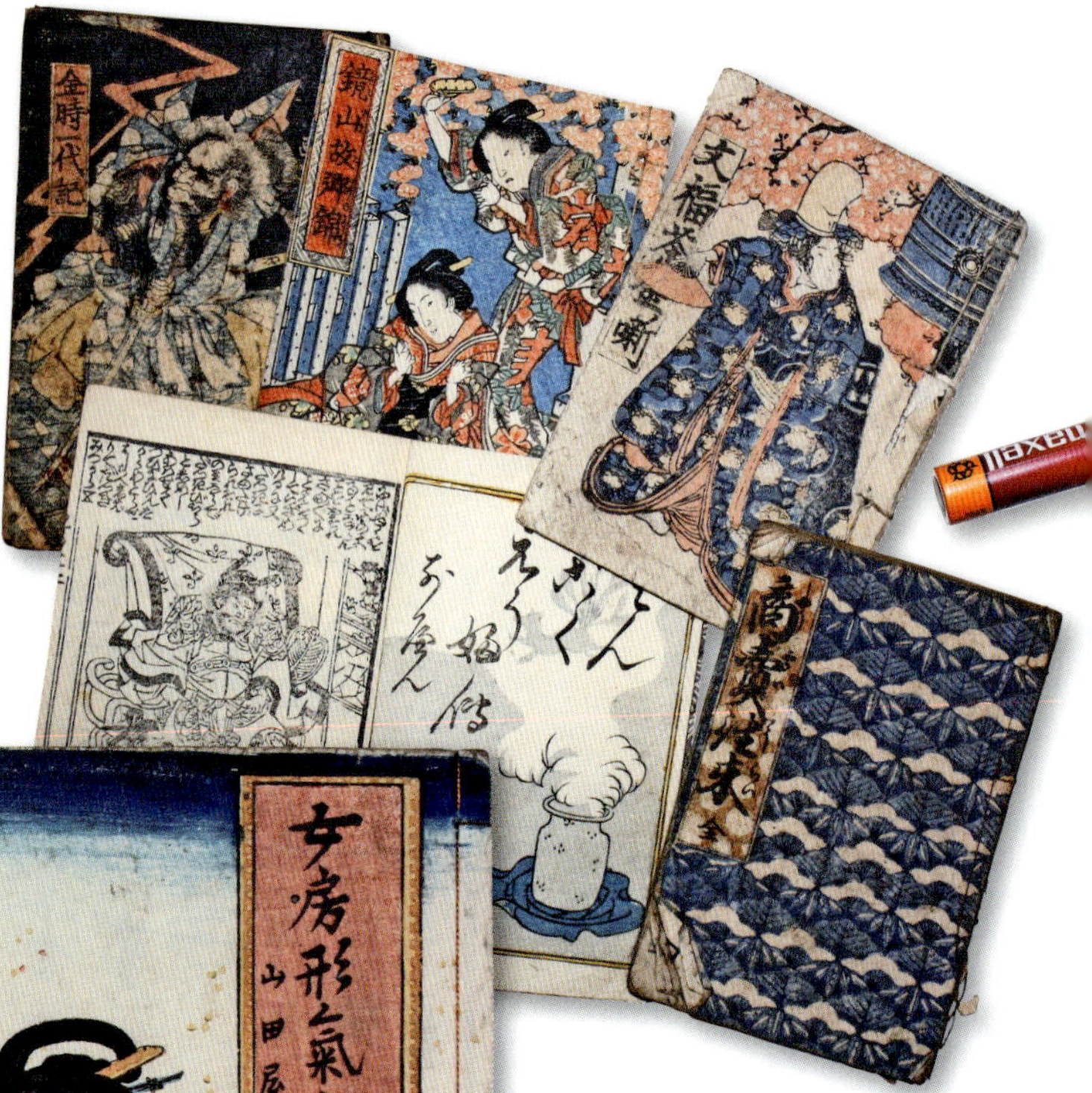

豆合巻各種。単三電池で
大きさを確認

幼童向けの絵本に発する草双紙の鑑賞の中心は、絵を読み解く絵解きであって、書き入れの文章はその介助にすぎない。これに知的趣向をこらして遊びの文芸に仕立てた黄表紙もその骨格は同様。新年の縁起物として消費された草双紙は、紙の玩具と隣り合う消耗品であり、また不断に新版が出るその速さから、浮世絵と同じ情報メディアであり、有力な広告媒体でもあった。

➡ 8「草双紙論」

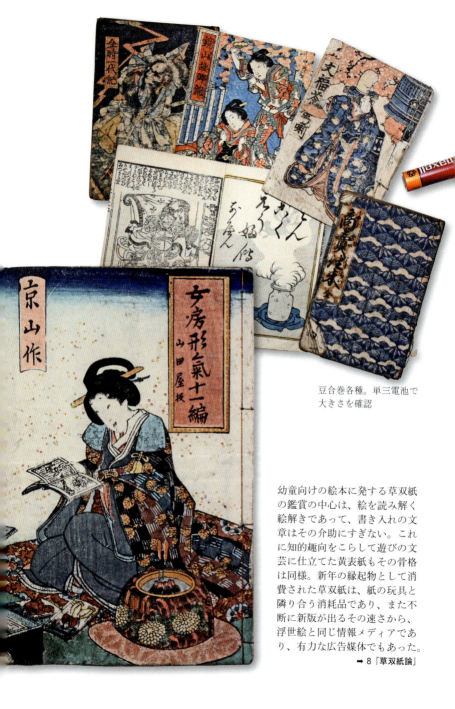

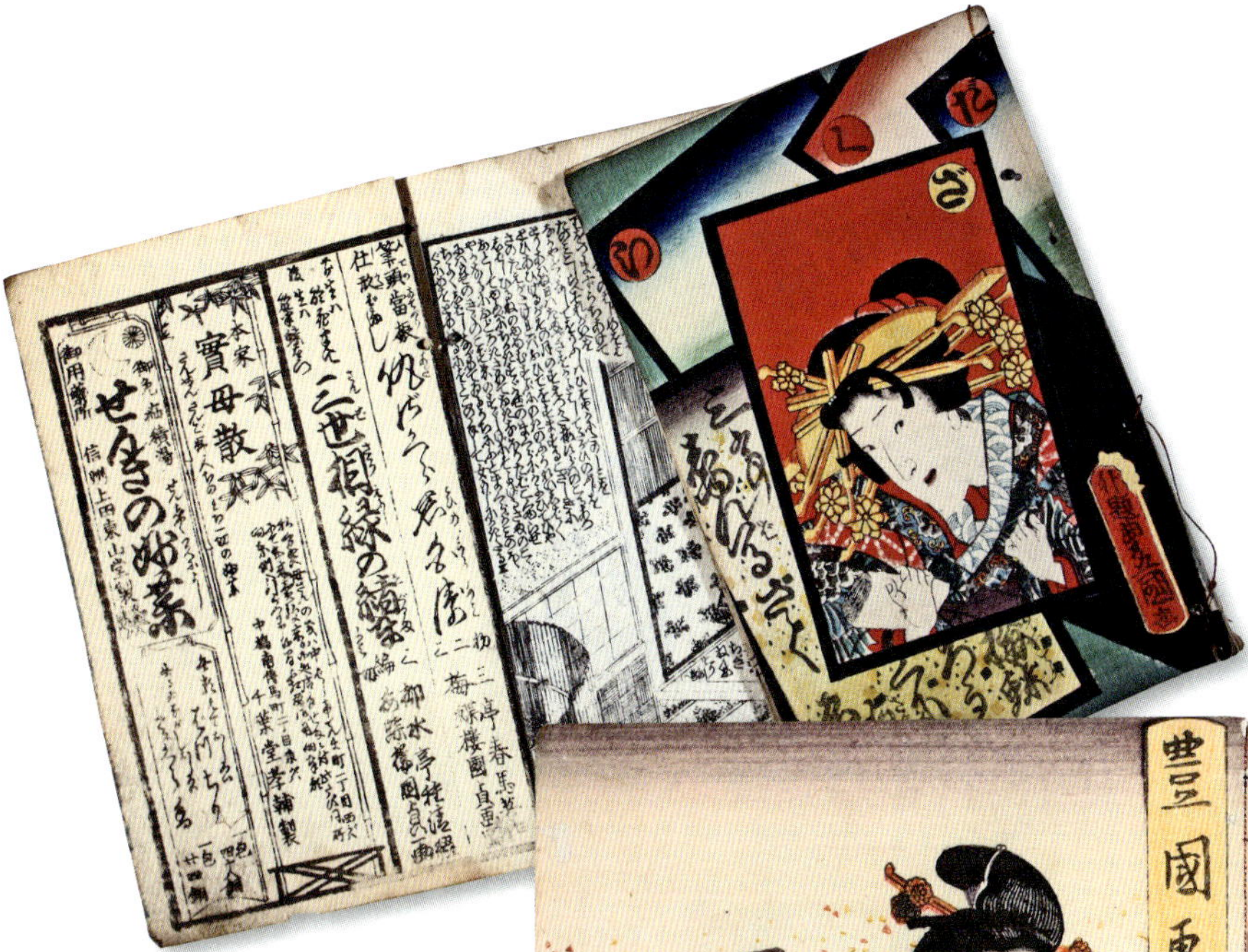

草双紙『仇さくら恋白濤』
の広告記事

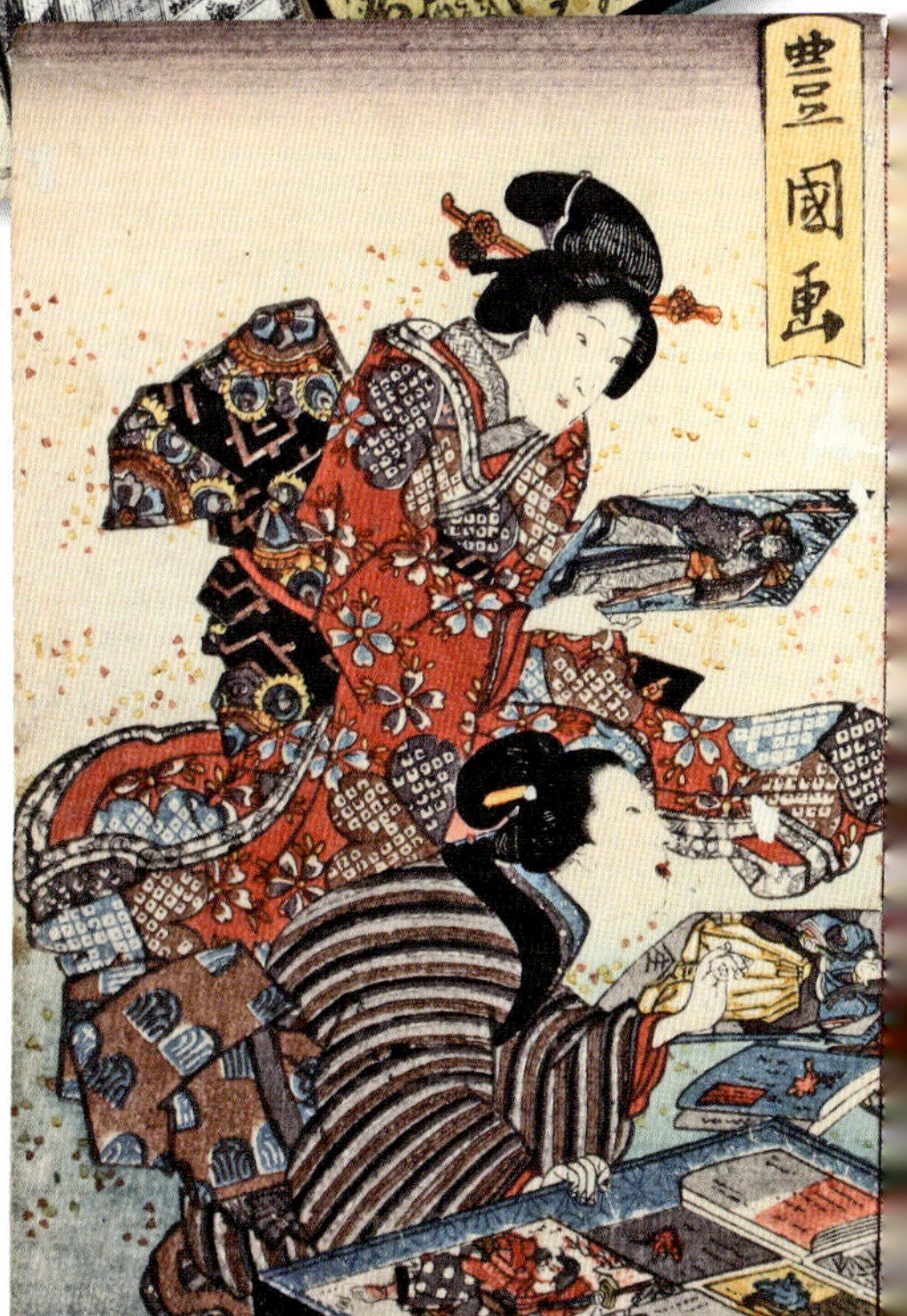

『教艸女房形気』11編、表紙。
草双紙や錦絵を品定めする
女たち

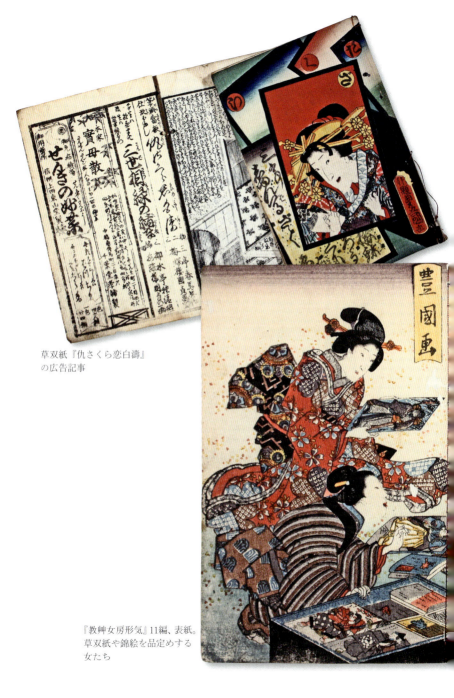

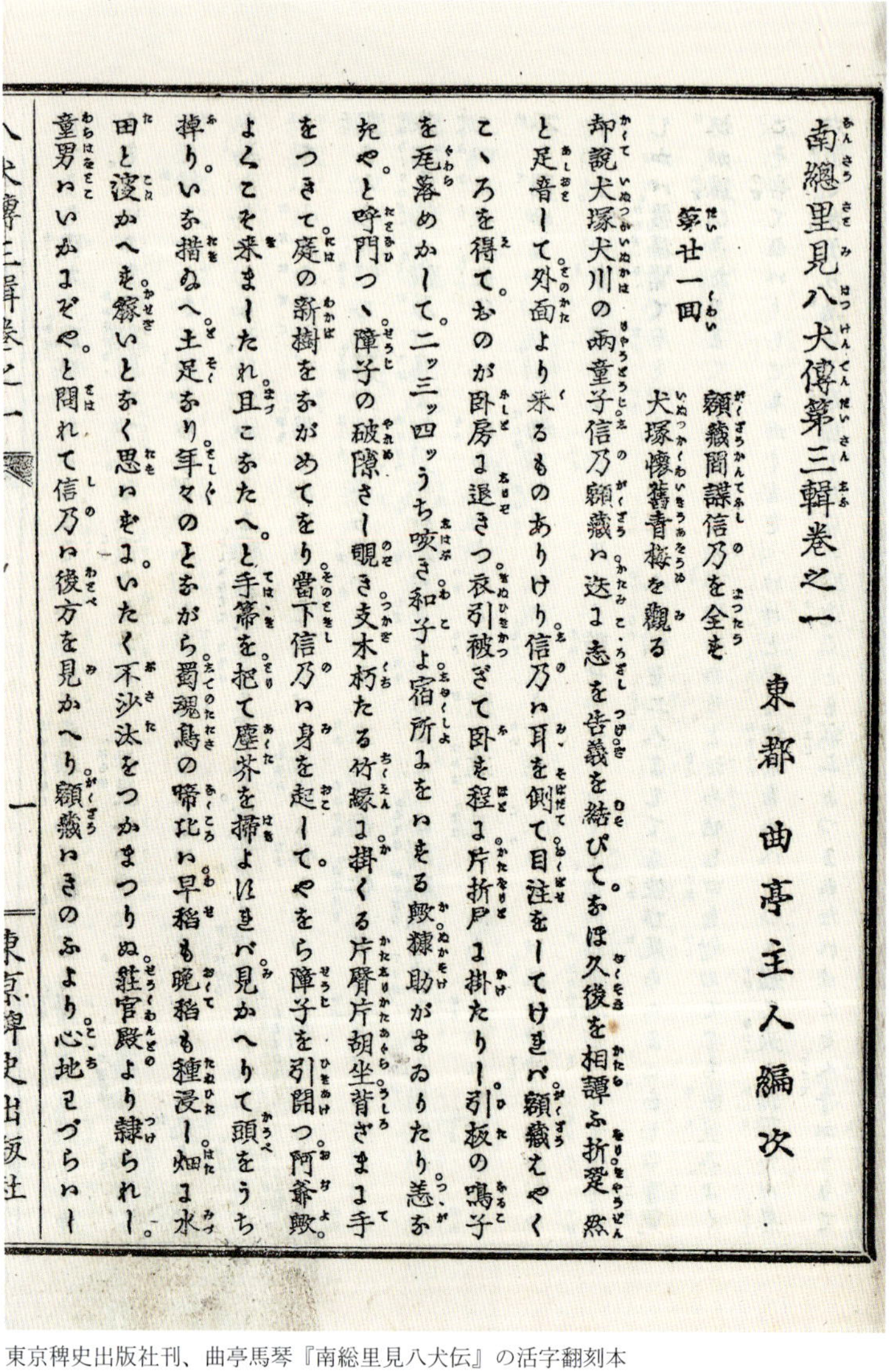

南總《なんさう》里見《さとみ》八犬傳《はつけんでん》第三輯《だいさんしふ》巻之一

東都 曲亭主人編次

第《だい》廿一回《くわい》

額藏間諜《がくざうかんてふ》信乃《しの》を全《まつたう》す
犬塚《いぬつか》懐舊《くわいきう》青梅《あをうめ》を観《み》る

却説《かくて》犬塚《いぬつか》犬川《いぬかは》の兩童子《りやうどうじ》信乃《しの》額藏《がくざう》は迭《かたみ》に志《こゝろざし》を告《つげ》義《ぎ》を結《むす》びて。おほ久後を相譚《かたら》ふ折《をり》然と足音《あしおと》して外面《そのかた》より来《く》るものありけり信乃《しの》は耳《みゝ》を側《そばだて》て目注《めくばせ》をしてければ額藏《がくざう》はやくこゝろを得《え》て。おのが臥房《ふしど》に退《しりぞ》きつ衾引被《きぬひきかつ》ぎて臥《ふ》す程《ほど》に片折戸《かたをりど》に掛《かけ》たりし引板《ひた》の鳴子《なるこ》を瓦落《ぐわら》めかして。二ッ三ッ四ッうち吹き和子《わこ》よ宿所《やどくしよ》におはする歟《か》糠助《ぬかすけ》がまゐりたり恙《つゝが》なきやと呼門《たゝきかど》つゝ障子《せうじ》の破隙《やれめ》さし覗《のぞ》き支木《つかぎ》朽《くち》たる竹縁《ちくえん》に掛《か》くる片臂片胡坐《かたひぢかたあぐら》背《うしろ》ざまに手《て》をつきて庭《には》の新樹《わかば》をながめてをり當下《そのときし》信乃《の》は身《み》を起《おこ》してやをら障子《せうじ》を引開《ひきあけ》つ阿爺歟。よくこそ来《き》ましたれ且《まづ》こなたへ。と手箒《てはゝき》を把《とり》て塵芥《あくた》を掃《はき》よければ見《み》かへりて頭《かうべ》をうち掉《ふ》り。いな措《それ》ぬへ。土足《どそく》なり年々《としごく》のことながら蜀魂鳥《しでのたをさ》の啼比《なくころ》は早稲《わせ》も晩稲《おくて》も種浸《たねひた》し畑《はた》に水《みづ》田《た》と渡《こゝ》かへを稼《かせぎ》いとなく思《おも》はをまいたく不沙汰《ぶさた》をつかまつりぬ莊官殿《せうくわんどの》より隷《つけ》られし。童男《わらはをとこ》はいかにぞやと問《とは》れて信乃《しの》は後方《わきべ》を見《み》かへり額藏《がくざう》はきのふより心地《こゝち》をさづらはし

八犬傳三輯巻之一　一　東京稗史出版社

東京稗史出版社刊、曲亭馬琴『南総里見八犬伝』の活字翻刻本

「弘道軒の四号活字にて印刷し、尤も鮮明なるうへ校合もよく行届き」「版面ハ極メテ鮮明ニシ、製本ハ極メテ美麗」な東京稗史出版社の活字翻刻本。これらと時代の接続点にはどのような風景がみえるのか。

➡ 9「書籍の近代」

シリーズ〈本の文化史〉2

書籍の宇宙◉目次

9　書籍の近代――東京稗史出版社の明治一五年……磯部　敦　305

総論　書籍の宇宙

鈴木俊幸

書籍の文化史を構想する場合、書籍そのものに目を凝らすことは大前提であろう。とことん書籍という「物」にこだわることの意味は大きい。その個別・具体、細部へのこだわりをもってはじめて、当時の社会、歴史の展開が見えてくるはずである。と同時に、その書籍の時代的・社会的位置づけについて十全な考察を経なくては、その書籍の正体を捉えることはできないであろう。

しかし、これは簡単なことではない。たまたまの諸条件の下、地層の中に遺ることになった化石は、その生物が生きた環境、その時代の当該地域、ひいては当時の地球そのものの様相を探る上で有力な手がかりとなる。それを有力な手がかりとするためには、その生物そのものについての知識が必須である。どのような形態で、どのような成分をもって組成されていたか、どういう環境で生息し、何をどのように食べ、どのように繁殖したのか。そして、同時に、他の生物との関わり、存在した地域・

時代の様相等々、その生物の存在していた環境についても知っておく必要がある。考察の堂々巡りを繰り返しながら前に進むしかないのである。書籍の研究にも同様の課題と困難とがある。

一　たまたま

化石は「たまたま」の条件の下に遺されたものであり、たまたま運良くわれわれの目に触れたものにすぎない。偶然性に大きく依る部分があることは否めない。安易な一般化は許されない。多くのサンプルを得てデータを蓄積していくことが、この条件を乗り越えるもっとも有効な方法である。書籍の研究についても、ひとまず同様のことは言えるであろう。ただし、その書籍が今に残っているのは「たまたま」なのかどうか。どうもそうとばかりは言えないようである。今に遺存する書籍は、意識の質に差こそあれ、多分に意識的に残されてきたものなのである。ここに古生物を対象とした研究との違いがある。

書籍は高度に文化的なものである。書籍の伝存も文化的営為によるところがきわめて大きい。文化は地域によって差異があり、時代とともに変化もする。また、書籍の文化は個人的な享受という営為を抜きにしてはありえない。それぞれの書籍の扱われ方、伝来の仕方は、それぞれ個性的である。現代のわれわれの視野に入ってくる書籍たちによってイメージされる世界は、多分に恣意的な要素を含

図1　江戸の草双紙　安政4年（1857）蔦屋吉蔵刊、三亭春馬作・歌川国周画
合巻『悪源太猛勇物語』

んだもの、「文化的」に歪曲されたものである可能性を含んでいる。このことは必ずしも悲観的要素とは限らない。その歪曲を正しく計測できれば、逆に、「恣意」という文化的営為のからくりが浮かび上がってくる可能性もあろう。

江戸の草紙と上方の草紙

『金々先生栄花夢《きんきんせんせいえいがのゆめ》』が出版された安永四年（一七七五）から黄表紙《きびょうし》というジャンルが始まり、それ以前には赤本・黒本・青本という幼童向けの草双紙があったことをたいていの日本文学史は記述している。そして、その黄表紙が体裁を変えたところに注目し、文化四年（一八〇七）以後の草双紙を合巻と呼ぶということも記していよう。山東京伝《さんとうきょうでん》や十返舎一九《じっぺんしゃいっく》、式亭三馬《しきていさんば》や柳亭種彦《りゅうていたねひこ》などの作者、また北尾重政《きたおしげまさ》や歌川国貞《うたがわくにさだ》など画工の名もそこには記されていようし、『江戸生浮気樺焼《えどうまれうわきのかばやき》』や『雷太郎強悪物語《いかずちたろうごうあくものがたり》』、また『修紫田舎源氏《にせむらさきいなかげんじ》』といった書名も並んでいるはずである。ここにこの時代の豊かな草紙の文化が、娯楽的読み物の太い潮流があったことが了解されるのである。これは間違いではない（図1）。

しかし、これが広く時代を覆う文化として語られるところに問題がある。たしかに、錦絵の盛行を原動力として、江戸出来の草紙類の全国的流通は徐々に進行し、一九世紀にもなると、全国規模で愛玩されるようにもなってくる。しかし、それは寛政期を過ぎてからのことであり、そもそもは地産地消の「地本」、つまり、江戸という都市限定の文化であった。

文学史の類ではほとんど取り上げられないが、京都や大坂でも、絵本や草紙類の独自で豊かな文化は、江戸のものとは別に、あるいは共鳴しながら続いていたのであった。そのことは『近世子どもの絵本集』（岩波書店）などの労作によって、近年になって一般に了解できるようにはなってきている。しかし、文学史の中にはなかなか織り込まれないままである。もちろん、これらは「文学」として取り上げるまでもないもの、文学史が特に言及せずともかまわないものであるという理屈はありうる。では、江戸の草双紙は「文学」なのか。そもそも「文学」概念自体が近代出来の文化的からくり、いわばレンズであって、乱暴に言えば、そのレンズを通して過去を切り取って整序してみせたのが文学史の正体である。レンズには曇りもあれば歪みもあろう。文学史が描く時代と当時の実際との間には大きな隔たりがあって不思議はない（図2・3）。

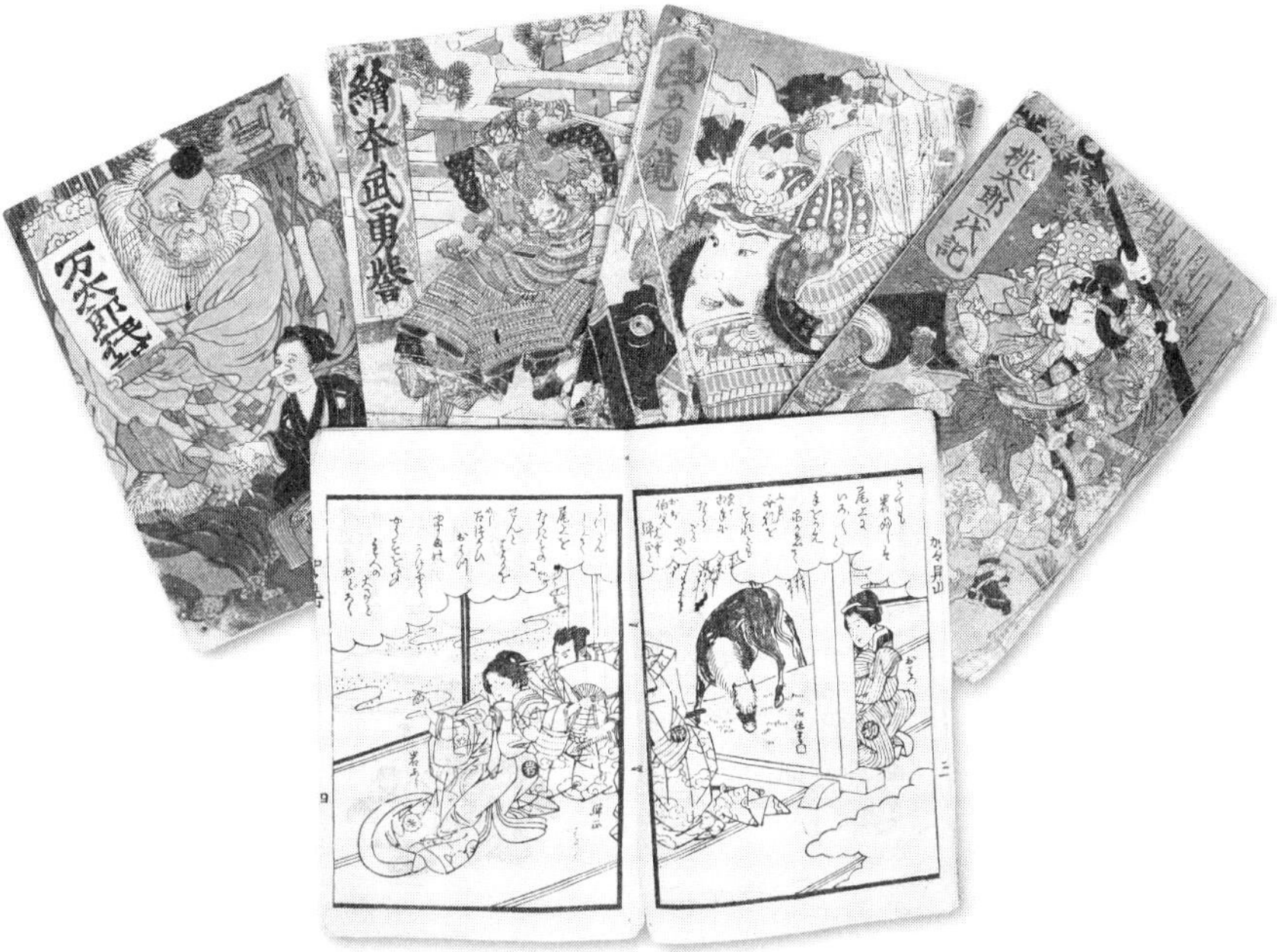

図２　上方版の草双紙

図３　長谷川貞信画『彦山権現誓助剣』（大坂富士屋政七刊）

江戸の江戸ブーム

ではなぜ江戸の草双紙の文化が詳しく記述されるのか。ことの次第はけっこう単純である。国文学という学問分野が開かれる前に、江戸の草紙類に関しての知識はかなりの蓄積があった。江戸時代が国文学の視野に入ってきて、その蓄積がそのまま取り込まれ、「史」を紡《つむ》ぐ要素として早期に踏襲されて今に至っているのである。ところが、上方ではそのような風潮が生ずることはなく、日常普通に享受され、普通であったがゆえに、自然に忘れ去られ、遺品の多くは廃《すた》っていき、「史」を構想する発想も、十分な資料蓄積もないまま今に至っているのである。それだけにすぎない。とくに学生向けの文学史のテキストは、その用途が「常識」的教養を身につけることにある以上、既存の「常識」を踏み越えることはなかなかない。なかなかないまま、ますます上方の草紙文化は世の常識のうちとはならず、ないも同然のものとなっているのである。しかし、これは草紙一般の、当然と言えば当然の命運かもしれない。つまり、江戸の草双紙についてこれだけ研究蓄積があり、文学史にも盛り込まれるのは、それが異例の処遇を経てきたからにすぎない。

寛政期頃から、往時の江戸の俤《おもかげ》を追い求める風潮が起こる。振り返ればついそこの時代の遺品を蒐《しゅう》集《しゅう》したり、その遺品やそれが物語る当時の風俗についての薀蓄《うんちく》を披瀝《ひれき》したりといったことが流行し、それがおしゃれな感覚で受けとめられもしたのである。浮世絵は江戸が他国に誇る物産の第一であり、浮世絵を含む草紙の文化は江戸っ子たちの琴線に触れるものであった。彼らが愛するこの都市のかつての記憶をこれら片々たる古い草紙類が再現してくれる。古い浮世絵やその他の草紙類が蒐集の対象となり、蒐集されたものは研究資源として活用された。蒐集品を持ち寄って、情報の共有や考証の披瀝が行われた。これは考証学の手法を用いての身近な学問でもあった。古器物ならぬ草紙類で、かつての江戸を考証しようとしたのである。

大田南畝は書籍収集に熱心であった。その対象は和漢万般にわたるものであったが、『杏園稗史目録』（『大田南畝全集』第一九巻所収）の存在がおのずと物語っているように、古い草紙類の蒐集にも眼がなかった。露店営業の干店《ほしみせ》の古本屋を廻って珍書を獲得したりするのが楽しみであったこと、『大田南畝全集』に収められた識語や日記のはしばしに明らかである。

神宮文庫所蔵木村黙老『続聞まゝの記』第四九冊に収められている『浮世絵考証』（近藤正斎写本の写し）が、『浮世絵類考』の南畝原撰本にもっとも近いものであり、寛政七年（一七九五）以降、同一二年五月までの成立とされている（中野 一九八八）。本文は「岩佐又兵衛」から始まる浮世絵師各伝であるが、冒頭に次のような部立てがあり、そもそもの意図した構成が知れる。

一　浮世絵
一　大和絵
一　漆絵　金泥又は墨にてぬりし絵
一　一枚絵　紅絵共江戸絵共云
一　草双紙　赤本、唐紙表紙、青本

初メ萌黄色表紙ナルユヘ青本と云。
今ハ黄表紙ナレドモ青本と云ナリ。

一　吾妻錦絵

一　役者似顔

一　摺物絵

すなわち、浮世絵師個々についての考証とともに、浮世絵の様式の変遷、様式上の特色を整理しようとしたものと思われる。時の寵児大田南畝がこのような考証のわざくれに積極的に関与したことは大きな意味をもった。同趣の教養人の間で会が開かれ、江戸人の眼差しはこの流行に向けられた。

文化八年（一八一一）四月二日と五月二日の二回、雲茶会という催しのあったことが、『一話一言』（補遺参考編一）によって知られる（『大田南畝全集』第一六巻）。会場は、神田神社前の「雲茶店」。「二百年このかたの書画器物をあつめて中古をしのぶ媒《なかだち》とす」ることが趣旨である。集うは九名であった。その後耽奇会など、同様の催しが盛んに行われたことは周知のことであろう。

式亭三馬の黄表紙『稗史億説年代記《くさぞうしこじつけねんだいき》』（享和二年＝一八〇二、西宮新六刊）は、草紙類とその歴史についての蘊蓄を、「年代記」という当時一般的な知の一形式に擬《なぞら》えて整序してみせた作である。これは明らかに、草紙類の蒐集と考証の流行に棹さしたものである。三馬も草紙類の蒐集家であった。柳亭種彦も古俳書や浄瑠璃本のほか、昔の草紙類を集めていた。山東京伝も同様、彼らによって考証随筆と称される読み物が多数編まれた。

柳亭種彦の考証随筆『還魂紙料《すきかえし》』上巻「千年飴」の条に「中村吉兵衛《なかむらきちびやうゑ》千年飴《せんねんあめ》七兵衛《しちびやうゑ》に打扮肖像《やつしにがほゑ》」として模刻掲出された図像には「享保年間の一枚絵《いちまいゑ》なり。丹黄《たんき》しるの類にて色《いろ》どれり」とあり、さらに「庵《いほり》に木瓜《もつこう》の紋《もん》を附《つけ》たるは、曾我《そが》のかぶきに彼千年飴《かのせんねんあめ》をとりまぜし狂言《きやうげん》の一枚絵《いちまいゑ》なるべけれど、あま酒《ざけ》六郎次という者《もの》の伝来《でんらい》を知《し》らざれば巨細《くはしく》は考《かんが》へがたし。画風《ぐわふう》をもつて案《あん》ずるに宝永年間のもの歟《か》」と考証されている。このように考証のための資料として古い草紙が用いられ、それを資料として生かすために、資料そのものについても綿密な考証が施される。

この図像は「杏花園蔵」として掲出されている。出所の明示は考証の信頼性確保のための重要な要件である。この「杏花園」とは大田南畝のことである。資料と知識の共有が同好の中で行われ、彼らの「研究」は一層盛んに行われていく（図4）。

草紙類は日常普通に存在していたありふれたものであった。それゆえに懐かしくその時々の日常をよみがえらせてくれるものであった。しかし、それゆえにまた失われやすいものでもあった。コレクションの対象として悪くない。何人かの蒐集熱に火がつきはじめると、それにまた刺激を受けて集めはじめる者が生まれ、古い草紙類の「市場」が成立する。ここに投ずるために、新たな商品も精力的に発掘されるようになり、蒐集家の間において情報の共有化もなされるようになる。世の認知も上がり、いたずらに捨てられることもなくなっていく。

『わすれのこり』下巻に、

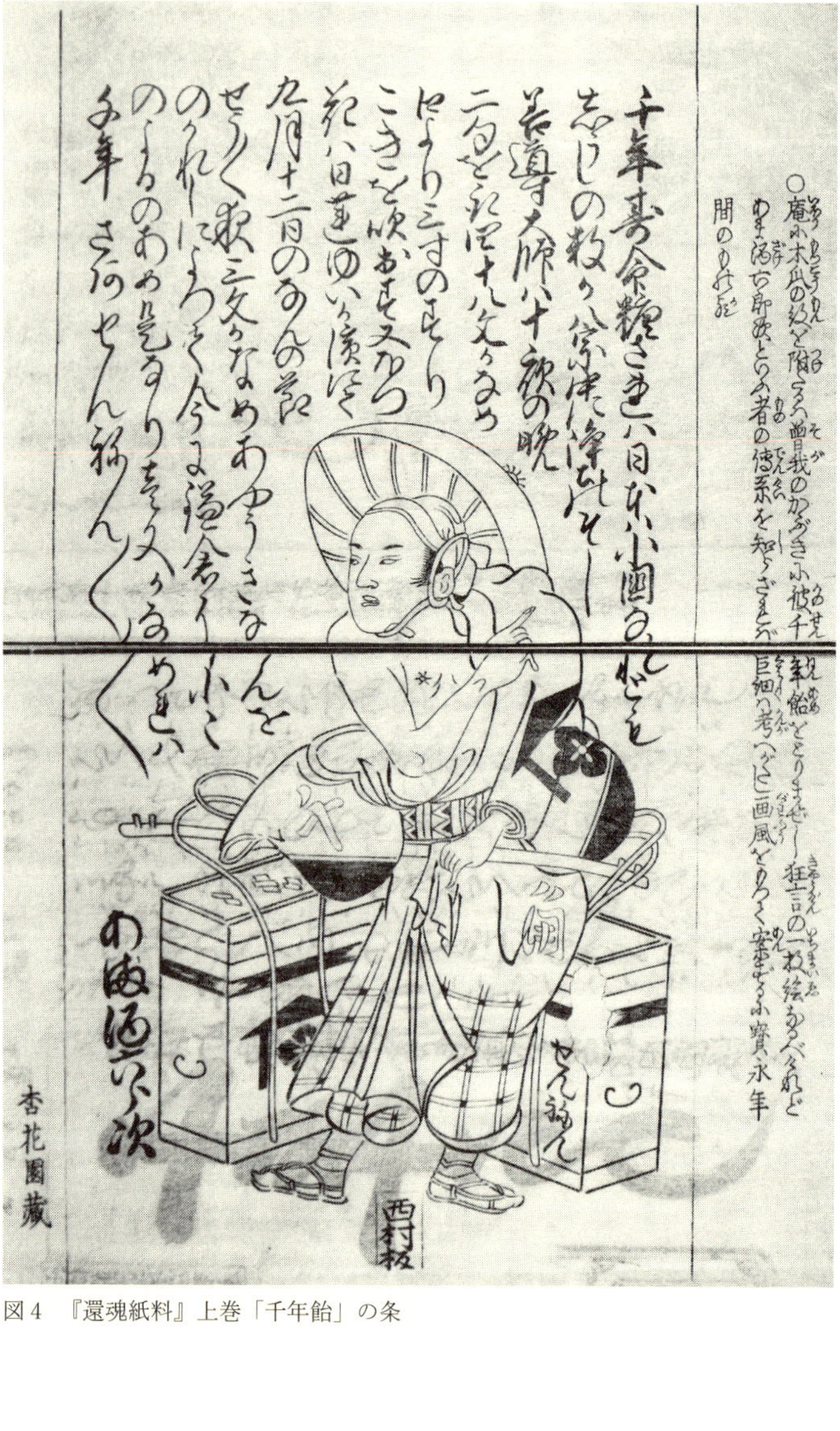

図4　『還魂紙料』上巻「千年飴」の条

珍書持
四日市達磨屋悟一待賈堂
豊島町からしや豊芥子
池之端仲町加藤家内土島氏　黄表紙好
下谷上野町紺屋　黄表紙好
大師の千六本といふ黄表紙一冊を、金一分に買ひとりたりと

という記事がある。「大師の千六本」は『大悲千禄本《だいひのせんろくほん》』、天明五年（一七八五）に蔦屋重三郎から刊行された芝全交《しばぜんこう》の黄表紙である。五丁一冊の袋入り本で、幕末には稀覯《きこう》となっていたことがわかる。「一分」で買い取るからには、それなりの価値を有していることを承知していなくてはならない。蒐集家は勉強家である。このような「黄表紙好」によって黄表紙は蒐集され、黄表紙についての考証が行われていくわけである。『稗史提要』や『戯作外題鑑』、また『青本年表』といった発行年次で黄表紙の書目を整序したものなどが編まれる。これらは精度が高く、つい最近まで頼りになる年表として機能していた。

ところが、繰り返すが、京・大坂においては、江戸のような流行は起こらず、草紙類の遺品は、もともと持ち合わせていた命運にまかせられ、散逸していった。もちろん、これらに目を向けて考証しようという機運も起こらず、自然に忘れ去られていったのである。歴史上ないも同然のもの、誰もあ

げつらうことのないものである以上、世の認知も得られぬまま、古書市場においても疎略に扱われてきたわけである。ごくごく普通にあったものが、普通に散っていっただけにすぎない。江戸の草紙類をめぐる状況がたまたまだったのである。

二　目をくらます仕掛け

われわれは、残された文化的遺品から当時の文化を理解し評価する。当然のことである。残された書籍は、時代や地域の文化の質と厚みをわれわれに語りかけてくる。しかし、すべてが均等に残るわけではなく、時代性や地域性に根ざす取捨選択が作用し、大きく時間を隔てる間に生じた偏差が小さなものではないことはこれまで述べてきたところである。

いっぽう、時代の文化に対するイメージの歪みが、歴史を経る過程で生じたものではなく、すでにその成立の時点において恣意的に仕掛けられたものである場合もある。

偽版

たとえば、贋物は、当時の人間も迷わせる。

手許に文政八年（一八二五）の略暦がある。同様のものが二本あって、仮に、先に入手したのをA本、

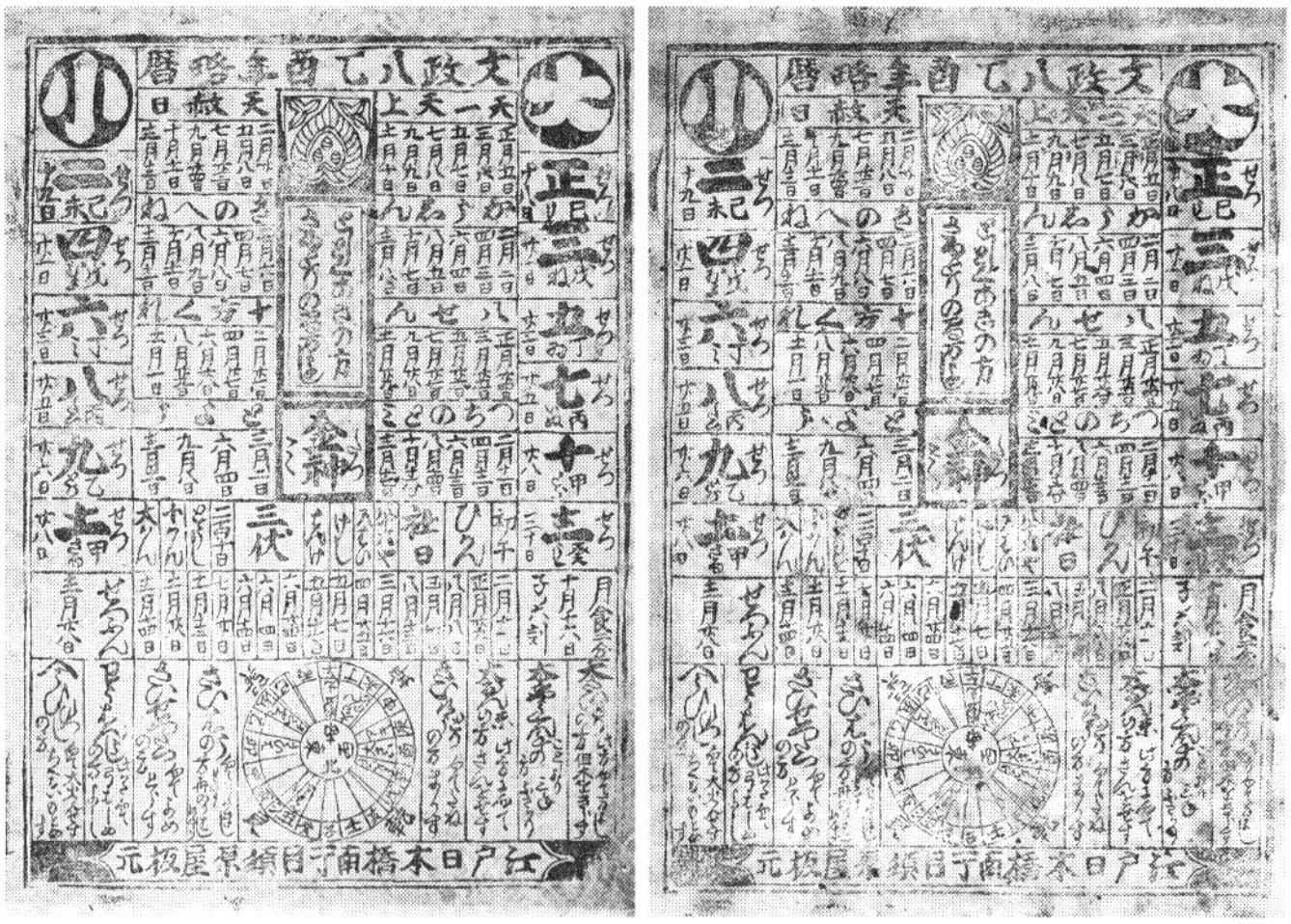

図5　「文政八乙酉年略暦」A（右）・B

後から入手した裏に雀型の紙が貼り付いているのをB本としておく。いずれも、屛風か襖の下張りになっていたもののようである。Aは山形の骨董市で入手、Bはネットオークションにかかったものであるが東北の骨董商の出品と思われる。出所は同じかもしれない。両本とも、墨刷り一枚、三三・一×二四・四糎。上欄の標題に「文政八乙酉年略暦」とあり、下端に「江戸日本橋南一丁目須原屋板元」とある（図5）。

「江戸日本橋南一丁目」の「須原屋」とは須原屋茂兵衛であるが、彼が暦株を所有していたこと、また他に暦の出版があったことは全く聞かない。略暦は柱暦とも称され、美濃紙竪《たて》半截の細長い形が一般的である。このような半紙全紙を使ったものは見かけず、また彫版、摺刷もきわめて稚拙である。江戸の暦業者の仕事とは到底思えない。江戸暦のように見せかけた偽版である。しかし、暦に触れた経験が少なければ、須原屋版の江戸暦であると、当時この偽版をつかまされた人間同様、素直に受け取ってしまうかもしれない。とくに略暦は、壁や柱に貼り付けて利用されるもので、一年たってすっかりすすけた略暦は、年末にその年の用を済ませ、あっさり捨てられてしまうものである。当時における発行量は格段に多いものの、冊子のものにくらべて遺品が極端に少ない。意識して機会を求めないかぎり、なかなか触れる機会がないものである。

さて、この二枚を詳細に眺めてみると、一部を除いて同版である。まず異なるのは、右端「大」月の正月の部分、左端「小」月の二月の部分である。Aの正月のコマの「正」の字の上端が上の界線と重なって印刷されている。二度刷りされているわけである。また、二月の部分は、両者印刷位置も異なるし、字体も異なり、明らかにこちらも異版である。さらに、Bのほうは、この二ヶ所、墨付きが他と異なっている。木質が異なり、また文字の周囲に外周の跡が残っている。この部分のみ彫版したものをあてがって部分的に摺刷したか、もしくは、捺したものであろう(図6・7)。

使い回しを企図したものか、何か不具合でもあったものか、正月と二月の部分を別版を使って二度刷りしたものの、うまくいかず、別に彫ったものを空欄に捺して間に合わせたものか、あるいはその逆であるか。二点の遺品のみでは判断がつきかねるが、いずれにしても不手際がそのまま残るもので、全体田舎版ならではの味わいに、さらにもうひと味添えている。

多くの部数を摺り出したものか、これ以外の年のものも発行されているのかもまるでわからない。しかし、江戸暦問屋の『暦記録』にも触れるところはなく、江戸で問題とはならずにすんだもののようである。奥州は江戸暦の流通の及ぶところであり、江戸暦の弘暦者も多数存在していた。彼らの気にも留まらなかったものであったということは、大規模に何年にもわたって摺り出されたものでもなさそうである。商売物になったかどうかもよくわからない。

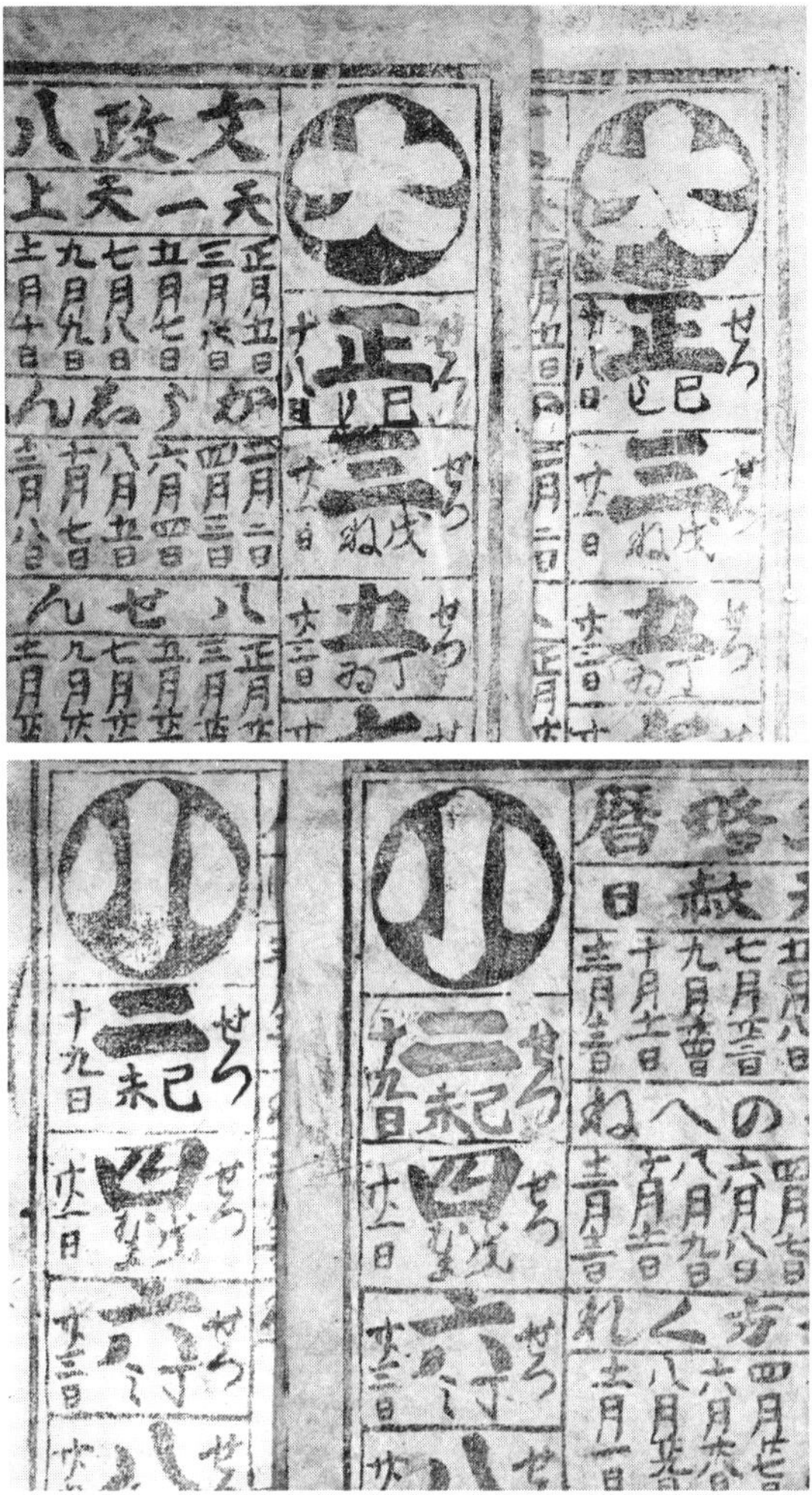

図6・7　「文政八乙酉年略暦」部分

武鑑の版元として江戸の須原屋茂兵衛の名は全国的に浸透していた。この名を借りて企んだこの偽版、悪質といえば悪質であるが、この不細工加減が、よくできた覆刻の偽版のような罪深さを免れているようで、むしろほほえましい。暦のなかで略暦はもっとも発行部数が多い（『暦記録』）。つまり、需要のもっとも高い形態である。本来版木一枚で仕立てられるもので、手を出しやすいものであったろう。やかましいくらい繰り返し出される町触《まちぶれ》等からは、暦の統制が厳格に行われており、この時代、正規の暦があまねく流通していたものと、つい思ってしまうが（そういえば、この町触というものも、時代に対するイメージの歪みに大きく貢献してきた）、流通が薄く偽版を生むような地域もあったということであろう。

仕掛ける人

新吉原に生まれ育った蔦屋重三郎（寛延三年＝一七五〇―寛政九年＝一七九七）は、吉原で本屋業を始めた。貸本主体の本屋であったと思われる（鈴木 二〇一一）。蔦重の最初の出版物は、安永三年（一七七四）七月刊『一目千本』である。遊女を投げ入れの花に見立てた遊女の名寄せで、全体が花道書のパロディのようになっている。翌四年（一七七五）三月も遊女評判記様の名寄せ『急戯花《にわか》の名寄《なよせ》』を出版し、同年七月には鱗形屋《うろこがたや》孫兵衛に代わるように吉原細見を刊行している。新吉原時代の蔦重の出版物は、吉原関係の書籍が基本となっている。

磯田《いそだ》湖龍斎《こりゆうさい》の「雛形若菜初模様《ひながたわかなのはつもよう》」は、総枚数一五〇ほどにもなる遊女絵の連作で、安永中期頃から西村屋与八によって出版された。この初期のものに、蔦屋重三郎の堂号である「耕書堂」の印が摺られているものがあることはよく知られている。鱗形屋版吉原細見の改《あらため》・取次《とりつぎ》も行ってきていた蔦重は、遊女の情報にも、廓内の流通にも通じており、江戸の版元西与と吉原との間に立って、諸事調整を行うにうってつけの人間であった。

蔦重以前、吉原から江戸市中に向けて積極的に情報が発信されたことはなかった。吉原細見をはじめ、吉原に関する草紙は、すべて江戸市中の版元から出されたものである。蔦重という本屋を得て、吉原細見も吉原から発信され、行事に際しては番付が発行され、集客に一役買い、行事を盛り上げることになったのである。

安永期、吉原は景気の低迷を打開するためにさまざまな改革を行った。吉原芸者の見番制度もその一つである。またさまざまな行事を盛大に行い、集客に努めるようになる。蔦重がらみの出版もこれらと一連のものと理解できる。「雛形若菜初模様」にしても、西与の商略というよりも、蔦重の関与などから総合的に考えれば、吉原側からの働きかけによって、吉原の広告効果を期待して長く継続した企画であったろう。天明三年（一七八三）のものと思われる「青楼仁和《せいろうにわ》嘉女芸者部《かおんなげいしゃぶ》」や「青楼尓和《せいろうにわ》嘉鹿嶋踊続《かかしまおどりぞく》」は、歌麿の初期の浮世絵として有名である。これも吉原俄《にわか》に取材した浮世絵というより、浮世絵形式の番付であり、吉原見物の土産品であったり、絵草紙屋に吊されての広告効果を考えて出版されたものとしてよかろう。

これら、この時期華やかに江戸を彩った北尾重政や磯田湖龍斎、また勝川春章や喜多川歌麿など名

図8　蔦重版の洒落本『総籬』『傾城買四十八手』（次頁、上）と黄表紙『善悪邪正大勘定』（下）

の通った絵師や、朋誠堂喜三二などが関与していることから出版物から、安永・天明期の吉原の華やかさ、また文化程度の高さを真正直に受け取ることには慎重になったほうがよい。明らかにこれら出版物は、吉原側からの意向を反映しての演出がほどこされている。

蔦屋重三郎は、その後江戸市中に進出し、当時流行の江戸狂歌、また黄表紙や洒落本などの戯作類の版元として一時代を画す活躍をする。と、言っても間違いではないのだが、その演出的出版によって狂歌や戯作の流行に大きく関与したのが蔦屋重三郎であってみれば、歌麿の浮世絵、遺された狂歌本や黄表紙などから、この時期の華麗な文化を読み取ろうとすることはそのまま蔦重の仕掛けた詐術に乗るようなものである。これらの出版が蔦屋重三郎という店名の広告となることに蔦重は意識的である。時代の最先端の流行である戯作や狂歌の出版を行っているこの版元は、その流行そのものを出版物で煽動している張本人なのである。この分野におけるこの時代の遺品には、ほとんど蔦重のセンスが及んでいる。われわれは蔦重が同時代人に仕掛けた仕掛けにうまうまと掛かったまま、この時代をイメージしていたりするのである（図8）。

宇宙は広大無辺である。しかも、日々拡張し続け、遠くの天体はいよいよ遠ざかり、その影を捉えて宇宙の座標に位置付けること、それらの影たちから変化し続ける宇宙の構造を把握することは容易ではない。

書籍の研究にも同様の困難が付きまとう。ぬか星の影も見落とさない注意力と、遠ざかり行く影を追う想像力のスピードとが要求されるかもしれない。しかし新たな星影の発見は癖になり、スピードも慣れれば快感となろう。ネタは宇宙規模的に無尽蔵である。広大無辺の世界、プロ・アマ問わず、夢を馳せるに不足はない。

参考文献

鈴木俊幸『新版 蔦屋重三郎』、平凡社ライブラリー、二〇一二年

中野三敏「解題」『大田南畝全集』第一八巻、岩波書店、一九八八年

『大田南畝全集』全二〇巻・別巻、岩波書店、一九八五―二〇〇〇年

1 歴史と漢籍――輸入、書写、和刻

堀川貴司

一　日本文化のなかの漢籍

漢籍が作る日本

日本列島にヒトが住みはじめ、言葉を交わし、あるまとまりをもった集団に成長し、国家を形成しはじめたとき、海を隔てた大陸には既に高度な文明をもった巨大国家が存在し、その強い影響のもと、朝鮮半島にもいくつかの国ができていた。両者からは、多くの人々が列島に移住し、その文明をもたらし、国作りに貢献した。

彼らは漢字という文字を持ち、漢文という言語（中国語の古典的な文語文）をあやつることのできる人々であった。先進国のさまざまな情報は、彼ら生身の人間からだけでなく、漢文で書かれた書物という巨大な蓄積からももたらされ、それらを咀嚼《そしゃく》・吸収することによって日本文化が形成されていった（東京大学教養学部国文・漢文学部会編 二〇〇七）。

したがって、貴族や官僚・学者など、国家運営や文化形成の担い手たちにとって、漢文を読み書きすることは必須の能力であった。このことは、平安時代に仮名文字が発明され、鎌倉時代以降、仮名文と漢文訓読文とが融合した和漢混交文が日本人の文章として主流になっていった後も続いた。新しい文化や情報の多くは、やはり海を越えて漢文で書かれた書物によってもたらされたのである。

たとえて言えば、明治の初め、さまざまな分野でお雇い外国人が近代化に貢献し、それを継承した日本人が西洋諸国の情報を取り入れながら工夫改良を重ねていったのと似ているだろう。しかし、海外との交通が不便だった（あるいは意図的に遮断した時期もあった）近代以前、書物の重要性は近代以降よりずっと高いと想像される。

漢籍と和書

本章のテーマである漢籍を改めて定義しよう。漢籍とは中国人の著作物（あるいは中国人が漢文に訳した書物）を指すことばであり、それに対して日本人の著作物は漢文で書かれたものも含めて和書（あるいは国書）と呼ばれる（長澤 一九七八、川瀬 一九八二、井上ほか 一九九九）。たとえば『論語』は漢籍、『日本書紀』は和書である。

輸入だけではない。漢文の運用能力を身につけ、知識教養を得ようと、多くの日本人が漢籍を学んだため、その需要に応じて日本においても漢籍を書写したり出版したりした。つまり、中身（テクスト）は中国で作られたものだが、書物それ自体（モノ）は日本製という漢籍も大量に存在する。そこで、モノ自体がどこで作られたかという区別をするときは、唐本《とうほん》・和本《わほん》と呼び分ける。すなわち、漢籍には唐本（輸入されたもの）と和本（国内で書写・印刷されたもの）とがあるのである。後者の版本を特に和刻本《わこくぼん》とも呼ぶ（ただしこの語は江戸時代刊行のものに限定して用いる場合もある）（長澤 二〇〇六）。

なお、漢籍に日本人が注釈を施したり、再編集を行ったりした書物も多く存在し、それらを準漢籍という名称で、漢籍と和書の中間的存在として分立させる考え方もある（高橋ほか 二〇〇四）。本稿ではこれらも考察の対象とした。

漢籍と仏典

漢文で書かれた書物のうち、『論語』のような儒学の経典を中心とする部分とは別の大きな世界を形成しているのが仏教関係の書物である。仏典あるいは仏書と呼ばれるこの一群は、もともとインドにおいてサンスクリット語で書かれ、それが中国において漢文に翻訳されたもの（漢訳仏典）が中核であるが、それに加えて注釈書や教義書など、仏教に関わる中国人・朝鮮人の著作も多く含まれる。それらが中国や朝鮮半島において書写・印刷され、日本にもたらされた。明治維新まで、仏教が政治的な弾圧をほとんど受けなかった日本では、これらを大量に保存してきた。また、さきほど触れた漢籍同様、近代に至るまで、日本における書写・出版も盛んであった。もちろん、日本人の著作も数多い（したがって和書も含んでいる）。本章では、詳しい説明は他巻に譲り、主として輸入と出版に関する重要なポイントのみ触れることとする。

漢文訓読

日本語とは異なる言語で書かれた書物をどのように読解するか――漢籍の受容にはこの大きな問題があった。奈良時代末ごろから、仏教寺院では記号と文字を原文に書き入れ、その指示に従って読めば日本語として理解できる文章になる、という方法が工夫されはじめ、仏典以外の漢籍にも広がり、平安時代に完成した。これが漢文訓読である（訓読のための記号・文字を訓点と総称する）。テクストの原態を保持しつつ、それを翻訳した日本語も同じ紙面に表記するという、言語の二重化が行われたのである。

近年、同様の方法が中国周辺のいくつかの言語圏においても見られることが指摘され、東アジア世界における異文化接触の共通現象として捉える視点が生まれている（中村春作ほか 二〇〇八、金 二〇一〇）。また日本へは、朝鮮半島の新羅において行われていた方法が移入されたとの見解が出ており（小林 二〇〇九、金 二〇一〇）、古代日本における朝鮮文化の広汎な影響の一つと位置づけることが可能であろう。

しかしこの方法を持続的に洗練、高度化することによって、現代に到るまで漢籍の読解と普及に役立てた地域は日本以外になく、そこに日本文化の特質を見ることができよう。

日本伝存の漢籍の特徴

江戸時代に商業出版が盛んになるまで、日本の書物は写本が主流であった。漢籍も同様で、唐本や五山版（後述）を除けば、室町時代まで、仏典以外の漢籍はほぼすべて写本で伝わっている。そのなかには、奈良・平安時代のもの、あるいはその転写本があり、本国では失われてしまったテクストや、宋版本（後述）以前の形を保存しているものも多い（阿部 一九八五a）。輸入された唐本や朝鮮本についても、本国では俗書として、あるいは社会や学問の変遷に伴って消えていった書物が伝存するなど、これまた珍しいテクストが多く見られる（井上進 二〇〇六）。

しかしそれらは、単に残ったのではなく誰かが残したのであって、一点一点について、日本文化との関係を考えていく姿勢が大切であろう。

二　王朝の文化と漢籍

漢籍の導入

『日本書紀』および『古事記』は、応神天皇の時代（五世紀頃とされる）、朝鮮半島の百済から王仁《わに》

（和迩吉師《わにきし》）という学者とともに漢籍がもたらされたと伝える。

又た百済国に「若し賢《さか》しき人有らば貢上《たてまつ》れ」と科《おほ》せ賜ひき。故《か》れ命を受けて貢上れる人、名は和迩吉師。即ち論語十巻・千字文《せんじもん》一巻、并《あは》せて十一巻を、是の人に付けて即ち貢進《たてまつ》りき。

（『古事記』応神記、原漢文）

『千字文』は「天地玄黄、宇宙洪荒」で始まる四字句二五〇句から成る韻文で、すべて異なる漢字を用いて、童子にそれを暗誦させるために作られたものである。中国で六世紀はじめに成立、唐代に広く普及し、その波が日本へも及んだ。したがって応神天皇の時代にはこの書物は存在しない。しかし七・八世紀、藤原宮や平城京からは文字の練習のために『千字文』の一部分を記した木簡（習書木簡）が、『論語』のそれとともに出土している。すなわちその頃、文字（＝漢字）学習の手始めがこの『千字文』と『論語』であったことがわかる。記紀の記述はそのような状況を踏まえ、漢籍すなわち学問の伝来をこの二書に象徴させたと考えるのが合理的である（東野 一九七七）。

もう一つ注意すべきは、書物とともに学者がやってきた、とされることである。

王仁来たる。則ち太子菟道稚郎子《うぢのわきいらつこ》之《これ》を師とし、諸典を王仁に習ひ、通達せざる莫《な》し。所謂王仁は、是れ書首《ふみのおびと》等の始祖なり。

（『日本書紀』応神一六年二月条、原漢文）

王仁はときの皇太子の家庭教師として、持参した漢籍を教授したという。これも二書の伝来同様、漢籍にはそれを読解する専門家が必要である、という奈良時代の通念を反映させたものであろう。

博士家の誕生

さきほどの『日本書紀』の引用末尾、王仁は書首という氏族の始祖であるとの記述があった。奈良時代や平安時代初めには、王仁を始祖と仰ぐいくつかの氏族が、漢学や仏教、すなわち先進文化の担い手として活躍している（井上光貞 一九八二）。

このように、飛鳥時代には少しずつ、漢籍とそれを読める人々が増えていったことと想像されるが、本格的な輸入ということになると、遣隋使・遣唐使の功績が大きいであろう。なかでも、吉備真備《きびのまきび》（六九五？—七七五）は二度中国に渡り、多くの漢籍を持ち帰った（太田 一九九一、大平 二〇〇九）。彼による将来・読解・教授が後世に大きな影響を与えたらしく、中国での活躍は伝説化されて『吉備大《きびだい》臣入唐絵巻《じんにつとうえまき》』に描かれ、また下って室町時代中期の禅僧（月舟寿桂《げっしゅうじゅけい》か）の記述であるが、

日本ノ儒者ノ紀伝・経伝ハ、吉備大神（臣）ヨリ後ニワカレタゾ。吉備大神（臣）ハ入唐アッテ経伝・紀伝トモニ元祖ナリ。マコトニ権化也。

（建仁寺両足院《りょうそくいん》蔵『月影集《げつえいしゅう》』）

と、彼を日本の漢学の祖とする説を伝える（堀川 二〇一一a）。

ここで言うところの「紀伝」「経伝」とは、一般に紀伝道《きでんどう》・明経道《みょうぎょうどう》と呼ばれる、大学寮の学科の名である。

飛鳥時代以来の専門氏族だけでなく、律令制下で活躍する官僚を広く養成するため、専門の教育機関を設置し、漢籍を教授したのが大学寮であった。そのはじまりは七世紀後半にさかのぼるが、いくつかの変遷（そこには真備も大きく関わっている）を経て、平安時代には明経道・紀伝道・明法道《みょうぼう》・算道の四道が中心となり、書道・音道の二道が明経道に附属した（桃 一九九三・一九九四）。なお、このほか典薬寮では医道を、陰陽寮《おんみょう》では陰陽・天文・暦の三道を、それぞれ漢籍に基づいて教え、専門家を養成している。

このうち、漢籍の受容に関わって特に重要なのは明経道と紀伝道である。明経道は儒学の経典を中国漢代や南北朝時代に作られた注釈書によって学ぶところで、しだいにその教官を中原・清原の両家が独占するようになる。紀伝道は『文選《もんぜん》』などの漢詩文と『史記』などの歴史書を主に唐代の注釈書によって学ぶところで、菅原・大江の両家をはじめ、藤原氏のうち北家《ほっけ》日野流、南家《なんけ》、式家《しきけ》などが平安中期以降活躍した。このような、代々学問に携わる家を博士家《はかせけ》と呼ぶ。

彼らは大学寮教官として学生を教えるほか、天皇や摂関家など上級貴族の家庭教師も務めた。また、特に紀伝道の学者たちは漢詩文の制作、歴史書の編纂、年号の制定などにおいても中心的な役割を果たし、王朝国家を文化的に支える役割を担った（大曾根 一九九八）。それぞれの家において漢籍は、その訓点とともに継承されていく。現存する漢籍の古写本には、複数の家の訓点を書き入れてあるものもある（小林　一九六七）。

漢籍の広がりと読書

貴族たちは、彼ら専門家の指導のもと、まずは幼学書と呼ばれる初歩的な教科書から学び始める。先述の『千字文』をはじめ、『百二十詠』『蒙求《もうぎゅう》』などがそれで、本文を暗誦し、漢文で記された注釈を読み解くことにより漢字・漢語・中国故事などを学び、その後の読書の基礎を作ったのである。平安末期には、日本漢詩文や和歌も収める藤原公任《きんとう》編『和《わ》漢朗詠集《かんろうえいしゅう》』がその仲間入りをした（佐藤　二〇〇八）（図1）。

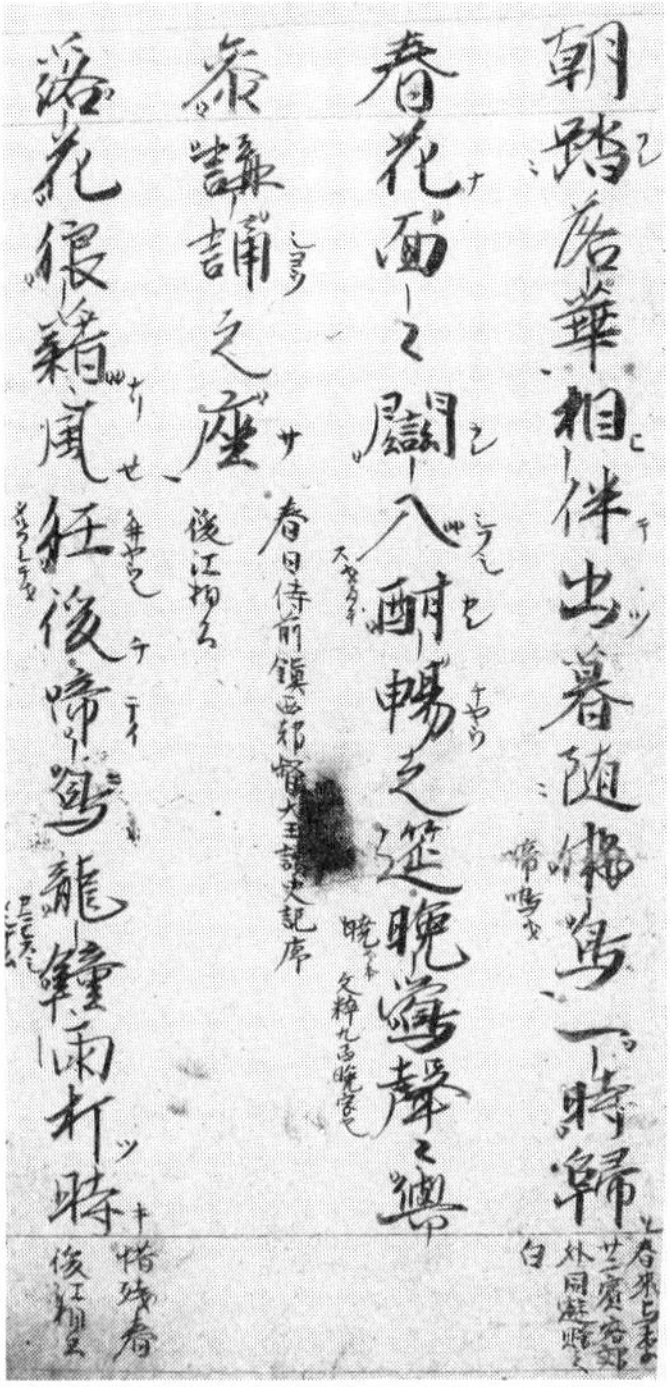
図1　鎌倉時代写『和漢朗詠集』。朱と墨によって訓点や注記がある。1行目が白居易、2行目以下は大江朝綱の作品

これを終えると大学寮の教科書になっている書物に進んでいくが、その進み具合は人それぞれであろう。残された日記や伝存する蔵書などから、学者顔負けの読書家だったことが知られる人としては、保元の乱の

主役である藤原頼長《ふじわらのよりなが》（一一二〇―五六）（住吉 二〇一〇）、源平の争乱の中を生きた摂政藤原兼実《かねざね》（一一四九―一二〇七）（佐藤 二〇一三）、鎌倉幕府の執権北条氏の一族で、王朝文化を学び漢籍・和書の宝庫金沢文庫を創設した北条実時《さねとき》（一二二四―七六）（関 一九五一、阿部 一九八五b）、鎌倉後期・南北朝期の動乱を生きた花園天皇（一二九七―一三四八）（岩橋 一九六二、小川 二〇〇九）らがいる。

特に実時およびその子顕時《あきとき》、孫の貞顕《さだあき》にわたって蓄積された金沢文庫本は、本来ならばそれぞれの博士家にあったはずの平安時代以来の漢籍写本が多く滅んでしまった現在、そのテクストを伝える重要な書物群である（平泉 二〇〇六）。ただし長年の間に流失し、現在はさまざまな所蔵機関に分かれている。

これら儒学や漢詩文の中核的な書物以外にも、医学・天文学など、今で言えば自然科学関係の書物もそれぞれの専門家によって研究されていたことは、さきほど述べたとおりである。このような漢籍受容の広がりを見渡すには、現存する漢籍を調査する（阿部 一九九三）だけでなく、それぞれの時代にどんな書物が日本に存在したかがわかるような史料が必要になる。その一つが九世紀末頃成立した藤原佐世《すけよ》編『日本国見在書目録《けんざいしょ》』である。見在＝現在、すなわちこのとき日本にあった漢籍をリストアップしたもので、約一六〇〇部の漢籍が登載されている（矢島 一九八四）。

さらに、日本人の著作に引用・利用されている漢籍を突き止めていくという方法もある。引用元を特定するのはさまざまな困難が伴うが、『日本国見在書目録』のような網羅的な史料が存在しない奈良時代や平安時代中期以降には必須の作業となる（池田 二〇〇六）。

仏典の輸入・書写・刊行(中世まで)

遣唐使には僧侶も多く随伴し、仏教を学ぶとともに、さまざまな仏典を持ち帰った。奈良時代の玄《げん》昉《ぼう》、平安時代の空海・最澄・円仁《えんにん》・円珍《えんちん》らが著名である。円仁と同じく承和一四年(八四七)に帰国した僧慧《え》蕚《がく》は、その後の日本文学に多大な影響を与えた白居易の詩文集の著者自筆本を自ら写して持ち帰るなど、彼らは仏典に限定されない書写・収集を行っている(大庭 一九九六)。

遣唐使が廃止された一〇世紀以降も、中国商人が博多に来航し、一部は都にまで上ってさまざまな文物をもたらした。留学・聖地巡礼を目的とする僧は、これら商船に便乗して中国に渡った。そのなかで奝然《ちょうねん》は、建国間もない宋に渡航し、皇帝から版本の一切経(大蔵経ともいう)を下賜されている。この、蜀本《しょくほん》あるいは開宝蔵《かいほうぞう》と呼ばれる初めての版本一切経は、現在世界に一〇点程度しか存在しない貴重なものであるが、日本では平安時代後期に焼失してしまうまでに、一部書写され、そのいくつかは現存している(山本 二〇一三)。以後、北宋から南宋にかけて、長江下流域や南部沿岸地域の寺院において続々と刊行された一切経は、平安末期から鎌倉時代を通じ輸入され、各地の寺院に納められた(大塚 二〇一〇)。南北朝・室町時代には朝鮮から、高麗版を主としたものが多数もたらされている(橋本 二〇一二)。

版本以前は当然すべてが写本であり、奈良時代には国家事業として大量の写経が行われた(宮﨑 二〇〇六)。仏典の場合、書写自体が功徳になるという考え方があり、僧侶のみならず、俗人も写経に関わっている。平清盛はじめ平家一門が行った「平家納経」が良い例であろう。特に平安後期は装飾経と呼ばれる美麗な写経も多い。

日本における版本は、制作年代が明確なものとしては世界最古の印刷物『百万塔陀羅尼《ひゃくまんとうだらに》』が著名であるが、本格的な仏典の刊行は一一世紀以降で、各宗派がそれぞれの重要な経典に限って刊行するのが主流であった。そのなかで奈良の興福寺は『大般若経《だいはんにゃきょう》』など、宗派を問わず用いられる経典を継続的に刊行し、普及に貢献した。もはや商業的な出版事業と見なしてもよいほどで、例えば室町時代の学者一条兼良《いちじょうかねよし》が文明二年（一四七〇）に『大般若経』の値段を寺に問い合わせたところ、印刷製本代および用紙代を上中下の三段階にランク付けして返答している（『大乗院寺社雑事記《だいじょういんじしゃぞうじき》』）（大屋 一九二三）。

なお、中世には地方の寺院や神社においても小規模な仏典刊行が行われているが、輸入・刊行のみならず、書写も引き続き盛んである（石川県立歴史博物館 一九九四）。

三　禅僧と漢籍

宋版の輸入

中国では唐代から暦・仏典などの印刷が行われ、唐の滅亡から宋の全国統一までの五代十国と呼ばれる時期に儒学経典の刊行が始まった。国家主導の経典刊行はしだいに民間の商業出版へと拡大し、南宋の時期には都の杭州や福建地方において、科挙（官吏登用試験）のための参考書なども多く刊行された（米山 二〇〇五）。

藤原道長の日記『御堂関白記《みどうかんぱくき》』には、「摺本《すりほん》」（北宋初期の版本）の『文選』や『（白氏《はくし》）文集《ぶんしゅう》』を天皇に献上した記事が見える。この時代はまだ珍奇な唐物《からもの》という扱いだったようであるが、平安後期になると、そのテクストの価値が認識され、旧来の写本との校合《きょうごう》（本文を比べ合わせること）も行われるようになる。さらには、それまでに日本になかったテクストや注釈書も入ってくる。先述の藤原頼長もその享受者の一人であり、北条実時の金沢文庫は写本のみならず宋版本漢籍の宝庫でもある。宋代の版本によって、日本の漢籍受容は新たな段階を迎えることとなる（森 二〇一一、住吉 二〇一〇）。

禅宗と書物

鎌倉新仏教と呼ばれるいくつかの宗派が、平安末から鎌倉中期にかけ、主として天台宗からの独立という形で生まれているが、そのなかで禅宗と律宗は、同時代の南宋の寺院制度をまるごと移植したという点で、他の宗派と大きく異なる特徴を持つ。特に禅宗は多くの留学僧と中国人来日僧の往来によって、最新の中国文化の受け皿という機能を中世社会において果たすこととなった。したがって漢籍の受容も、既存の知識体系とは離れたところで、同時代の中国のそれを受け入れたものとなる。

禅宗の教義は「不立文字《ふりゅうもんじ》」「以心伝心」、すなわち仏の教えは文字（仏典）のなかにはなく、心から心へ伝えられていくという考え方である。他の宗派が依用《えよう》経典（天台宗であれば『妙法蓮華経』といった、宗派の教義の根本となる経典）を頂点として書物の秩序が構成されるのに対して、禅宗は語録（禅僧の言行録）が次々と生み出されていくのみであって、それが頂点から底辺へといったヒエラルキーにはならない。この点、四書五経を頂点とする儒学とも対照的である。

研究と創作

自由な発想と表現を重んじる禅宗では、仏典・禅籍（語録など禅僧の著作物）にとどまらず、儒学や唐・宋・元・明の漢詩文集、歴史・地理・思想などさまざまな漢籍が語録や偈頌《げじゅ》（禅的な内容を含む漢詩）など漢詩文の作成に利用された。中国から輸入された唐本、朝鮮からの朝鮮本、自ら刊行した五山版、それらの転写本が混在する蔵書が形成されていく。さらに、それらを目的に応じて編集し、独自の内容を持った書物も生まれる（図2）。特に類書と呼ばれる、さまざまな書物の記述を内容別に分類集成した書物は、既に中国において流布したものが導入されるほか、禅僧各自がオリジナルなものを作成している。博士家の人々も古くから同様の作業を行っていたが、禅僧のそれは、対象となる書物がジャンル・時代ともに格段の広がりを見せている。

貴族の漢籍受容で見たように、初学者のための書物は禅僧の社会にも存在する。宋代に編纂された『三体詩《さんたいし》』『古文真宝《こぶんしんぽう》』がそれで、『三体詩』は唐詩の選集、『古文真宝』は漢代から宋代までの著名な漢詩文を集めたものである。漢文の注釈が付いている点、『蒙求』などと同様の形態である。これらを終えて、漢詩文であれば唐の詩人杜甫、宋の詩人蘇軾・黄庭堅といった中国でも重んじられていた

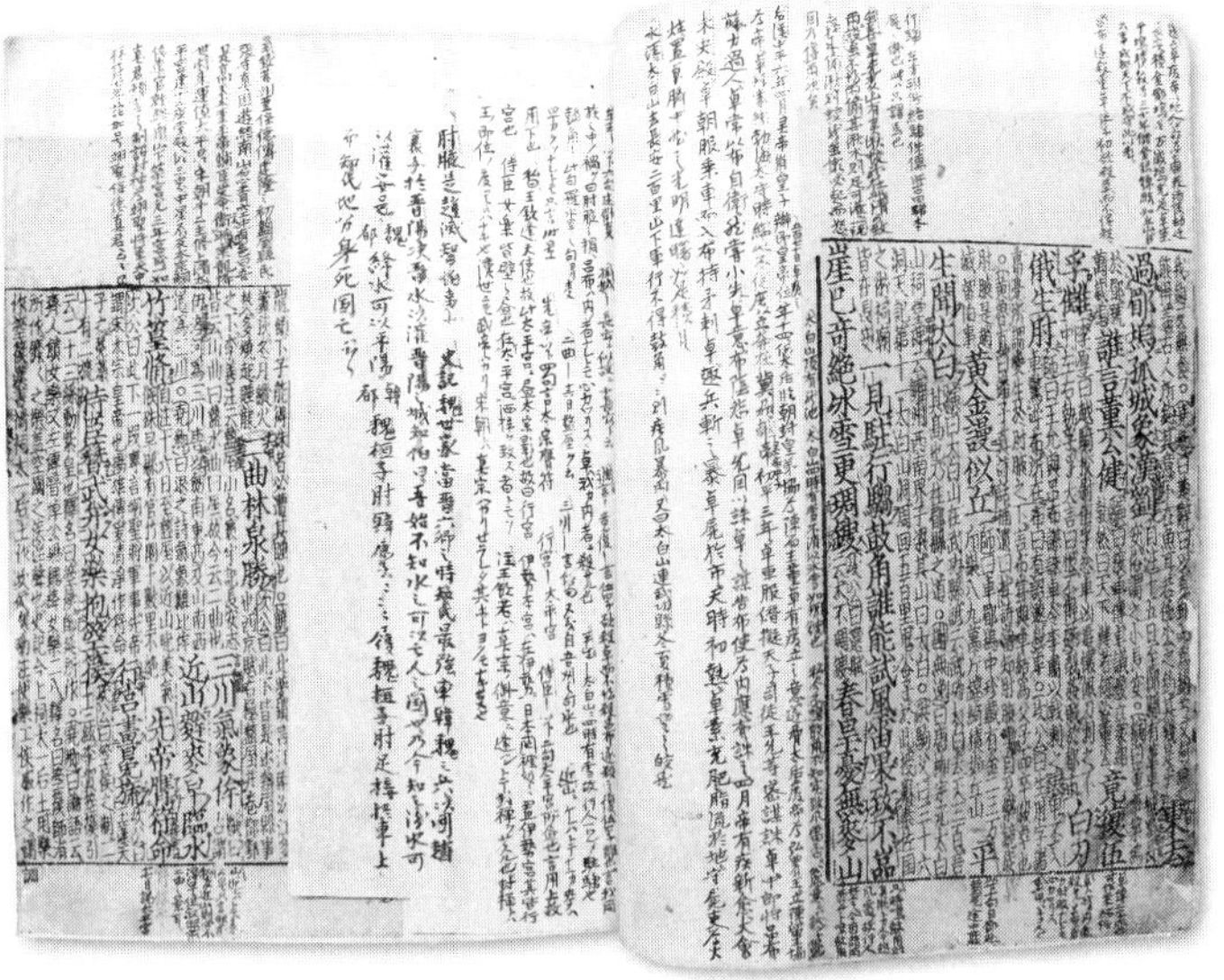

図2　宋末元初刊の蘇軾の詩集。五山僧が大きな台紙に貼り付けて再製本、訓点注記を大量に書き入れている（慶應義塾大学附属研究所斯道文庫蔵）

詩人の別集（個人全集）へと進んだことであろう（堀川 二〇一一b）。

禅僧の漢籍受容の特徴は、「抄物《しょうもの》」と呼ばれる日本独自の注釈書を多数作ったことである。平安時代の学者たちも、漢籍を教授するとき、さまざまに内容をかみ砕いて教えたり、学者同士で解釈について議論したりしたことであろうが、それが注釈書という形を取ることはほとんどなかった（漢籍ではないが『日本書紀』には講義に基づいた注釈書がある）。訓読を丁寧にまた厳密に行うため、内容の解釈は訓読に反映され、改めて注釈を記す必要がなかったのか、あるいは、秘伝の意識から、重要な点は文字化せず、口頭で伝えるということがあったかもしれない。それに対し禅宗では、原典の注釈に基づきながらも自由な解釈が行われ、それを当時の口語体に近い形で記録した注釈書が生まれていった。これも、語録の筆記編集という禅宗寺院の伝統が漢籍受容に応用されたと見ることができよう（柳田 二〇一三）。

このような学問のあり方は貴族社会にも影響を与え、明経道の清原家でも儒学・兵学などの抄物が作られ、五山僧もそれを学んだ。また、紀伝道の学者と並んで五山僧が漢詩文集や歴史書の講義を天皇や貴族に対して行うようになった（堀川 二〇一二a）。

やや毛色の違うのが、現在も栃木県足利市に残る足利学校である。教官も学生も基本的には禅僧であるが、禅籍ではなく一般的な儒学を中心とし、特に易占《えきせん》と呼ばれる占いや兵法・医学といった実用的な知識を身につける場所として、戦国時代に繁栄した。宋版や室町時代の写本などの漢籍の宝庫として蔵書を守り伝えている（史跡足利学校事務所ほか 二〇〇四）。

五山の成立と五山版

南宋において、首都杭州と国際貿易港寧波《ニンポー》の五つの禅宗寺院が五山として朝廷に保護されていた。この制度を本格的に移植したのが室町幕府である。南北朝時代を経て、三代将軍義満のときに現在の京都六か寺、鎌倉五か寺に定まった。

これらの寺院では、唐宋の著名な禅僧の語録や、燈史と呼ばれる歴代禅僧の略伝集、さらには、漢詩文作成に資する辞書・類書・漢詩文集なども出版された。五山の下位寺院（十刹《じっさつ》・諸山《しょざん》）も含めたこれら禅宗寺院の出版物を五山版と総称する（川瀬 一九七〇）。中国では既に失われてしまったテクストを保存している場合も多く、内容的な価値が高い（椎名 一九九三）。

出版の対象は日本人禅僧の語録や著作にも及んでいる。テクストの豊富さ、幅広さは、それまでのそれまでの他宗派の出版物にはない特徴である。

それだけではない。一枚の紙に枠と罫線を引き、文字を整然と収め、中央で折って重ねて綴じる、という印刷のレイアウトと製本の方式が、多少の変遷はありつつも江戸時代の一般的な版本へと継承されるという点においても、五山版は重要な意味を持つものである。

また、南北朝時代の一時期に限定されるが、中国の福建地方から来日した職人が京都の嵯峨において印刷出版を行ったことが、現存する五山版や五山僧の日記から知られている。日本における商業出版の先駆けとして注目すべき現象である。

一五・一六世紀に入ると、地方大名のもとでの出版（周防大内氏、薩摩・日向島津氏、駿河今川氏、越前朝倉氏）も行われるようになる。また、堺では医者を家業とした阿佐井野《あさいの》氏による医書の出版もあった。これらも近世へとつながる動きと位置づけられよう（住吉 二〇一四）。

四　近世社会のなかの漢籍

新たな流入

一六世紀末から一七世紀初頭にかけて、漢籍の世界はまた新たな段階を迎える。一つは中国江南地方における出版の盛況による明版本《みんはんぽん》の大量輸入、もう一つは豊臣秀吉の朝鮮侵略に伴う朝鮮本の略奪（分捕本《ぶんどりぼん》）である。前者はあらゆるジャンルに及ぶが、特に小説類や日用類書（日常生活に必要な雑学を集めた書物）といった通俗的書物に特徴があり、その影響は仮名草子など、近世文学に表れている。後者は宮廷によって刊行された金属活字による印刷本が多く、その判型、文字の姿、装訂など、造本のさまざまな面がその後の日本の版本に大きな影響を与えた。

古活字版の意義

朝鮮本の大きな影響の一つが、日本における活字印刷の手本になったことである。この時期に集中的に出版された活字印刷本を古活字版と呼ぶ（近世中期以降、近代活版印刷以前の活字本は近世木活字本と呼ぶ）。印刷技術や出版書目の選定に関しては、同時代のイエズス会による活字印刷（キリシタン版）の影響も考えられるが、漢籍では明らかに朝鮮本を模したものが多い。元和四年（一六一八）那波《なば》活《かっ》所《しょ》が刊行した『白氏文集』がその例である。

和書においては、和歌や物語、連歌・謡曲といった文学作品がこのとき初めて版本になったことが文学・文化史上重要であるが、漢籍についても、『論語』などいくつかの例外を除き、儒学書や史書の網羅的な出版はここに始まるのである。また、幼学書についても、日本人編纂の『和漢朗詠集』や『錦繡段《きんしゅうだん》』はやはり古活字版が版本の始まりである。

出版に関わった人も幅広く、天皇・将軍・公家・大名・医師・商人など、およそこの時期の知識人階層を網羅するものであった。寺院でもそれまで写本でのみ流通していた注釈書類なども刊行したり、また宗派では日蓮宗がこのとき初めて仏典刊行を行ったりと、広がりを見せた（川瀬 一九六七）。

一切経の刊行

仏典では、輸入あるいは書写に頼っていた一切経が日本で初めて出版された。古活字版の宗存《しゅうぞん》版および天海版である。宗存版は朝廷、天海版は幕府の関与があるが、両者の交流も指摘されている。続いて、新たに明から入ってきた禅宗の一派である黄檗《おうばく》派の本山宇治万福寺において刊行されたのが木版本の鉄眼《てつげん》版である。ほとんどの一切経が巻子本《かんすぼん》や折本《おりほん》（折りたたんで製本したもの）であったのに対して、通常の冊子体を用い、文字の姿は明朝体《みんちょうたい》であった。これらは明代に中国で刊行された嘉興《かこう》蔵《ぞう》と呼ばれる一切経に基づくものである。仏典そのものの普及とともに、明朝体の普及にも貢献し、現在にまで続く印刷文字のスタンダードとなった（竹村 一九八六、松永 二〇〇二）。万福寺には版木が現存し、今も部分的に印刷が行われている。

付訓本の成立

こうして、長らく写本が主流だった漢籍に唐本・朝鮮本・五山版、そして古活字版とさまざまな版本が見られるようになったが、共通するのは、訓点をその本の所蔵者が手書きで書き入れるということである。このことは、漢籍にはその読み方や意味を教える人がセットになっている、という上代以来の長い伝統がここまで生きていたことを示している。室町までの写本・版本はもちろんのこと、古活字版も、わずかな例外を除いて訓点は印刷されていない。読むためには、既に訓点のある本を借りて書き写す（移点《いてん》という）か、先生から読み方を習って自ら書き入れていくかであった。

しかし、寛永年間（一六二四―四四）あたりから、古活字版が整版（木版）に移行するとともに、多くの漢籍にあらかじめ訓点が付された形で刊行されるようになる。博士家由来の伝統的な訓点、五山僧による訓点も導入されているが、初めて和刻されるテクストを中心に、この時代から活躍し始める儒学者たちが付訓に関わっている。

さらには、「諺解《げんかい》」「国字解《こくじかい》」あるいは『経典余師《けいでんよし》』といった、仮名交じり文による平易な注釈・翻訳本も、時代が下るに従って増え、漢籍の普及に貢献した（中村幸彦 一九八四、鈴木 二〇〇七）。

学派と出版

近世の儒学は、朱子学・陽明学という宋から明にかけて中国で生まれた新しい儒学を受容しながら、清代の儒学にも影響を受けつつ独自の展開をした。中国の学者による経典の注釈や理論的著作の和刻本出版、あるいは自らの著作の出版に積極的に関わることによって自派の勢力を広げようとする、学問と出版の密接な関係が生まれてくる。その早い例は山崎闇斎《やまざきあんさい》（一六一八—八二）が開いた朱子学の崎《き》門《もん》学派であろう。ただしこの学派は、自らの著作（注釈書等）の出版はむしろ忌避し、講義の筆録によって伝受するという、中世的な方法を取った（阿部 一九八〇）。

ついで伊藤仁斎（一六二七—一七〇五）の堀河学派は、注釈書および著書を蔵版書（出版の権利を本屋に委《ゆだ》ねず自ら保持する書物）として明治に至るまでその学統を守った。一方、新興都市江戸には荻生徂徠《おぎゅうそらい》（一六六六—一七二八）やその弟子服部南郭《はっとりなんかく》・太宰春台《だざいしゅんだい》らの蘐園《けんえん》学派が出て、明代の古文辞《こぶんじ》派と呼ばれる一派の著作や、彼らの主張に基づいた唐詩選集『唐詩選』などを江戸の本屋を通じて全国に普及させた。徂徠は訓読を排して直読（中国音による漢文音読）を主張し、その意を体した弟子たちは、師の詩文集には句点以外の訓点を付さなかった。

後期になると、古文辞派の考え方を否定した文学運動が起こり、主として宋詩の選集が江戸を中心に刊行された（中村 一九八四）。

長崎という窓

江戸時代の対外関係のうち、北方のアイヌ、南方の琉球を除く二つ、すなわち対馬を通じての朝鮮と、長崎を通じての中国・オランダは、書物の輸入という面でも重要であった。なかでも長崎から入ってきた中国清代の書物は膨大で、幕府・大名のみならず、地方で塾を開く在野の学者の蔵書にも相当量の清代版本が見られる（大庭 一九九六）。儒学者にとって唐本の輸入は非常な関心事であったらしく、漢詩人梁川星巌《やながわせいがん》が故郷の知人に宛てた天保元年（一八三〇）の手紙には、京都の本屋が長崎に唐本の買い出しに行くので、戻ってきたらすぐ即金で買えば、彼らも現金が必要だから安く入手できる、と伝えている（伊藤 一九二五）。大部の類書など、なかなか和刻されないものは、このように競い合いながら購入していたことがわかる。

重要なのは、西洋の学問や世界史・世界地理の知識や、幕末におけるアヘン戦争などの中国情勢も、漢籍の輸入、書写、和刻によって国内に普及したことである（増田 一九八三）。医学・兵学など専門家向けの最新の書物は、幕府によって原書から集中的に翻訳出版されることが多かったが、多くの知識人は漢訳書を通じて世界情勢を把握した。漢籍受容の隠れた一面である。

一方、わずかではあるが、日本に伝存する珍しい漢籍テクストの輸出も行われた。山井崑崙《やまのいこんろん》編・荻生北渓《おぎゅうほっけい》補『七経孟子《しちけいもうし》考文補遺《こうぶんほい》』は足利学校所蔵の経書を用いた本文考証、根本武夷《ねもとぶい》校訂『論語集解《しっかい》義疏《ぎそ》』、太宰春台校訂『古文孝経《こぶんこうきょう》』はともに中国で失われた注釈書、市河寛斎《いちかわかんさい》編『全《ぜん》唐詩《とうし》逸《いつ》』は清の康熙帝が編纂させた『全唐詩』に漏れている唐詩の詩句を日本の漢籍・準漢籍から収集したもので、長崎から輸出され、中国の学者の高い評価を得て彼の地でも出版されている。

官版・藩版ほか

古活字版出現以前、すなわち室町時代まで、日本では国家が直接出版に関与することがほとんどなかった。これは中国・朝鮮と著しい対照を成す現象である。江戸時代も、初期の古活字版の一部、中期の徳川吉宗による医書・教訓書等の出版があるぐらいであった。

それが変化するのは後期、昌平坂学問所《しょうへいざかがくもんしょ》による漢籍刊行以降である。官版と呼ばれるこの刊行事業は、寛政一一年（一七九九）から慶応三年（一八六七）まで、約二〇〇点に及ぶ。ほぼすべてが漢籍で、初期は朱子学の基本書が中心であったが、国内未刊行のもの、和刻本があってもよりよいテキストが入手できたものなどを幅広く選んでいて、学問・文化の向上に大いに貢献したものと思われる。発案者林述斎《はやしじゅっさい》はまた、同じ寛政一一年から文化七年（一八一〇）にかけて、中国に失われ、日本に存する漢籍一六点を集め『佚存《いつぞん》叢書《そうしょ》』と名づけて木活字印刷により刊行した。これも官版に準じて考えられる出版である。

さらに医学所では医書が、洋書調所《しらべしょ》（開成所）では漢訳洋書や中国の新聞雑誌の和刻が行われた。

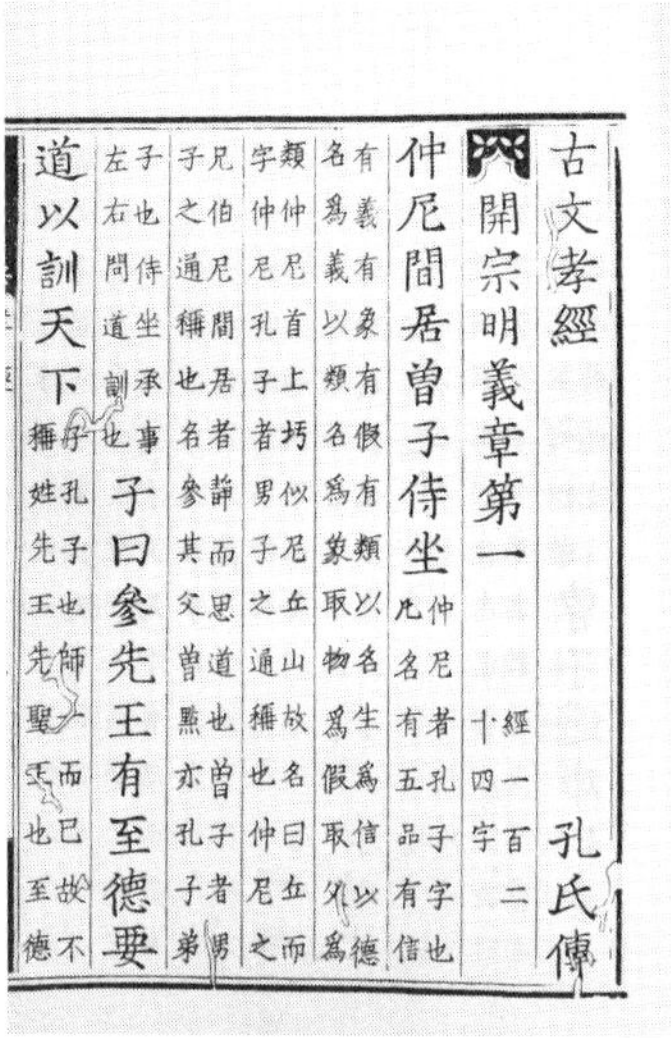
古文孝經　孔氏傳
開宗明義章第一　經一百二十四字
仲尼閒居曾子侍坐　仲尼者孔子字也凡名有五品有信有義有象有假有類以名生爲信以德名爲義以類名爲象取物爲假取外爲類仲尼首上圬似尼丘山故名曰丘而字仲尼孔子者男子之通稱也仲尼之兄伯尼閒居者靜而思道也曾子者男子之通稱也名參其父曾點亦孔子弟子也侍坐承事左右問道訓也
子曰參先王有至德要道以訓天下　子孔子也師而已故不稱姓先王先聖王也至德

図３　江戸初期刊古活字版『古文孝経』を天保６年（1835）信濃の豪農山田松斎が考証を付して忠実に覆刻したもの

同じ時期、各藩に続々と藩校が作られ、その教科書として基本的な儒学書の刊行も盛んになった。幕府は官版でカバーしきれない大部の経書・史書を各藩に出版させた（福井 一九八五）。

このほか、学者や篤志家による私的な出版も数多い（図3）。近世を通じて出版された和刻本の総体は長澤規矩也《ながさわきくや》・孝三《こうぞう》による調査があり（二〇〇六）、そこで省かれている医書は小曽戸洋《こそとひろし》がまとめている（一九九九）。

五　近代の状況

明治維新と漢籍の移動

それまで学問の中心に位置していた儒学が西洋化・近代化の波のなかでその座を明け渡すと、必然的に漢籍もその重要性を減じていった。各地の藩校や私塾などの蔵書は、公立・私立の学校に継承されたり、中央に集められ東京書籍館《しょじゃくかん》（帝国図書館の前身）の蔵書になったりしたものはよかったが、散逸した場合も多い。仏典も、神仏分離など、寺院の地位の変動に伴って流出した。

一方、中国で流布していないテクストを中心に、積極的に輸出されたものもある。なかには板木そのものが売られた場合もあり、印刷の際には、訓点部分を板木から削って用いられた（陳 二〇〇三）。

清国との国交が結ばれた明治一〇年代以降、外交官として来日した清朝文人と日本の儒学者・漢詩人との文化交流が盛んになった。そのなかで、日本に伝わる漢籍の価値を知り、調査収集を行った人々がいた。黎庶昌《れいしょしょう》・楊守敬《ようしゅけい》がその代表的存在である。その前提には、先述したような江戸時代の学者の研究、さらにそれを深化させた狩谷棭斎《かりやえきさい》・渋江抽斎《しぶえちゅうさい》（森鷗外の史伝で知られる）・森立之《もりたつゆき》らの存在があった。彼らの研究成果『経籍訪古志《けいせきほうこし》』や楊守敬『日本訪書志』は、今日の漢籍書誌学の基礎となっている（陳 二〇〇三、慶應斯道文庫編 二〇一一）。やや時代は下るが、昭和初期に四度来日し、内藤《ないとう》湖南《こなん》・神田喜一郎《かんだきいちろう》・久保天随《くぼてんずい》・長澤規矩也らと交流、宮内省図書寮（現、宮内庁書陵部）、内閣文庫（現、国立公文書館）の漢籍を調査した董康《とうこう》も、詳細な日記を残していることで知られる（芳村 一九九一）。

中国・朝鮮からの輸入も引き続き行われ、公的機関のほか、学者やコレクターの蔵書となった。なかでも、三菱財閥の岩崎弥之助《いわさきやのすけ》が作った静嘉堂《せいかどう》文庫が、明治四〇年（一九〇七）に清の蔵書家陸心源の宋元版ほか旧蔵書四〇〇〇部余りを一括購入したことは特筆される（静嘉堂文庫 一九九二）。朝鮮本も近代における輸入が現存本の多くを占める（藤本 二〇〇六）。

近代活版印刷による漢籍出版

木版から活版へと印刷技術が変化し、和装から洋装へと書物の姿も大きく変わった。まだ漢籍への需要があった明治・大正時代には、江戸時代以来の儒学の伝統に基づいた注釈書などを収めた漢籍の叢書がいくつか刊行されている。明治四二年（一九〇九）に刊行を開始し、現在も新刊本が入手可能な『漢文大系』（冨山房）や、漢文訓読文を収め、収載書目にも小説・戯曲など特徴ある『国訳漢文大成』（国民文庫刊行会）、仮名交じり文による注釈書を集めた『先哲遺著 漢籍国字解全書』（早稲田大学出版部）、『校註漢文叢書』（博文館）などである。

戦後は『全釈漢文大系』（集英社）、『新釈漢文大系』（明治書院）、『漢詩大系』（集英社）、『中国詩人選集』（岩波書店）などがある。いずれも原文・訓読文・現代語訳の三本立てになっているところは、日本人の漢文読解力の低下、漢籍との距離を示すものではあるが、このような継続的な努力あってこそ、近年の論語ブームなどに象徴されるような一般社会と漢籍との結びつきを途絶えさせないでいるのだろう。

仏典では、江戸時代の僧侶の研究をふまえた『大日本校訂大蔵経』（縮蔵）、『日本校訂大蔵経』『大日本続蔵経』（卍正蔵《まんじしょうぞう》・卍続蔵）などが相次いで刊行され、近代仏教学の研究成果に基づいた『大正新脩大蔵経』に結実した（梶浦 二〇〇二）。

新たな学術交流へ

大正一二年（一九二三）の関東大震災や、第二次大戦の空襲など、文化財が大量に失われる出来事を経験し、古典籍の複製・影印《えいいん》が急速に広がった。原本が失われても、せめてその面影を伝えようとする考えから、活字に翻刻するのではなく、写真によって文字の姿も残そうとする出版である。漢籍では汲古書院による和刻本や宋版の影印シリーズが知られる。近年はさらに、電子媒体やインターネットを通じて画像そのものが見られるようになりつつある。日本に伝存する貴重な漢籍も、世界共通の文化遺産としてアクセスが容易になってきた。
これらのことが改めて、中国・台湾・韓国の書誌学・文献学者、あるいは欧米のアジア研究者に日本の漢籍への関心を呼び起こしている。それは、単にテクストそのものの希少性だけに注目するのではなく、各時代における日本の漢籍受容を同時代の中国・朝鮮半島を視野に入れつつ考えようという開かれた学問態度に基づくものである（堀川 二〇一二b）。日本の研究もそれに呼応して、例えば訓点や書き入れなど、そこに刻み込まれた読書の痕跡を正確に読み解く研究をさらに深めていくなど、相互に益する努力が必要であろう。

参考文献

阿部隆一「解題」『山崎闇斎学派』、阿部隆一校注、日本思想大系三一、岩波書店、一九八〇年。解題は後に『阿部隆一遺稿集』四、汲古書院、一九八八年
阿部隆一「漢籍」、『阿部隆一遺稿集』二、汲古書院、一九八五年a
阿部隆一「金澤文庫の漢籍」、「北条実時の修学の精神」、同右、一九八五年b
阿部隆一「宋元版所在目録」、「本邦現存漢籍古写本類所在略目録」、『阿部隆一遺稿集』一、汲古書院、一九九三年
池田温編『日本古代史を学ぶための漢文入門』、吉川弘文館、二〇〇六年（特に東野治之「古代人が読んだ漢籍」、池田ほか「日本に将来された漢籍」）

石川県立歴史博物館編『奉納された中世史――写経と版経』、石川県立歴史博物館、一九九四年
伊藤信『梁川星巌翁 附 紅蘭女史』、梁川星巌翁遺徳顕彰会、一九二五年
井上進「日本に現存する漢籍について」『書林の眺望――伝統中国の書物世界』、平凡社、二〇〇六年
井上光貞「王仁の後裔氏族と其の仏教――上代仏教と帰化人の関係に就ての一考察」『日本古代思想史の研究』、岩波書店、一九八二年（のち『井上光貞著作集』二、岩波書店、一九八六年）
井上宗雄ほか編『日本古典籍書誌学辞典』、岩波書店、一九九九年
岩橋小弥太『花園天皇』、吉川弘文館、一九六二年。新装版、一九九〇年
大曾根章介「平安初期の学問」『大曾根章介日本漢文学論集』一、汲古書院、一九九八年
太田晶二郎「吉備真備の漢籍将来」「吉備大臣入唐絵詞を読んで」『太田晶二郎著作集』一、吉川弘文館、一九九一年
大塚紀弘「宋版一切経の輸入と受容」『鎌倉遺文研究』二五、二〇一〇年四月
大庭脩「日本における中国典籍の伝播と影響」「江戸時代の中国典籍交流」、大庭脩・王勇編『典籍』、日中文化交流史叢書9、大修館書店、一九九六年
大平聡「留学生・僧による典籍・仏書の日本将来――吉備真備・玄昉・審祥」『専修大学東アジア世界史研究センター年報』二号、二〇〇九年三月
大屋徳城『寧楽刊経史』、内外出版、一九二三年／国書刊行会、一九八七年復刊
小川剛生『中世の書物と学問』、山川出版社、二〇〇九年
梶浦晋「近代における大蔵経の編纂」『常照』（仏教大学図書館報）五一号、二〇〇二年三月
川瀬一馬『増補 古活字版の研究』、日本古書籍商協会、一九六七年

川瀬一馬『五山版の研究』、日本古書籍商協会、一九七〇年
川瀬一馬『日本書誌学用語辞典』、雄松堂書店、一九八二年
金文京『漢文と東アジア――訓読の文化圏』、岩波書店、二〇一〇年
慶應義塾大学附属研究所斯道文庫編『図説書誌学 古典籍を学ぶ』、勉誠出版、二〇一一年
小曾戸洋『日本漢方典籍辞典』、大修館書店、一九九九年
小林芳規『平安鎌倉時代に於ける漢籍訓読の国語史的研究』、東京大学出版会、一九六七年
小林芳規「日本の経典訓読の一源流――助詞イを手掛りに」『汲古』五五、二〇〇九年六月
佐藤道生「宮廷文学と教育」、仁平道明編『王朝文学と東アジアの宮廷文学』、平安文学と隣接諸学5、竹林舎、二〇〇八年
佐藤道生「九条兼実の読書生活――『素書』と『和漢朗詠集』」、小原仁編『『玉葉』を読む――九条兼実とその時代』、勉誠出版、二〇一三年
椎名宏雄『宋元版禅籍の研究』、大東出版社、一九九三年
史跡足利学校事務所・足利市立美術館『足利学校――日本最古の学校 学びの心とその流れ』、足利市教育委員会ほか、二〇〇四年
鈴木俊幸『江戸の読書熱――自学する読者と書籍流通』、平凡社選書、二〇〇七年
住吉朋彦「藤原頼長の学問と蔵書」、佐藤道生編『名だたる蔵書家、隠れた蔵書家』、慶應義塾大学出版会、二〇一〇年
住吉朋彦「五山版から古活字版へ――出版と学問の飛躍」、島尾新編『東アジアのなかの五山文化』、東アジア海域に漕ぎだす4、東京大学出版会、二〇一四年

静嘉堂文庫編『静嘉堂文庫宋元版図録』、汲古書院、一九九二年
関靖『金澤文庫の研究』、大日本雄弁会講談社、一九五一年。復刊、芸林舎、一九七六年
高橋智・高山節也・山本仁「漢籍目録編纂における準漢籍の扱いについて」『汲古』四六、二〇〇四年一二月
竹村真一『明朝体の歴史』、思文閣出版、一九八六年
陳捷『明治前期日中学術交流の研究』、汲古書院、二〇〇三年
東京大学教養学部国文・漢文学部会編『古典日本語の世界——漢字がつくる日本』、東京大学出版会、二〇〇七年
東野治之「『論語』『千字文』と藤原宮木簡」『正倉院文書と木簡の研究』、塙書房、一九七七年
長澤規矩也『図書学辞典』、汲古書院、一九七八年
長澤規矩也・長澤孝三『和刻本漢籍分類目録　増補補正版』、汲古書院、二〇〇六年
中村春作ほか編『「訓読」論——東アジア漢文世界と日本語』、勉誠出版、二〇〇八年
中村幸彦「漢籍　和刻　翻訳　注釈　翻案」『中村幸彦著述集』七、中央公論社、一九八四年
橋本雄『偽りの外交使節——室町時代の日朝関係』、吉川弘文館、二〇一二年
藤本幸夫『日本現存朝鮮本研究　集部』、京都大学学術出版会、二〇〇六年
平泉澄『中世に於ける精神生活』、錦正社、二〇〇六年（一九二六年刊本の再刊、索引あり）
福井保『江戸幕府刊行物』、雄松堂出版、一九八五年
堀川貴司「三条西家旧蔵『懐風藻』紙背文書について——公条と月舟寿桂」『五山文学研究　資料と論考』、笠間書院、二〇一一年a

堀川貴司「五山における漢籍受容――注釈を中心として」、同右、二〇一一年b
堀川貴司「禅僧による禁中漢籍講義――近世初期『東坡詩』の例」、堀川貴司・浅見洋二編『蒼海に交わされる詩文』、東アジア海域叢書一三、汲古書院、二〇一二年a
堀川貴司「（書評）張伯偉著『作為方法的漢文化圏』」『中国文学報』八二号、二〇一二年四月b
増田渉『雑書雑談』、汲古書院、一九八三年
松永知海「日本近世の大蔵経出版について」『常照』（仏教大学図書館報）五一号、二〇〇二年三月
宮﨑健司『日本古代の写経と社会』、塙書房、二〇〇六年
桃裕行『上代学制論攷』、桃裕行著作集二、思文閣出版、一九九三年
桃裕行『上代学制の研究〔修訂版〕』、桃裕行著作集一、思文閣出版、一九九四年
森克己『増補　日宋文化交流の諸問題』、新編森克己著作集4、勉誠出版、二〇一一年
矢島玄亮『日本国見在書目録――集証と研究』、汲古書院、一九八四年
柳田征司『日本語の歴史4　抄物、広大な沃野』、武蔵野書院、二〇一三年
山本信吉『貴重典籍・聖教の研究』、八木書店、二〇一三年
芳村弘道「董康『書舶庸譚』訳注」（一）～（七）、補訂、『就実語文』一二～一七・一九・二〇号、一九九一年一一月～九九年一二月
米山寅太郎『図説中国印刷史』、汲古書院、二〇〇五年

2 古活字版の世界——近世初期の書籍

高木浩明

一六世紀末、ヨーロッパと朝鮮から活字印刷の技術が伝来する。前者は、天正一八年（一五九〇）イエズス会東方巡察使A・ヴァリニャーノがキリスト教布教のため、長崎に西洋式活字印刷機を持ち込み、翌一九年にローマ字本『サントスの御作業のうち抜書』が加津佐学林（コレジオ）で初めて刊行されたことに始まる。以後、キリシタン版と通称される本が加津佐、天草、長崎、京都においてローマ字と国字を用いて印刷されるようになるが、慶長末年（一六一五）にはキリスト教の禁圧により完全に途絶えてしまう。後者は、文禄二年（一五九三）、豊臣秀吉による朝鮮出兵（文禄の役）の際、朝鮮からの撤収にあたって多くの朝鮮版漢籍とともに金属活字と印刷器具がもたらされたことがその始まりとされる。こうした時代の潮流を受けて日本で新たに刊行されるようになったのが古活字版である。近世中期以降に再び活字によって印刷された近世木活字本と区別して用いられる呼称であるが、古活字版は文禄・慶長から寛永頃までのおよそ五〇年間に種々の出版が行われた。

一　古活字版の世界

古活字版は、植字盤に活字を並べ、一丁分をある枚数刷ったら活字をばらす。植字盤の数は基本的には一台、時に応じて複数台用いて組版・刷り・解版の作業を繰り返しつつ刷り進めてゆく（渡辺 一九八七、森上 二〇一三）。刷り上がった分がすべて捌《さば》けてしまったら、また活字を組み直して刷るしかなく、全く同じ物を作ることはできない。効率の悪さこそが古活字版の特徴でもあり、古活字版が整版に取って代わられた理由の一つに挙げられるが、確かに一つの版ということで考えれば、板木が使える限り何度でも刷り増すことができる整版に利点があるようにも思える。ただ、古活字版の印刷部数は五〇部であるとか、一〇〇部であるとか言われるが、確たる証拠があってのことではない。整版と比べたら少部数の印刷であったかも知れないが、必要となれば版を改め、活字さえ組めば本は比較的短時間でできるわけで、整版のようにその後の板木の保管を心配する必要はなく、かえって合理的とさえ言えないわけではない。

さて本稿では、はじめに活字本ならではの興味深い例をいくつか紹介して、古活字版の本としての性格をおさえてみる。そしてもう一つ、古活字版は一体どのような人的なネットワークのもとに生み出され、利用されたのか、最近の調査で明らかになった二つの事例を通して、古活字版の人的世界を垣間見ることにしたい。

部分異植字

まずは図1を無心に眺めて欲しい。最初に挙げたのは、慶長一三年に刊行された嵯峨本の『伊勢物語』一二段（上冊、一九丁裏）のものである。嵯峨本とは、京都の豪商角倉了以の子素庵《そあん》の工房で、美麗な雲母刷《きららずり》文様の施された表紙や料紙をもち、素庵流とも光悦流とも言われる独特の書風の活字で印刷された本の一群をいう。

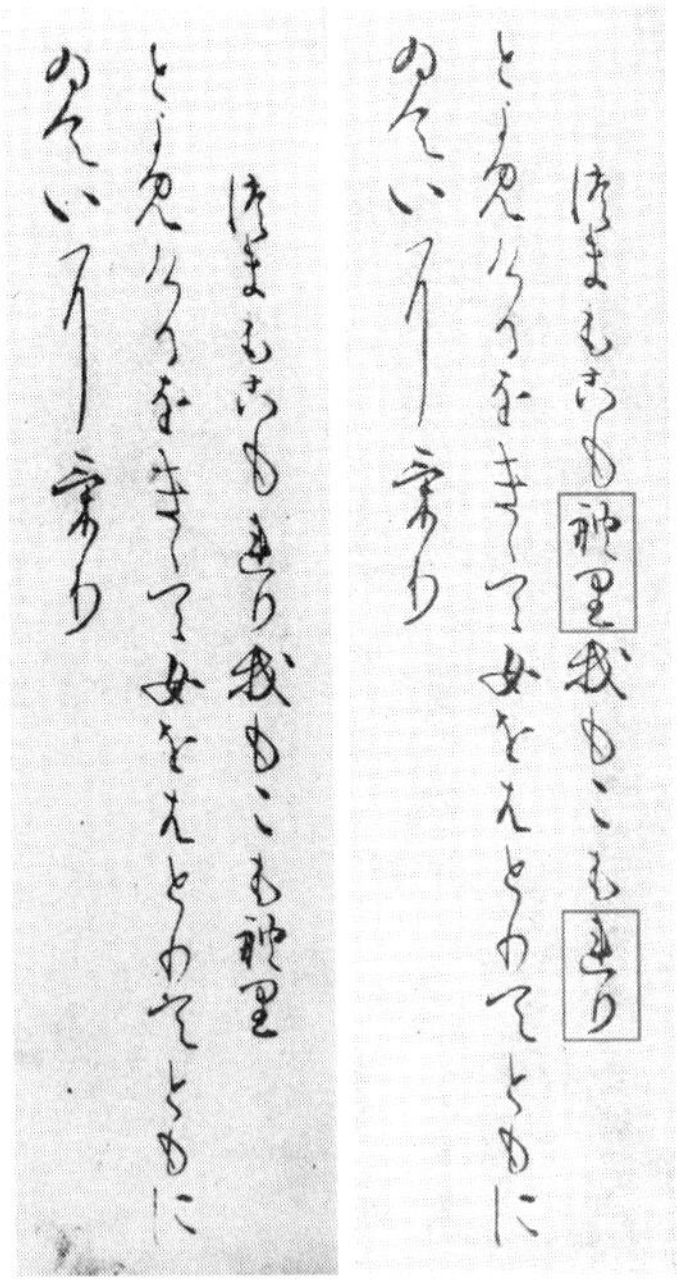

図1　嵯峨本『伊勢物語』（慶長13年初刊本）の上冊、19丁裏の1行目では、上下にある「れり」（「禮」「里」と「連利」）が差し替えられている。
嵯峨本『伊勢物語』（慶長13年初刊本）には、同一の丁内で数箇所、活字の一部を意図的に差し替えている「部分異植字」が、全115丁のうちの42丁、合計86箇所にわたって見受けられる。

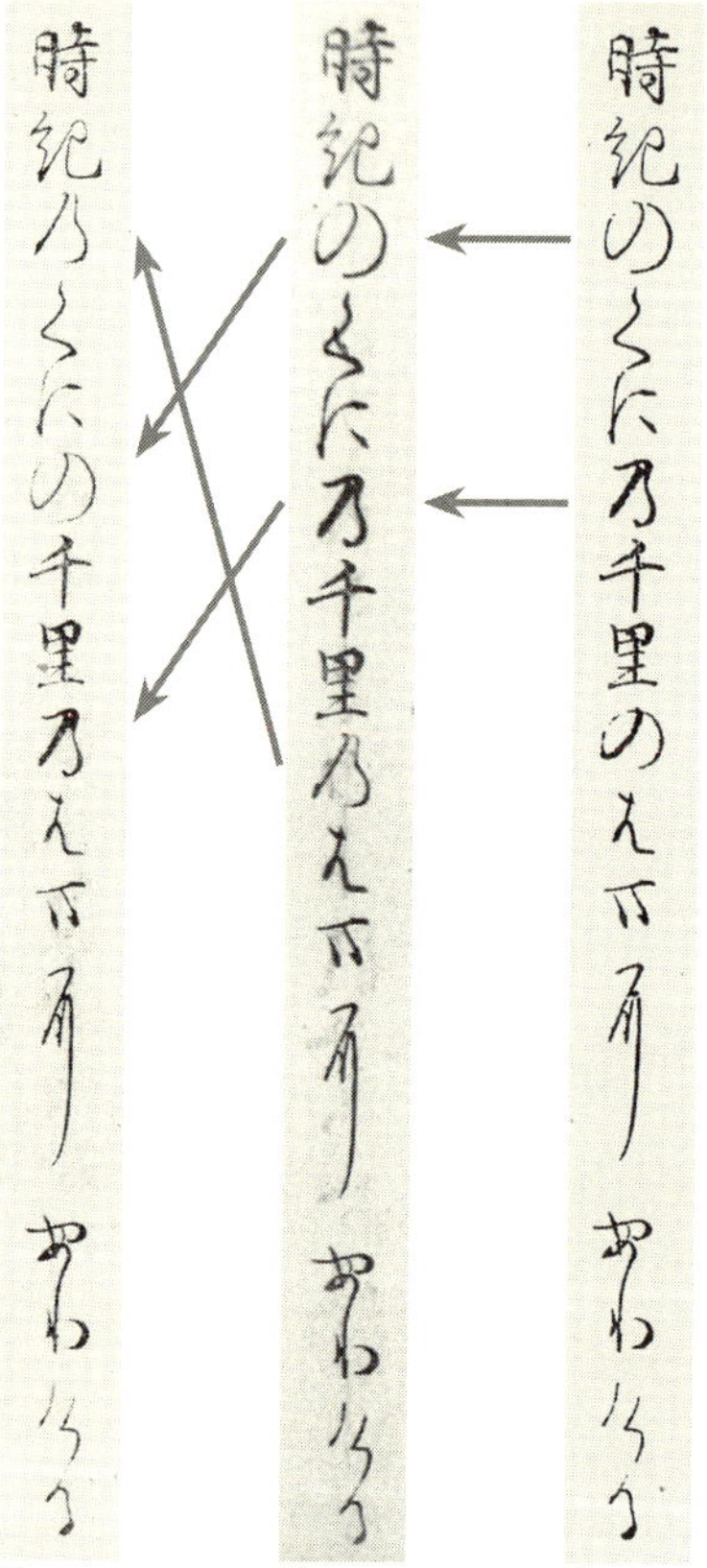

③　②　①

図2　嵯峨本『伊勢物語』（慶長13年初刊本）の下冊、27丁裏の８行目では、３種類の「の」の活字を上下で差し替えている。図１と図２のように、同一の丁内で上下に活字を差し替えることは、86箇所ある異同のうちの７例にすぎないが、残りの部分異植字に使用された活字は、一部を除いてすべて後の丁でも使用されていることから、活字の差し替えが活字の磨耗や欠損という理由によるものでないことは明らかである。

図１の二枚の図版の違いがわかるだろうか。「絵くらべ」の絵のように、この二枚の図版には違いが二箇所ある。そう、正解は一行目。「つまもこもれり我もこもれり」（「むさし野はけふはなやきそわかくさのつまもこもれり我もこもれり」の歌の下の句）。二つの「れり」が上下で入れ替わっているのがわかるだろうか。「あっ、本当だ！」という読者の声が聞こえてきそうな例である。

では同じ『伊勢物語』からもう一つ。今度は七八段の例。違いがよくわかるように、該当する一行（下冊、二七丁裏の八行目）を三つ並べてみよう（図２）。

まずは上から三字目「紀の」の「の」。①（近畿大学中央図書館蔵本）②（秋田県立図書館蔵本）では同じ「の」の活字が用いられ、③（国立国会図書館蔵本）では「乃」の活字に差し替えられている点を確認して欲しい。ただし三つの図版をよく見比べたらわかるように、①②の「の」の活字は、③ではその下の「くにの」の「の」に用いられ、③の「乃」の活字は、②でさらにその下の「千里の」の「の」に用いられている。①②の「くにの」の「の」に用いられている「乃」の活字は、③では「千里の」の「の」に用いられているのを確認することができる。

今度は「頭が混乱してきた」という読者の声が聞こえてきそうな例であるが、まるで活字パズルのように自由自在に活字の差し替えができるのは、文字や絵図を一枚の板に彫刻して印刷した整版との大きな違いである。このような自由自在さこそが活字の一番の特性と言えるのではないか。なんでこんな面倒なことをするのだろう。まるで一冊一冊が別である写本を活字で作ろうとしているかのような営みであるようにも思える。いや、この程度のことは植字工に許された「遊び」程度に理解してよいのだろうか。いずれにしても、前後に同じ活字を用いて差し替えを行っている右の例を見れば、活字を差し替えていることの理由を、活字が傷んだからとする従来の説明も成り立たないことになる。解版する前に同一の丁で部分的に活字を差し替える例は、『伊勢物語』以外の嵯峨本にも見られる現象である。同一種類の活字を用いて、同一内容の書物を印刷した「異植字版《いしょくじばん》」と区別して、「部分異植字」と称することにする。

本文校訂の例1

では、刷り上がった分を見て、もし間違いに気づいたらどうするか。整版であれば板木に入れ木（埋め木）をして訂正し、同じ板木で再度摺刷することも可能だが、一度解版した古活字版はどうしたのだろう。一例を慶長期前半に下村時房によって刊行された『平家物語』（以下、下村本）から挙げる。下村本は、『平家物語』の版本で最も早くに刊行された本（高木 一九九七a・b）で、現存本は端本も含めて四〇点ほどが確認でき、古活字版の中でも群を抜いた存在だが、右の問題を考える上で興味深い事例を多く持っている本でもある。各巻巻頭に目録を一丁付し、その後本文丁へと続く。一行目には内題（平家物語巻第幾）があり、章段名の後に本文が続く。

図3は、巻八の本文の巻首丁だが、内題の後に本来はあるはずの最初の章段名（山門御幸）が、①では落ちてしまっている（巻二の巻首も同様に「座主流」の章段名を欠く本がある）。

②でも章段名は補訂されることはなく、三行目の「按察使大納言資方」の「方」の部分と、八行目の「横川の解脱谷寂場坊」の「場坊」の部分が切り取られ、切り取られた部分には裏から紙片が貼られている。下村本の伝本には、全巻（一部の巻の場合もある）に共通してこのような切り貼り訂正が施されている本が多いが、訂正が施された箇所には、墨筆によって訂正した文字が書き入れられている。単純な誤植の場合もあるが、図3・4のように、誤植とは簡単には言えない例がほとんどである。訂正箇所は、それと意識して注意深く見てみなければ、切り貼り訂正の箇所がわからないくらいの精巧な作業が行われている（図4参照）が、切り貼り訂正の箇所や書き入れられた文字はいずれの伝本に

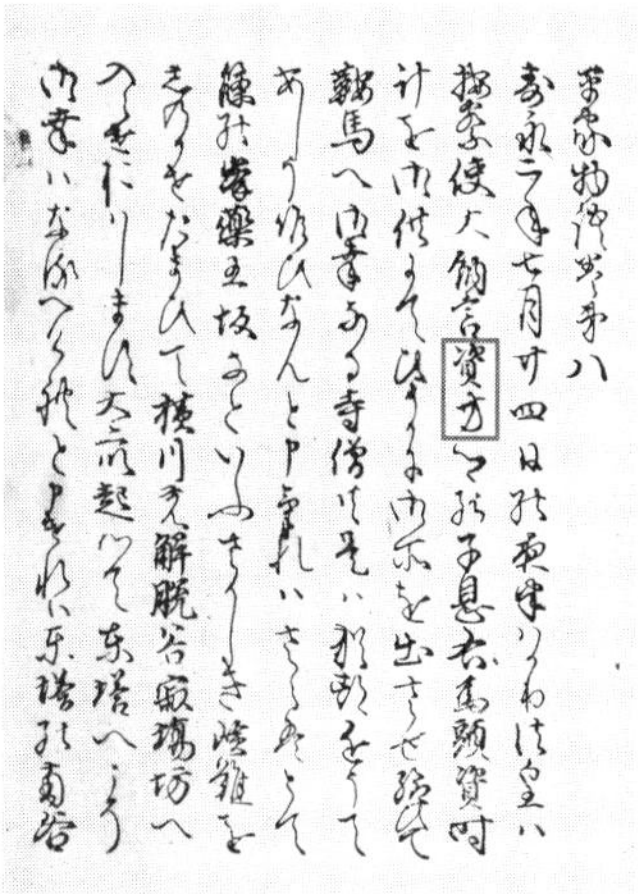

①

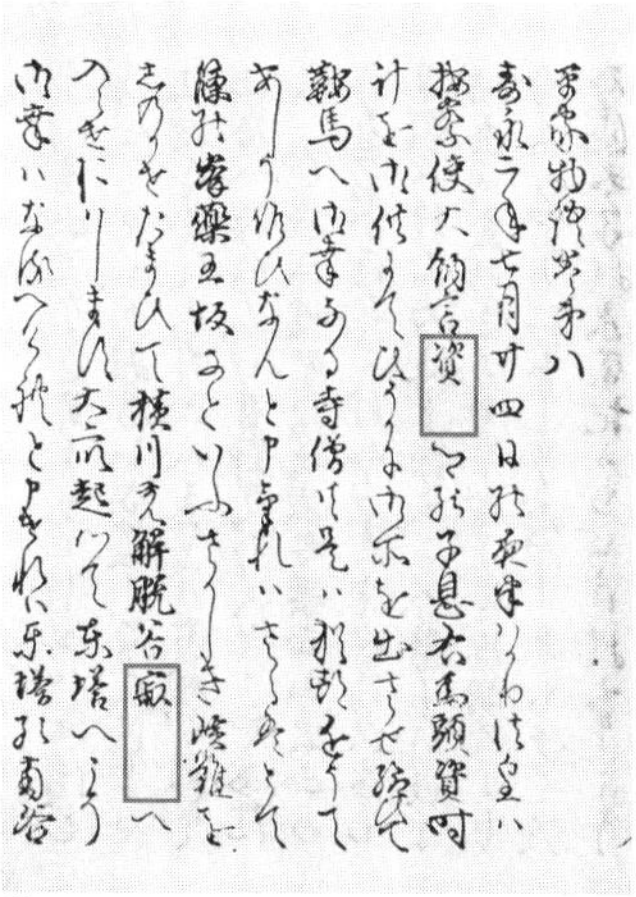

②

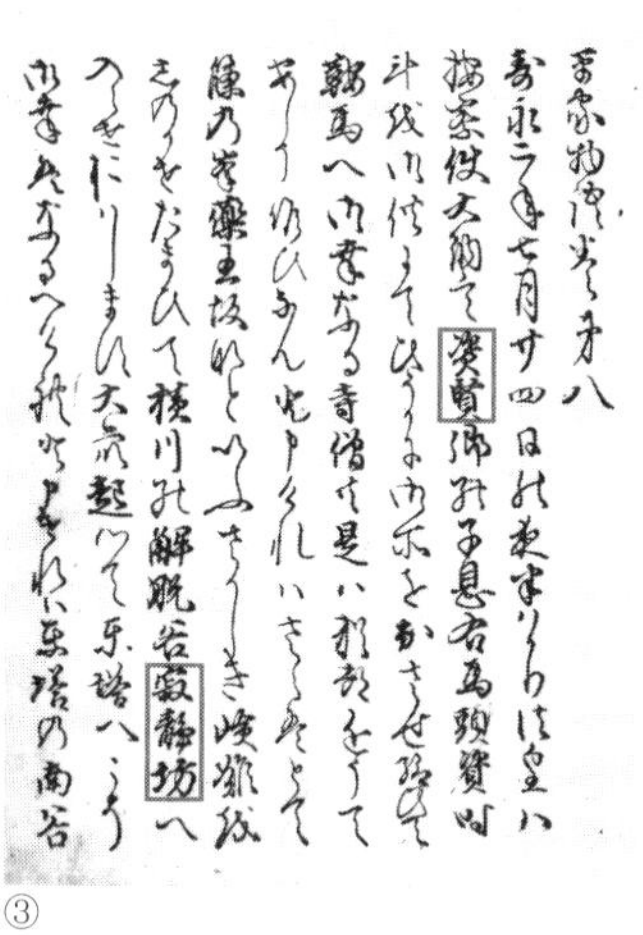

③

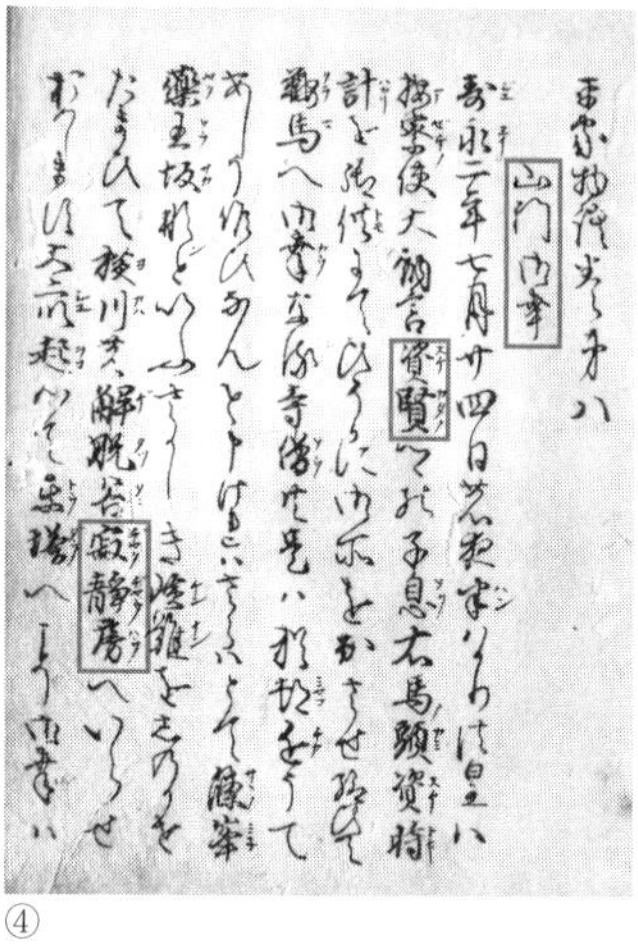

④

図３　『平家物語』巻８の２丁表。①国立国会図書館蔵本（請求番号、WA7-255）、②東北大学附属図書館蔵本（請求番号、別置・宇10-1113）、③静嘉堂文庫蔵本（請求番号、103-47）、④架蔵本。下村本『平家物語』には、伝本共通の切り貼り、墨書訂正が全巻で1000箇所以上施されている。図３の例は、「資方」と「寂場坊」が、「資賢」と「寂静房」に訂正され、巻首の章段名が補訂されるまでの過程がうかがえる興味深い例である。

も共通していることから、完成した本が世に出てからなされたものではなく、工房を出る前になされたものであることがわかる。

図3の③に戻ってみよう。この段階でもまだ章段名は補訂されていないが、②の段階で切り貼り訂正が施されていた箇所をよく見ると、訂正前に「資方」であったものが「資賢」に、「寂場坊」であったものが「寂静坊」に訂正されていることが確認できる。それだけでなく、①②の活字をいくつか襲用しながらも、植版が異なっていることが確認できる（これを異植字版という）。そしてようやく④

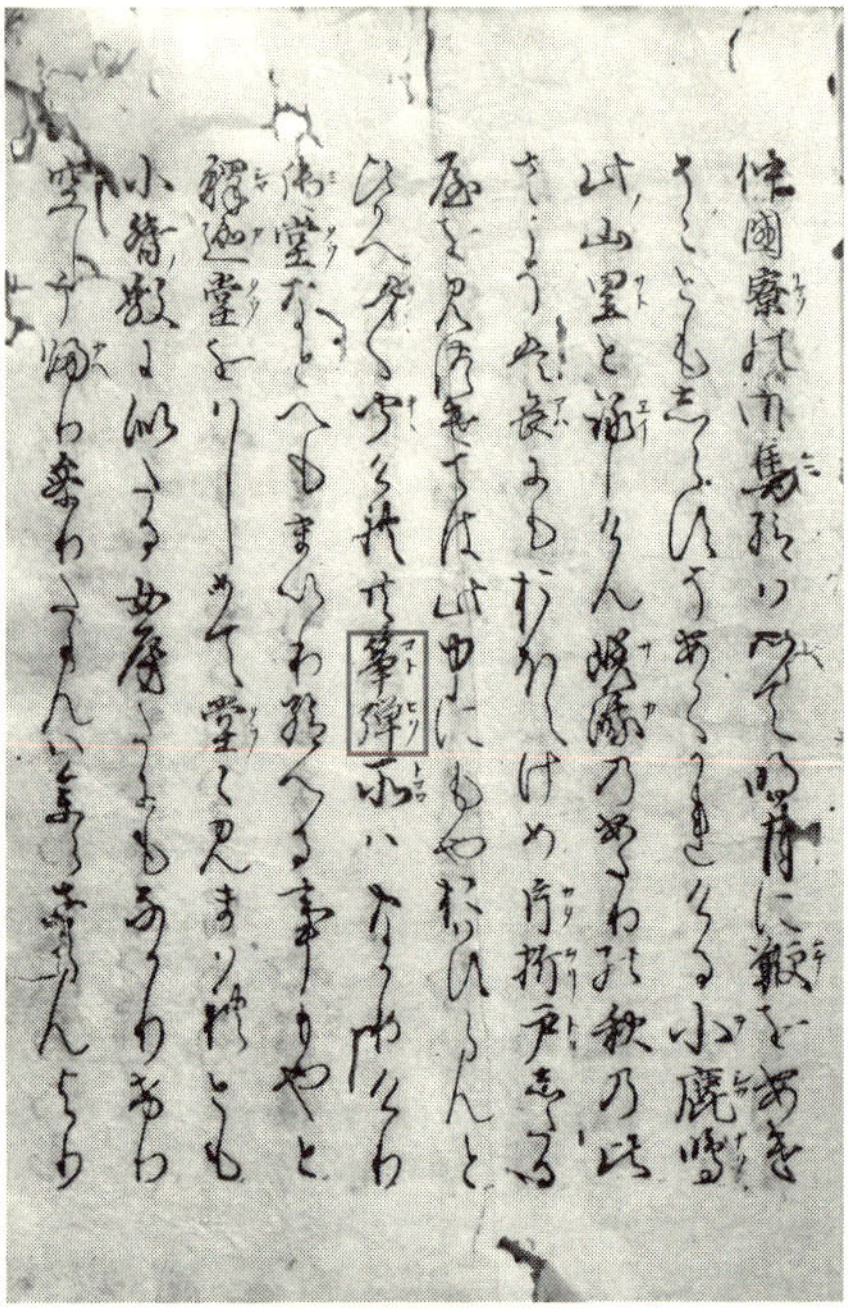

図4　架蔵本。『平家物語』巻6（小督）の16丁表。6行目の「箏弾所はなかりけり」の「箏弾」の部分が、もともとの印面を切り取って、裏から紙を貼り、「箏弾」と入墨されている（「コトヒク」は後筆か）。ちなみに訂正されていない伝本には「琴引」とある。それと意識して見なければ、切り貼り、墨書訂正を見出すことは難しい。
このような切り貼り、墨書訂正が、下村本『平家物語』には、全巻で1000箇所以上施されている。

の段階になって章段名が補訂されるが、一行ずらして章段名を補訂しただけでなく、③の活字を襲用しながらもいくつか活字が差し替えられている。④の段階で一応完成となるのだろうが、普通なら破棄されてもよい①②③も、伝本によってそれぞれ①②③が破棄されることなくそのまま用いられ製本されている本もある。なんのための訂正かとも思いたくなるが、こういう摩訶不思議なところが古活字版にはある。

本文校訂の例2

右の例は単語レベルの訂正であるが、下村本には本文の校訂が行われているところがある。一例（句読点、濁点は稿者）を挙げる。

平家の子孫といはんひと、男子にをいて一人にても尋ね出したらん輩には、所望はこふに依べしと披露せられたりければ、

平家の子孫といはん人、男子にをいて一人ももらさず尋ね出したらん輩には、所望はこふに依べしと披露せられたりければ、

壇の浦合戦後、頼朝の代官として都に来た北条時政（頼朝の舅、政子の父）は、平家の血筋を引く者

を徹底的に探しだして処刑をした。右の例は、巻一二「六代」（二九丁表）の冒頭に近い部分である。本文を下村本と同じ系統の本（一方系の諸本）で見ると、覚一《かくいち》本・葉子《ようし》十行本ともに傍線部の本文はなく、後者の本文が流布本の本文と一致する。二つの本文はともに下村本の本文であるが、ある段階で流布本をもとに本文の校訂を試みた結果の本文が後者の本文ということになろうか。

本文校訂の例3

ところで、『平家物語』の古活字版には下村本を底本にした本が三種ある。川瀬一馬の研究（川瀬一九六七）でいう一二行片仮名古活字本と単辺一二行片仮名古活字本、そして川瀬の研究以後に出現した単辺一二行の片仮名古活字本である（本文の四周には匡郭と呼ばれる枠がある。枠が一本のものを単辺、二本のものを双辺という）。いずれも一二行の片仮名古活字本であることや、単辺の本が二種存在することから、紛らわしさを避けるためにあらためて、一二行片仮名古活字本を（一）双辺片仮名古活字本（以下、双辺本）、単辺一二行片仮名古活字本を（二）単辺片仮名古活字甲種本（以下、単辺甲種本）、新出の単辺一二行の片仮名古活字本を（三）単辺片仮名古活字乙種本（以下、単辺乙種本）と分類し直すこととする。

双辺本には、巻九の「小宰相」と巻一二（灌頂巻）の「大原御幸」の二箇所に長文の脱落があるが、いずれの脱落も下村本のちょうど一丁分（巻九・九〇丁表・裏、巻一二・二九丁表・裏）にあたる。下村本を傍らに置いて組版を進めていく際に二丁を重ねてめくってしまい、そのまま組版をした結果、長文の脱落が生じてしまったのだろう。

本文は、誤植や目移りが原因と見られる本文の誤脱がいくつか見受けられるものの、下村本と一致するが、巻九の「越中前司最後」の冒頭近くに一箇所だけ異文（覚一本の本文）との校訂を部分的に行っている箇所（傍線部）が見受けられる。

> 新中納言知盛卿ハ、生田森ノ大将軍ニテオハシケルカ、東ニ向テ戦給フ処ニ、山ノソハヨリ寄ケル児玉党使者ヲ立テ、君ハ一年武蔵国司ニテマシ／＼候間、是ハ児玉ノ者共カ中ヨリ申候。未御後ヲハ御覧セラレ候ハヌヤラント申ケレハ、新中納言以下ノ人々、後ヲ顧給ヘハ、黒烟推懸タリ。アハヤ、西ノ手ハ、破レニケルハト云程ニコソ久ケレ、取者モ不取敢、我先ニトソ落行ケル。越中前司盛俊ハ、山ノ手ノ侍大将ニテ在ケルカ、今ハ落ツ共叶ハシトヤ思ケン、引ヘテ敵ヲ待処ニ、猪俣ノ小平六則綱、好イ敵ト目ヲ懸、鞭ニ鐙ヲ合セテ馳来リ、押双ヘテ無手ト組テトウト落ル。猪俣ハ八箇国ニ聞タルシタ、カ者也。鹿ノ角ノ一二クサカリヲハ、輙引裂ケルトソ聞ヘシ。越中前司ハ、二三十人カ力態《ママ》（態、稿者注）ヲスル由人目ニハ見ヘケレ共、内々ハ六七十人シテアケヲロス舟ヲ、只一人シテ推上盪下ス程ノ大力也。去レハ、猪俣ヲ取テ押テ不動。猪俣下ニ乍伏、刀ヲ抜ウトスレ共、指ハタカツテ刀ノ柄ヲ握ニモ不及。物ヲ云ウトスレ共、余ニ強被推テ、声モ不出。既ニ頸ヲ欲被掻ケルカ、力ハ劣タレ共、心ハ剛成ケレハ、猪俣少モ不噪、暫ク息ヲ休メ、去ラヌ躰ニ持成テ申ケルハ、抑、名乗ツルハ、聞給タルカ。敵ノ頸ヲ取ト云ハ、我モ名乗テキカ

セ、敵ニモ名乗ラセテ頸ヲ取タレハコソ大切ナレ。　　（句読点、稿者）

双辺本の次に刊行されたのが、単辺甲種本である。依然、巻九の「小宰相」と巻一二（灌頂巻）の「大原御幸」の二箇所の長文の脱落は補訂されてはいないが、双辺本の段階で巻九の「越中前司最後」の冒頭近くに部分的に見られた異文（覚一本の本文）との校訂に加えて、新たに巻一の「鱸」から「禿童」にかけての本文に異文（中院本の本文に近似する八坂系の本文）による校訂が行われている。

次に単辺甲種本をもとにして刊行されたのが、単辺乙種本であるが、この本の段階でようやく巻九の「小宰相」と巻一二（灌頂巻）の「大原御幸」の二箇所の長文の脱落箇所に本文が補訂されているが、補訂された本文は下村本の本文ではなく、流布本の本文で補訂がなされている。こうしたことから、『平家物語』の古活字版の工房には複数の『平家物語』の写本があり、下村本という一つの本を底本にしながら、部分的ではあるものの異文との校訂を行い、新たな「定本」作りの試みがなされていたと見ることができる。こうした例は『平家物語』のみに見られるものではなく、稿者が知る限りでも、要法寺版の『沙石集』や『太平記』の古活字版等、複数の古活字版に見ることができる。『太平記』については小秋元段による詳細な研究（小秋元 二〇〇六）があり、複数の『太平記』の古活字版において、基底となる本文に複数の本との校合を行い、異文を集成し、本文の整定が行われてゆくさまが実証的に検証されている。

すべての古活字版がそうでないにしろ、古活字版の工房では、その目的は違っても、手近な本文をそのまま版にするのではなく、常に新しい「定本」を作り出そうとする試みがされていた。その意味では古活字版は刊本ではあるが、写本的な性格を持った本といえる。

二　『施氏七書講義』の刊行と享受

『施氏《しし》七書講義』（以下、『七書講義』）という本がある。『孫子《そんし》』『呉子《ごし》』『司馬法《しばほう》』『尉繚子《うつりょうし》』『三略《さんりゃく》』『六韜《りくとう》』『唐太宗李衛公問対《とうのたいそうりえいこうもんたい》』の七つの代表的な兵法書に、中国の金時代の施子美《ししび》（伝未詳）が注釈を加えたものであるが、中国ではすでに散逸して現存せず、日本だけに伝存する書（これを書誌学用語で「逸存書《いつそんしょ》」という）の一つである。伝本の一つに、無刊記ながら慶長・元和年間（一五九六―一六二四）の刊行と推定される古活字版が伝来するが、そのいくつかの伝本に記された識語などから、おおよその刊行年や刊行に至るまでの経緯、本書を必要とした人やその後の利用のされ方など興味深い事実を知ることができる。

刊行経緯

まずは国立公文書館内閣文庫（以下、内閣文庫）に所蔵される本（内閣文庫本）から見てみよう。内閣文庫には二点（請求番号・子一〇―一、二九九―二一二）の『七書講義』が所蔵されるが、ここでは近世初期の代表的な儒学者として知られる林羅山（一五八三―一六五七）の旧蔵本（請求番号・二九九―二二）を取り上げる。本書には巻四二の巻末に、林羅山自筆の次のような識語が墨書で記されている。

七書講義謄本稀矣。而況版本乎。余嘗在駿府写一通。今、戸田為春氏新鏤梓、以頒行於世。其志可尚矣。余亦獲合部、以向所蓄之謄本、往々校之、随見、随塗朱、為句読焉。雖未登右庠之科、姑蔵於家塾、以便児童云。
元和己未夏五　羅浮道春誌于夕顔巷頭。

右の識語を書き下すと、以下のごとくになろうか。

七書講義謄本稀なり。而も況や版本をや。余嘗《かつ》て駿府に在りて一通を写す。今、戸田為春氏新たに梓《あづさ》に鏤《ちりば》め、以て世に頒《わか》ち行ふ。其の志尚《たふと》ぶべし。余《よ》また合部を獲《え》て、向《さき》に蓄《たくは》ふる所の謄本を以て、往々に之を校《くら》べ、見るに随ひ、塗朱するに随ひ、句読を為す。未《いま》だ右庠《うしやう》の科に登らずと雖《いへど》も、姑《しばら》く家塾に蔵して、以て児童に便りすと云ふ。
元和己未夏五　　羅浮道春夕顔巷頭に誌《しる》す。

右の識語は、「元和己未夏五」、すなわち元和五年（一六一九）五月に記されたもので、この識語の存在から元和五年五月には刊行されていたことがわかるが、さらに本書には一七冊すべての前後の表紙の裏張りに、元和四年三月刊行の古活字版『保元物語』と『平治物語』、刊年不明ながら同じく古活字版『城西聯句』の刷り反古が用いられている（現在は表紙裏から剝がされ別に保存されている）ことから、およその刊行年時を推定できる。また後述の通り、『七書講義』の伝本には元和四年の識語を有するものがあることから、刊行も元和四年と考えてほぼまちがいないと思われる。

ところで右の識語には、写本も版本も珍しかった『七書講義』を戸田為春が新たに刊行したことが記される。戸田為春は、天正七年（一五七九）に戸田一西《かずあき》の三男として生まれ、寛永元年（一六二四）五月二九日に四五歳で没した。通称帯刀《たてわき》、斥鷃生《せきあんせい》と号した。藤原惺窩に師事して儒学を学び、羅山とも交遊があった。羅山との交遊は、元和三年には確認され（小川・石島 一九九四）、元和七年（一六二一）には、戸田為春の求めに応じて羅山が『書経蔡氏伝』を講義している（『羅山林先生詩集』巻第三七）が、後述する石川丈山もこの講義を聴講していた。こうした二人の関係からすると、羅山は戸田為春から直接『七書講義』を贈られたことも否定できないが、いずれにしてもいち早く入手して、かつて駿府において書写した写本をもとに本文の校訂を試みた。実際、内閣文庫本には右の識語に記された通り、本文には訓点や送り仮名が施され、上欄や行間といった余白には、出典や校訂を示す書き入れが朱墨によって夥しく書き入れられているほか、本文に錯簡《さっかん》が見られる場合には本文を切り貼りして正しい順番に直したり、必要に応じて本文を補写するようなことまでしている。このように羅山によって熟読された内閣文庫本は、その後、三男の春斎（鵞峰《がほう》、一六一八―八〇）に受け継がれる。第一冊・巻三の巻末、第二冊・巻七の巻末、第三冊・巻一一の巻末にはそれぞれ次のような識語が記されている。

（第一冊・巻三の巻末）

寛永二十年二月廿八日、因松平式部大輔忠次之所望而始開筵。至四月十三日、此一冊講了。

春斎

（第二冊・巻七の巻末）

此一冊、因松平式部大輔忠次之所望、以講之了。

寛永二十年六月廿六日　春斎

（第三冊・巻一一の巻末）

此一冊、因松平式部大輔忠次之所望、以講之。十三篇皆了畢。　正保二年十月十三日　春斎

右の識語によれば、松平忠次《ただつぐ》の求めに応じて、寛永二〇年（一六四三）二月二八日から正保二年（一六四五）一〇月一三日にかけて、『孫子』一三巻が春斎によって講義されたことが知られる。松平忠次（一六〇五―一六六五）は、白河藩主や姫路藩主となった譜代大名で、学問を好み和漢の学にも通じていたという。識語にある寛永二〇年は、ちょうど忠次が白河に国替えとなる時で、このころの忠次と春斎の親交が窺い知れて興味深い。

菅玄同識語本1

次に大垣市立図書館に所蔵される本（請求番号、子部・№一二）を取り上げたい。本書の伝来の経緯は定かではないが、戸田為春によって刊行された『七書講義』が、為春の兄の氏鐵《うじかね》が城主を務めた大垣の地に伝来することには注意をしたい。本書には、元和四年五月に記された菅玄同《げんどう》（玄東）自筆の識語が墨書で記され、本文には訓点や送り仮名が施されている。

予属者、点此一本而熟視。則戦国之書而皆覇王之術也。若読之、談之、語之、聞之者、実為文武之王道者、失身、亡人、及於国家天下必矣。嗚呼悲也夫。能読者審矣。施公子美、雖儒家者流、以兵法升右庠。是以、王覇混而為

一、不弁其理。惜哉、君子那此哉。
元和四年戊午五月端五後日食時誌焉
番易（ママ）土師氏玄同子璧拝書

右の識語を訓読すると、以下のようになろうか。

予属者《しよくしや》、此一本に点して熟視す。則ち戦国之書にして皆覇王之術也。之《これ》を読み、之を談じ、之を語り、之を聞く者のごときは、実に文武の王道を為す者なるも、身を失ひ、人を亡ぼし、国家天下に及ぶこと必ずなり。嗚呼《ああ》悲しき也夫《かな》。能《よ》く読むこと審らかなり。施公子美《しこうしび》、儒家者の流と雖《いえど》も、兵法を以て右庠《うしよう》に升《のぼ》る。是《ここ》を以て、王覇混じて一《いつ》と為《な》り、其理を弁ぜず。惜しい哉、君子此を那《いかん》せん。

元和四年戊午五月端午の後、日食の時に焉《これ》を誌《しる》す。
番易（ママ）［播陽］土師氏玄同子璧拝書

菅玄同（玄東、一五八一―一六二八）は、姓は菅原氏または土師氏、名は玄同《げんどう》（玄東）、字は子徳《しとく》。号は得庵、書室を生白堂と号した。その事績は『羅山林先生文集』巻四三に詳しい。播磨国飾磨《しかま》郡蒲田に生まれた玄同は、慶長九年（一六〇四）、二四歳で京都に出て曲直瀬玄朔《まなせげんさく》（一五四九―一六三一）に医学を学んだ。翌一〇年もしくは一一年に林羅山に入門した。一三年に羅山が駿府へ赴くと、藤原惺窩の門に入り、高弟となった。以後、医学を棄てて儒学に専念する。もちろん羅山との交遊もこれで切れたわけではなく、その後も羅山が帰洛の折には互いの家を行き来した。

余と相識ること二十余年、其の間、余、駿より洛に帰り、洛より東武に赴く。余が洛に在る毎に玄同来たり問ふ。余も亦、時過《よ》ぎる。嘗《かつ》て『通鑑綱目』を講ず。則ち玄同が求めに応じてなり。其の余、講筵を設くる時、玄同常に預り聴く。
（菅玄同碑銘）

その交遊は玄同が不慮の事故で没する寛永五年（一六二八）まで続いた。

菅玄同識語本2

ところで菅玄同によって記された右の識語と全く同じ文言の識語が、九州大学附属図書館所蔵の本（貴重書庫、八六八―シ―一四、以下、九大本）にも見受けられる。九大本にはさらに第二冊（巻六―八）と第一〇冊（巻三一―三三）の後表紙見返しに、次のような識語がそれぞれ見受けられるほか、菅玄同による様々な書き入れが多数見受けられる。

暇日［かじつ］雇児輩［じはい］而余［よ］口誦之。而兮［じけい］之点訓、由是倭訓之上平去入［じやうひやうきよにふ］之誤、

返点仮字之違、如拾落葉。然不遑改之、以胸憶校正而読誦而已。君子見之、庶幾勿拙我幸甚矣。

元和五年己未春三月二十有八日

番易甫《ママ》田士師氏玄東謹白

（第二冊）

元和四年戊午秋重九菊一日、終朱点之功也。吾邦未見有板本。往々皆書本也。故無検閲即本之、余始而句読分之、倭点成之、蔵笥而伝諸□《家》童、後生改之勿憚云尓。

番易蒲《ママ》田菅玄東拝書

（第一〇冊）

菅玄同識語本3

国立国会図書館所蔵の本（以下、国会本）には、一八冊ほとんど各冊の巻首丁に、「詩仙堂」の蔵書印が押されている他、複数の巻の巻末に、元和六年から七年にかけての石川丈山自筆の識語が記されていることから、石川丈山旧蔵の手沢本であったことが知られる。

石川丈山（一五八三—一六七二）は、三河国碧海郡泉郷に生まれた。江戸時代を代表する漢詩人である。名は重之、また凹、字は丈山、通称嘉右衛門、号は東渓、六六山人、四明山人、詩仙堂などと号した。慶長三年（一五九八）、一六歳で父の死により徳川家康に仕えたが、元和元年（一六一五）五月に勃発した大阪夏の陣では軍令違反によって家康の勘気を蒙り、蟄居《ちっきょ》を余儀なくされた。元和三年（一六一七）頃には、林羅山・堀杏庵・菅玄同・角倉素庵・戸田為春といった当時を代表する知識人との交遊も始まり、また羅山を介して藤原惺窩に師事して儒学を学んだ（小川・石島 一九九四）。

『七書講義』が刊行されたのは元和四年と見られるが、刊行直後は菅玄同のもとにあった（国会本巻二末・巻三一末の識語）。第一五冊、巻三六（『施氏六韜《りくとう》講義』）の巻末には菅玄同自筆の次のような識語が記され、玄同が「此一本」、すなわち巻三四・三五・三六に訓点を施したのが元和四年四月末だったことが知られる。

此一本、元和四年戊午四月晦日、点畢矣。無有余本。至不可弁字画甚多俟後哲而正之。如余孤、豈其誇於勉駿猛乎。為家弟子倭訓焉。一笑。

番易（ママ）甫田菅氏玄同子徳謹書

いつ丈山のもとに渡ったかは定かではないが、国会本の識語から元和六年までに玄同から丈山の手に渡ったことが知られる。

ところで、巻二（『施氏七書講義孫子』）の巻末に記された丈山の識語（元和六歳在庚涒夏五月、予主高虎公在南勢之邸舎而、以雒之玄東之本手親点之）によれば、巻一と二に訓点を施したのは「予主高虎公」であったことが知られる。「高虎公」とは藤堂高虎のことであり、その高虎を「予主」と記していることからすると、この時期、丈山は伊勢津の藤堂家に出仕し、『七書講義』に訓点を施すなど学問三昧の日々を過ごしていたことがうかがえるが、巻八（『施氏七書講義孫子』）の巻末に記された丈山の識語「此乙冊、武陵客中島氏為友生、始成浪士而与余入雒而志乎学之旹、朱於玆点於玆矣。惟元和辛酉之歳也」からすると、「元和辛酉之歳」、すなわち元和七年にはおそらく藤堂家を致仕して、京都に戻っていた可能性が高い。「武陵客中島氏為友生」の伝は定かではないが、武陵客中島為友が丈山とともに京都に出て学問を志した時、「此乙冊」（巻六・七・八）に訓点を施したということが知られる。

国会本は、元和六年から七年頃の丈山の動向を知る上でも貴重な資料である。

角倉素庵献上本

名古屋市蓬左文庫に所蔵されている本には識語も書き入れも一切ないが、寛永二年以前に角倉素庵から尾張藩祖の徳川義直に献上された本である（蓬左文庫蔵『御文庫御書籍目録』、請求番号一四八—二九。『名古屋市蓬左文庫漢籍分類目録』には「元和元年角倉与一献本」とあるが根拠は不明）。角倉素庵は、姓は吉田、諱《いみな》は玄之（後に貞順と改めた）、字を子元、小字を与一と称した。元亀二年（一五七一）、豪商として知られる了以の長男として生まれた。堀杏庵《きょうあん》の「吉田子元行状」（『杏陰集』巻一七）によれば、幼少時より学問を好み、一四歳の時には『大学』『論語』を読み、その後数年の間に唐宋の詩文を通誦したという。天正一六年（一五八八）、一八歳の時に伯父侶庵に伴われ、相国寺に修行中の藤原惺窩を訪ね、師事した。慶長四年（一五九九）には林羅山との交遊も始まり、慶長九年閏八月二四日には、賀古宗隆の邸宅で羅山の求めによる惺窩との初めての会見が素庵を介して実現した。

素庵は惺窩に儒学を学ぶ一方で、父の事業にも携わったが、それとは別に角倉家ゆかりの京都嵯峨の地において、主に木活字による出版事業を行ったことは特記すべきことである。漢籍・仏書・医書をはじめ、当時は写本で読むのが普通であった古典文学書など国書の刊行をも行い、世に広めた功績は大きい。『伊勢物語』をはじめ、美麗な装丁の施された「嵯峨本」を刊行したのも素庵である。『七書講義』の刊行も、実際のところは素庵に負うところが大きかったのではないだろうか。

以上のことから、『七書講義』が、角倉素庵・戸田為春・林羅山・菅玄同・石川丈山といった、藤原惺窩門の流れを汲む当時を代表する知識人たちによって刊行、享受されていた様子が浮き彫りになった。

三　那波本『白氏文集』の刊行と享受

刊行経緯

元和四年、林羅山門下の那波道円が『白氏文集』七一巻三〇冊を活字印行した（以下、那波本『白氏文集』）。那波道円（一五九五―一六四八）は、文禄四年（一五九五）播磨国姫路に生まれた。名は信吉、方、舢、字は道円、通称は平八。儒学と医学を学び、慶長一五年(一六一〇)、京都に出て藤原惺窩に師事した。林羅山、松永尺五《せきご》(一五九二―一六五七)、堀杏庵(一五八五―一六四二)とともに「惺窩門四天王」の一人と称される。

道円は、『白氏文集』より先、同種の大型活字を使って『倭名類聚抄』二〇巻一〇冊を印行しているが、巻首にある林羅山の序に元和三年一一月とあることから、印行もほぼこの頃と見られる。引き続いて『白氏文集』を印行したわけだが、藤原惺窩には刷り上がった巻毎に届けたようである。

> 倭名類聚抄繡梓了。寔可資多識。荷一部之恵。今又新刊白氏文集。巻巻毎終上板寄来。誦之尤適老懐。何賜加之。以謝焉。
>
> (『藤原惺窩集』巻上)

那波本『白氏文集』の巻末にある道円の自跋に「戊午秋七月丁亥朔那波道円書于洛中遠望台」とあることから、最後の巻が刷り上がったのは、ほぼ元和四年七月一日の頃と見られる。道円は、元和四年七月、刷り上がったばかりの那波本『白氏文集』を携え、京都から江戸の羅山のもとを訪ねている。

林羅山手沢本

この時、羅山が道円から贈られた那波本『白氏文集』が、東京国立博物館に現存する(以下、東博本)。東博本の巻二と巻七一の巻末には、かつて林羅山自筆の識語が記されていたが、現存本では切り取られて存在しない。どういう経緯があったのか、切り取られた羅山の識語はどこかに現存するのか稿者は知らないが、幸い、江戸時代後期の考証学者の狩谷棭斎が、各巻末の羅山・春斎（鵞峰）の識語と延宝元年の春斎の跋を臨写したものを、さらに渋江抽斎が天保八年（一八三七）に影写したものが慶應義塾大学附属研究所斯道文庫に現存し、その面影を見ることができるが、『羅山林先生文集』の巻五四にも「白氏文集ノ跋」として同文のものが載っている。

［二巻末］
元和四年戊午初秋、那波道円自洛来於東武、齎新刻白氏文集一本而寄我。我公務之暇随見、以朱為句読。起滴露之笔於今日云。時二十又一日也。羅浮子林氏子信、書於江城夕顔巷中欝眠亭。

　元和四年戊午初秋、那波道円洛より東武に来《きた》り、新刻の白氏文集一本を齎《もたら》して我に寄す。我公務之暇に見るに随ひ、朱を以《もっ》て句読を為す。滴露之笔《ふで》を今日に起して云。時二十又一日也。羅浮子林氏子信、江城夕顔巷中欝眠亭に書す。

［七一巻末］
香山文集一本、合部七十一巻三十冊、道円寄我。我雖嘗繕写一通而蔵于家、今又得此新本喜気津津、毎一瞥爾任手塗朱。如暮鴉《［ぼあ］》之過窓、一日一両篇、或連夜至於四三冊。以蔵于箱中。可附子孫耳。

元和四年八月八日夜雨吹燈記之
駿府御書庫預前侍読　林道春子信
香山文集一本、合部七十一巻三十冊、道円我に寄す。我嘗て一通を繕写し、家に蔵《おさ》むと雖も、今又此新本を得て喜気津津、一瞥毎に爾手に任せて朱を塗る。暮鴉の窓を過ぐるが如し。一日一両冊、或連夜四三冊に至る。以て箱中に蔵す。子孫に附すべきのみ。元和四年八月八日夜雨燈を吹いて之を記す。駿府の御書庫預、前の侍読　林道春子信。

七月二一日、羅山は先年書写した「繕写本」（金沢文庫本移写の本文）（川瀬　一九八四）を傍らに置き、道円から贈られた那波本『白氏文集』に朱墨を用いて加訓や校合を施す作業を開始した。

喜気津津、一瞥毎に爾手に任せて朱を塗る。暮鴉の窓を過ぐるが如し。

羅山の興奮気味な息づかいを感じさせる一文だが、各巻に記された羅山の識語によって、八月中旬までに大方の巻を読み終えたことを知ることができる。その後、先述の『七書講義』と同様、子の春斎に受け継がれ、寛文一二年（一六七二）の一月二五日から翌延宝元年の一〇月七日にかけて点が補われている。なお、羅山と春斎の付訓についての詳細は、村上雅孝の研究に詳しい（村上　一九九八）。

「西山期遠子」識語本

宮内庁書陵部と岡山大学附属図書館に所蔵される本（以下、書陵部本、岡大本）には、巻四の巻末に旧鈔本の奥書が移写された後、「寛永元季冬西山期遠子貞子元誌」の款記がある識語が記されているが、これと同じ筆跡の校異が、両本ともにほとんどの巻の上欄と下欄、及び本文中に共通して記されている。中には「流、馬元調校本、作泜」（巻二・二三丁裏）とあるように、明らかに刊本の馬元調本によって施された校異もあるが、これを除いた本文はすべて金沢文庫系の旧鈔本によって施されたものと考えられる。

これらの筆跡を残した西山期遠子とは、角倉素庵のことである（跡部 一九八二、吉岡 一九九三）。「西山」は素庵が自号として名乗っていたもので、「期遠子」は、慶長三年冬に藤原惺窩が嵯峨角倉邸を「期遠亭」と名付けたことに由来する。「西山期遠子」の奥書や識語を有する本は、他にも名古屋市蓬左文庫所蔵の『続日本紀』の写本や国立国会図書館所蔵の『本朝文粋』の写本などにも見られるが、最近、林進（二〇一三）によって紹介された「角倉素庵宛藤原惺窩書状」にも宛名が「期遠亭」と記されている。近年、数々の素庵の真筆の発見や書跡の再検討を精力的に行っている林進（二〇〇二）は、書陵部本に記された識語を素庵の自筆と見、書陵部本自体を素庵の手沢本と考える。これに対して神鷹徳治（二〇一二）は、書陵部本の識語が「西山期遠子貞子元誌」の「誌」を「諸」と誤写していることから、林の見解を否定的に見る。その一方で、現在、大東急記念文庫に所蔵される金沢文庫旧蔵の旧鈔本（以下、大東急本）に同様に記された識語を素庵の自筆と見ている。さらに書陵部本の識語はこれを移録したものと見る。しかし、大東急本の巻三と四は、他巻とは伝来を異にする別本を以て江戸初期に補写して充足したもの(川瀬 一九八四)で、巻四に記された識語の後には、正保二年(一六四五)に烏丸資慶によって記された書写奥書があり、資慶の署名の下に「手印」とあることから、資慶の手写本をさらに転写した比較的新しい本であることがわかる。大東急本の識語を素庵の自筆と見る神鷹の見解は明らかに誤認である。

ここで興味深い例を一例挙げる。それは古活字版ではないものの、蓬左文庫に所蔵されている二点の『続日本紀』の写本についてである。一つは、『続日本紀』の現存最古の写本で、鎌倉後期書写の金沢文庫旧蔵の巻子本、四〇巻である(以下、蓬左文庫本)。

慶長一七年(一六一二)、伊豆山神社の別当寺般若院の僧快運から徳川家康に献上されたもの(『駿府記』『高野春秋』)だが、巻一から一〇は既に亡失していたようである。家康にはこの時この本とは別に、金地院崇伝《こんちいんすうでん》と林羅山の要請により、吉田家の梵舜が書写した本(国立公文書館内閣文庫蔵)が献上されている。慶長一九年(一六一四)、京都五山の僧たちがこの梵舜書写本によって不足分を補写した。家康の没後は「駿河御譲本」として、尾張藩祖の徳川義直の蔵書となったこの本には、金沢文庫本の書写作業の一環として加えられた本文注記とは別に後世に加えられた注記があり、それが素庵によるものだという(吉岡 一九九三)。今、蓬左文庫に所蔵されている金沢文庫本は、ある時期に素庵のもとにあったのだろう。

もう一つは、「角倉本」と通称される一三冊の写本である。この本は、寛永一一年(一六三四)、素庵の次男厳昭によって義直に献上された本（以下、角倉本）である。蓬左文庫本を底本に、素庵を含む数人の手により書写された本で、元和八年（一六二二）に三条西実隆自筆の永正本を用いて校合を加えた本（元和校本）である。一巻すべてが素庵の筆跡の場合もあれば、巻首の一部分のみや巻の後半部分の場合、空白のまま書写されていた箇所に追記し、もしくは本文中の文字を摺り消して訂正を加えた場合などがある。特に注目すべき点は、巻首の一部分のみや巻の後半部分の場合、空白のまま書写されていた箇所に追記している場合であるが、これは金沢文庫本が本文を欠いている部分で、素庵が別の写本（卜部《うらべ》本系統の写本）によって補写した部分にあたる（吉岡 一九九三）。巻一の巻末には、「考本云永正十二年閏二月三日書之／元和八戌年仲夏廿日以実隆公自筆木《ママ》考了同日加句読／西山期遠子」という奥書があるが、奥書に「自筆本」とあるべきところが「自筆木」と誤っていることから、当初は奥書の筆者を素庵とすることが保留されたが、吉岡眞之のその後の研究によって真筆であることが確認された（一九九三）。那波本『白氏文集』の書陵部本の誤写にも通じる興味深い事例と言える。那波本『白氏文集』の場合、書陵部本と同筆の識語を有する岡大本には正しく記されていることから、「誌」の字一字の誤写で素庵自筆を疑う必要もないと思う。

　ところで那波本『白氏文集』には、巻三一（一〇丁表から一三丁裏）、巻三三（二二丁表）、巻四〇（三九丁）、巻四二、巻四九の五箇所に金沢文庫系の旧鈔本により本文の補写が施されている。紙幅の都合もあるので詳細は神鷹徳治の研究（二〇一一）に譲るが、これは那波本『白氏文集』の底本となった朝鮮銅活字本（藤本 一九九五、神鷹 二〇〇〇）に本文が欠けているためにそれを補う目的で補写されたものである。こうした営みは『続日本紀』の写本にも通じるもので興味深い。素庵の学究的姿勢が反映した例とも言えよう。ただし補写は書陵部本と岡大本の他の伝本にも同様に施されており、筆跡からも素庵一人の営みとは言い難いが、どの伝本にも同じようになされていることからすると、世に出てからの営みとは言い難い。那波本『白氏文集』の実質の印行は素庵によってなされ、素庵の蔵書であった金沢文庫本を用いて、工房内でなされた営みであったのではなかろうか。

以上、古活字版の諸本調査を通して見出された事例から、古活字版の本としての性格をいくつか見てきた。まるで活字パズルのように自由自在に活字の差し替えを行うなど、「活字」本ならではの事例をはじめ、切り貼り訂正や異本との校合を通して本文を整定し、新たな「定本」を追求する姿勢など、刊本でありながら写本的な性格を持った古活字版の本としての性格が明らかになったかと思う。そしてもう一つ、古活字版がどのような人的なネットワークのもとに生み出され、利用されたのかを見るため、本稿では、元和四年にほぼ時を同じくして刊行された『施氏七書講義』と那波本『白氏文集』を取り上げた。

近世期初頭の古活字版の出版を考える場合、角倉素庵の存在を無視するわけにはいかない。当時の角倉家は上層町衆の筆頭で、医学・儒学・文芸をはじめとする様々な学芸の拠点であり、角倉素庵は京都嵯峨の工房で、慶長最初期から多くの古活字版を盛んに刊行していた（小秋元 二〇〇六・二〇一二）。『施氏七書講義』と那波本『白氏文集』についても、角倉素庵をはじめ、藤原惺窩・林羅山・菅玄同・石川丈山・戸田為春・那波道円といった当時を代表する知識人によって享受されたことからすれば、刊行の企てこそ戸田為春や那波道円によるものだとしても、本を刊行するにあたっては、技術的な面や資金的な面など、ひき続き角倉素庵の助力を得て成し遂げられたものであったのではなかろうか。

参考文献

跡部佳子「徳川義直家臣団形成についての考察（七）——義直の文治臣僚」『金鯱叢書』第九輯、一九八二年六月
小川武彦・石島勇『石川丈山年譜』、青裳堂書店、一九九四年
神鷹徳治「悲劇の善本朝鮮銅活字版『白氏文集』——那波本の生誕を繞って」『アジア遊学』一二号、勉誠出版、二〇〇〇年一月
川瀬一馬『増補　古活字版之研究』A・B・A・J、一九六七年
川瀬一馬『金沢文庫本白氏文集』、勉誠社、一九八四年
小秋元段『太平記と古活字版の時代』、新典社、二〇〇六年
小秋元段「慶長年間における古活字版刊行の諸問題」、大澤顕浩編著『東アジア書誌学への招待』第二巻、東方書店、二〇一一年
下定雅弘・神鷹徳治編『宮内庁所蔵那波本白氏文集』、勉誠出版、二〇一一年

高木浩明「下村本『平家物語』と制作環境をめぐって」『二松学舎大学人文論叢』五八輯、一九九七年三月a
高木浩明「『平家物語』十行平仮名古活字本は下村本の粉本たり得るか」『軍記と語り物』三三号、軍記・語り物研究会、一九九七年三月b
林進『特別展没後三七〇年記念角倉素庵――光悦・宗達・尾張徳川義直との交友の中で』、大和文華館、二〇〇二年
林進「〔コラム〕角倉素庵とキリシタン版・古活字版・嵯峨本――新史料「期遠亭（角倉素庵）宛藤原惺窩書状」をめぐって」、豊島正之編『キリシタンと出版』、八木書店、二〇一三年
藤本幸夫「朝鮮版『白氏文集』攷」、太田次男他編『白居易研究講座』第六巻、勉誠社、一九九五年
村上雅孝『近世初期漢字文化の世界』、明治書院、一九九八年
森上修・本多潤子「〈調査メモ〉天理図書館蔵嵯峨本『徒然草』（第一種本）三格活字（一〇五九駒）の印出字調査」『ビブリア』一四〇号、天理図書館、二〇一三年一〇月
吉岡眞之『続日本紀 蓬左文庫本 五』、八木書店、一九九三年
渡辺守邦『古活字版伝説――近世初頭の印刷と出版』、青裳堂書店、一九八七年

3 「書」の手本の本——法帖研究の意義と方法

岩坪充雄

一　法帖と呼ばれる「書」の手本

法帖とは、何か。それは、「書」の手本として書かれた本である。または、それを印刷した本を指して呼ぶ。それを頼りに、当時は手習いをしたのである。

現代に生きる私たちが「書」の手本として思い浮かべるものは何であろうか。王羲之の書いた「蘭亭序」あたりが著名なものである。高校生の「書道」の教科書にも載っているだろうか。

「書道」の手本として思い浮かべるであろうその文字は必ず毛筆で書かれている文字、つまり「書」である、という前提を最初に共有しておきたい。

そして前近代において文字はすべて「書」（＝「毛筆で書かれた文字」）であったことを確認しておきたい。

文字は毛筆で書く

毛筆を使って直接書かれた文字は当然のことながら、木版印刷の一枚刷りも冊子もそこに摺られている文字は、例外なくすべて毛筆に由来する文字であった。そんな文字世界こそが前近代文字文化の特色であるとも言える。簡単に言ってしまえば「江戸時代より昔の人はみんな毛筆を使って文字を書いていました」という認識である。

読者の方々もおそらくこれまでの人生の中で一度や二度は毛筆を執って文字を書いた経験があるのではなかろうか。たぶん小学校の習字の授業で毛筆体験をしているに違いない。その時に感じたのは毛筆を使って上手く文字を書くには多少の練習を必要とするであろう、ということではないか。毛筆という筆記具は筆先が柔軟なために硬筆とは力加減が異なり、それなりの修練を要する。毛筆を使いはじめる時点では現代人も江戸時代人も変わりはない。ただ違うのは、江戸時代人の場合は、選択の余地なく毛筆を使って文字を書かねばならなかったが、現代人の私たちにとっては、毛筆は鉛筆やボールペンなどその他多くの筆記具と並ぶ選択肢の一つであり、なかでも毛筆は既に特殊な筆記具の一つに過ぎず、もはや日用にそれを用いることはない環境に住んでいるという点である。

江戸時代の毛筆筆記世界に住んでいた人々にとって、毛筆という選択の余地なき修練を要する筆記具を自由に操り、「書」において人よりも優れるためには、文字を書くための指針である手本の価値は相当に大きなものであっただろう。このことは想像に難くない。

現代の日用筆記のなかでワープロソフトを使って書く場合に指導書が重要なように、江戸時代の人々にとっては毛筆で文字を書くための手本としての法帖は重要な書物であった、と考えられる。それほど重要であるならば、当然法帖について多くの研究があってよさそうなものなのだが、実際のところはちょっと事情が異なる。その事情については以下、少しずつ確認していきたい。その事情を明らかにすることが本稿の目的の一つでもある。

唐刻の法帖

法帖には日本製もあれば中国製もあり、朝鮮製のものもある。東アジアの漢字文化圏の中で、毛筆を使って文字を書かねばならなかった地域には、当然手本としての法帖があったと考えられる。中国の本を普通「唐本」と呼び、日本の場合は「和本」、朝鮮の場合は「朝鮮本」と呼んでいる。印刷法帖の場合は唐本でも「唐刻法帖」と呼び、和本では「和刻法帖」などと呼ぶ。「唐刻」という呼び方は江戸時代の本屋の蔵版目録などに見え、「和刻法帖」は近年中野三敏氏がそのものズバリ『和刻法帖』の書名で自蔵する和刻法帖を目録と図録の二冊に編纂し上梓している（中野 二〇一一 a）。これによって少しは「和刻法帖」という言葉も市民権を得たろうか。

中国製の法帖については比較的多くの研究成果が示されている。また今も、書道を研究する者の間で取り沙汰される場面が少なからずある。

一つ例を挙げれば、中国の法帖については書家で法帖収蔵家でもあった宇野雪村に好著『法帖』（一九七〇）の一冊がある。この本の第一部冒頭に、

拓帖には碑版と法帖がある。法帖は書を学ぶための手本である。文字と書が同時に学習された時代には文字学習のテキストでもあった。碑版は碑、墓誌銘、その他、それぞれの目的に応じて文字を金石に刻したものであるが、その中で書として優れたものを拓本にとり、学書の典拠としたものである。これら碑版法帖を合わせて碑帖と呼ぶ。それが現在では、すべて法帖と呼称する人が多くなってしまった。法帖は名蹟を双鈎にとり、木や石に刻して手拓する。この方法に拓、搨、摺、刷などの別がある。一種の墨蹟を刻したものを単帖、一人の書蹟を多く集めて刻したものを専帖、多数の人の名蹟を集めて刻したものを集帖、または彙帖などという別け方もある。

とあり、唐刻の法帖について簡明に概説されている。中国の法帖はいずれも拓本技法によって作られていること。一人の書蹟か複数かで分類していることが知られる。『法帖』（宇野）の「あとがき」には参考書として今関天彭「法帖叢話」、中村不折「法帖書論集」、藤原楚水「書道金石学」、中田勇次郎「王羲之を中心とする法帖の研究」を挙げ、さらに中国のものとして孫承澤「庚子銷夏記」、王肯堂「鬱岡斎䇲麈」、翁方綱「蘇斎題跋」、張延済「清儀閣金石題識」、程文栄「南村帖考」、欧陽輔「集

古求真」、銭泳「履園叢話」、鄭裕孚「彙帖挙要」、沈復粲「鳴野山房彙刻帖目」、姚鼐「惜抱軒法帖題跋」、洗玉清「広東叢帖叙録」のあることを挙げている。

明治一三年（一八八〇）六月『帖史』（二巻一冊）という本が木版摺りで出版されている。この本は幸いに『日本書論集成』巻七に影印出版されている。山中信天翁が編纂したものだが、当時著名な京

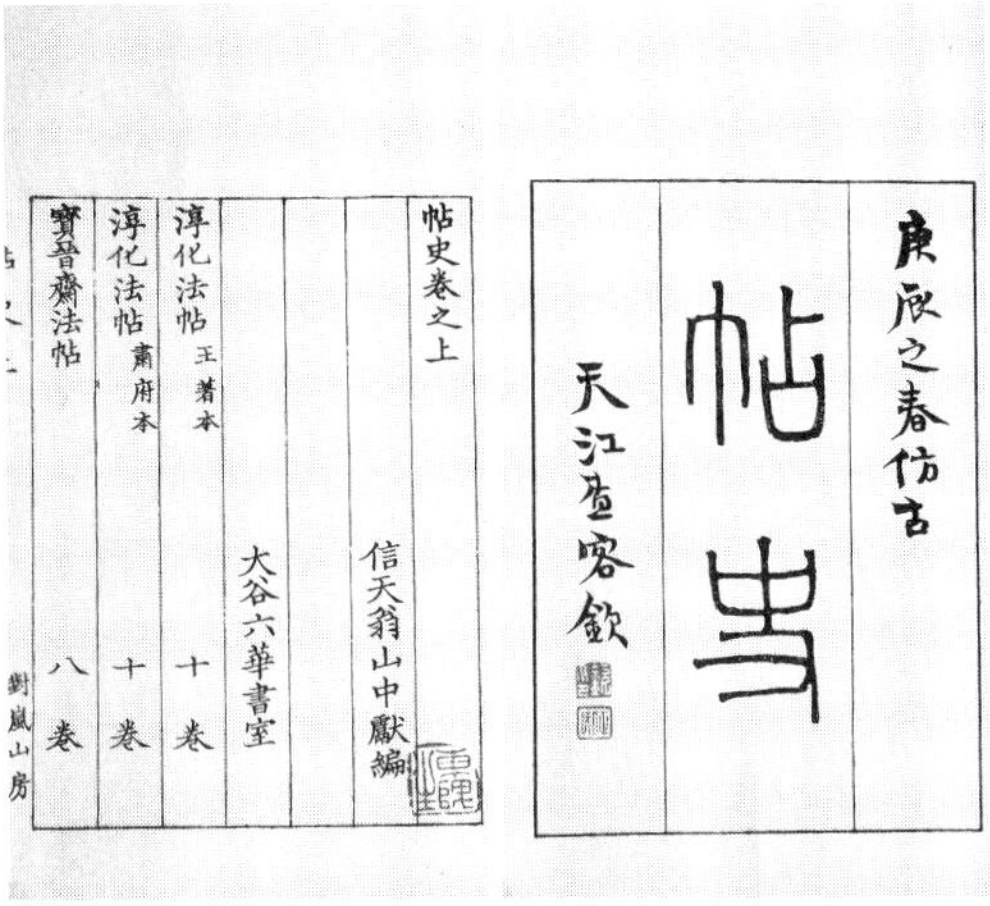

図1　『帖史』

都を中心とする文人たちが古法帖を持ち寄って同年四月京都旧大宮御所内博覧場の品評所で法帖を展観した際の目録である。当時どのような法帖が収蔵されていたのかを知る上では参考になるだろう。ここで並べられたものは主に近世に舶載された唐本の碑版法帖である（図1）。

　江戸時代後期、唐本の碑版法帖について過眼の書目を自著に載せて伝えた書家がいる。市河米庵《いちかわべいあん》である。市河米庵は幕末の三筆の一人に指折られる書家で、家庭では父の市河寛斎に教えを受け、長じては柴野栗山《りつざん》に師事して儒学も修めている。市河寛斎とその交際の人々との関係から当時一流の儒者や漢詩人たちと交わり、二一歳で書家として自立して（市河三陽『市河寛斎

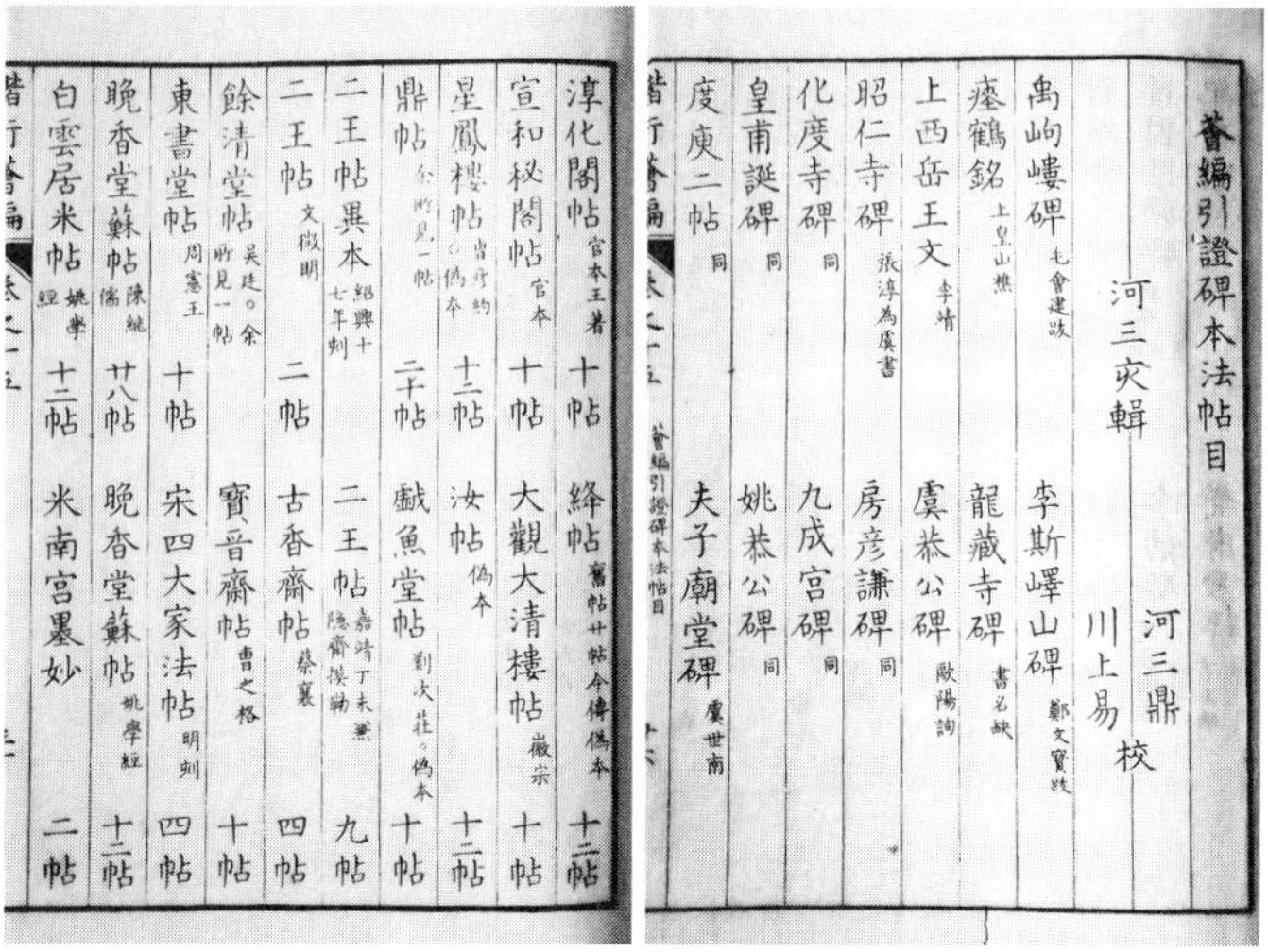
蒼編引證碑本法帖目
河三鼎
河三亥輯　川上易　校
禹岣嶁碑 毛會建跋　李斯嶧山碑 鄭文寶跋
瘞鶴銘 上皇山樵　龍藏寺碑 書名缺
上西岳王文 李靖　虞恭公碑 歐陽詢
昭仁寺碑 張淳為虞書　房彦謙碑 同
化度寺碑 同　九成宮碑 同
皇甫誕碑 同　姚恭公碑 同
度庚二帖 同　夫子廟堂碑 虞世南
楷行薈編 巻之十五　薈編引證碑本法帖目

淳化閣帖 官本王著 十帖　絳帖 舊帖廿帖今傳偽本 十二帖
宣和秘閣帖 官本 十帖　大觀大清樓帖 徽宗 十帖
星鳳樓帖 曹彦約○偽本 十二帖　汝帖 偽本 十二帖
鼎帖 余所見一帖 二十帖　戲魚堂帖 劉次莊○偽本 十帖
二王帖異本 紹興十七年刻　二王帖 嘉靖丁未 隠齋摸勒 九帖
二王帖 文徴明 二帖　古香齋帖 蔡襄 四帖
餘清堂帖 呉廷○余所見一帖　寶晉齋帖 曹之格 十帖
東書堂帖 周憲王 十帖　宋四大家法帖 明刻 四帖
晩香堂蘇帖 陳継儒 廿八帖　晩香堂蘇帖 姚學經 十二帖
白雲居米帖 姚學經 十二帖　米南宮墨妙 二帖
楷行薈編 巻之十五

図2　『楷行薈編』15巻「薈編引証碑本法帖目」（部分）

先生』寛政一一年の記載による）以来、書を中心とした様々な仕事をその出版から追うことができる。なかでも晩年の大著と呼び得る『楷行薈編《かいぎょうわいへん》』（全一五巻・一五冊）を安政五年六月に出版している。その名の通り、楷書と行書を世にある多くの碑版法帖から抜き出し筆画順に配列した書体字書である。最終一五巻は附録三通として「諸碑別体字考」「碑文摘奇」と最後に「薈編引証碑本法帖目」として、この字書を編纂するにあたって用いた碑版法帖の目録を掲載、これが当時見ることのできた法帖についての状況を教えてくれる。この『楷行薈編』には影印本があり『異体字研究資料集成』二期の、一巻・二巻・三巻にその全部が収録されている。「薈編引証碑本法帖目」では前半四丁を碑本、後半二丁半に法帖目が並んでいる（図2）。

　また大庭脩『江戸時代における唐船持渡書の研究』（一九六七）からも唐刻法帖の輸入状況の一端

が見える。

唐刻法帖については江戸時代より現代に至って少なからず話題とされ、関連の出版も見受けるが、一方本邦の和刻法帖の場合、唐刻の法帖と比べてほとんど研究成果を見ない。和刻法帖について書かれたものを探せば、中田勇次郎『日本書道の系譜』(一九七〇)の中に「江戸時代の書道資料」と題して「江戸時代の法帖」「江戸時代の学書資料」「書体に関する和刻本」と三分類して書道資料について言及しているのに行き当たる。和刻法帖と書論書と字書という考え方である。和刻法帖については中田氏家蔵のものを「江戸初期の集帖」「唐様《からよう》の法帖」「江戸後半期の集帖」「江戸時代の書人の法帖」に分けて紹介している。このように家蔵の和刻法帖を紹介する形式によっても、和刻法帖研究においてなかなか克服し難い壁のあることに気づかされるのである。それは和刻法帖ならではの性格と筆記環境変化に原因があるものと考えている。以下それについて考えよう。

二 和刻法帖研究

第一の壁――「数量・種類」不明の問題点

和刻法帖は江戸時代に木版で出版された書道の手本である。江戸期の出版隆盛のなかで、識字率も高まり、武士階層のみならず本の文化を享受する人々が増えていく、そんな社会的背景のもと、毛筆筆記環境内では必須となる手習い手本の需要が高まり、必然として和刻法帖の生産が急増していった、と想像する。「想像する」とは、つまり確たる証拠を提供することができないのである。ここに、中田が家蔵の和刻法帖について書くことになる事情と共通する問題が潜在している。

近代以前の日本人の著作物については、『国書総目録』という網羅的と思われていた編纂物があった。現在ではインターネットの世界になり、ネット上の検索が専らとなったが、それまでは江戸時代の研究における文献探索には重宝したものである。しかし、『国書総目録』による研究環境の整備は多大な恩恵を研究者に与えた一方で、こと和刻法帖について『国書総目録』は全くといってよいほど役に立たないのである。和刻法帖が公共機関に収蔵されていないというわけではない。それどころか、書の手本は江戸時代においてどこにでもあり、その数量も商品価値も決して小さなものではなかったはずである。書物の受容という視座で行われている近年の研究報告の中で見られる蔵書調査においても、書の手本を持たない蔵書はまずないといってよいだろう。必ず必要とされた実用書の一つに法帖があったといえる。しかし『国書総目録』には収録されないのであった。『国書総目録』の凡例に見えるような、前提となる編纂方針が、和刻法帖を収録しにくくしたのである。具体的には凡例の二、あるいは三に見える扱いによって、たとえば、多くの日本人書家が和刻法帖として書いた『千字文』は、中国人の著書であるゆえに、さらに外国書の書写物とされて、収録されないのである。ちなみに凡例では次のようにいっている。

二、本目録に収載した書目は、国初から慶応三年までに日本人の著編撰訳した書籍に限った。
1、日本人の著作にかかるものであれば、和文・漢文・欧文を問わず収めた。
2、日本に帰化したとみなすべき外国人の、わが国における著述は収めた。
3、外国書の全部または一部を書写し、あるいは刊行したものは収めない。ただし外国人の著述を、日本人が改修編纂したものは収めた。
4、外国書を翻訳したもの、または注釈を施したものは収めた。ただし、漢籍の場合、原文に句読訓点を施したに過ぎないものは収めない。なお、施された注が書き込み程度のものを除き、頭書・首書の類は収めた。
5、近世の庶民史料は厖大な数に上るのみならず、未整理のものが多いので、割愛した場合が少なくない。
三、一枚（一舗・一包・一幅等）の書画・絵画・地図・古文書など、すべて巻冊をなさないものは、原則として収めない。なお、絵巻物・書画帖の類は収めたが、拓本類は割愛した。

実際に「千字文」を探して『国書総目録』を開くときに出て来る書目は、床永草の著にかかる洒落本の『千字文』から始まり、『千字文絵抄』『千字文音決』『千字文解』『千字文起原』『千字文句解』『千字文通釈』『千字文講釈』『千字文考証』『千字文考註』『千字文国字解』『千字文字尤』『千字文叢考』『千字文約説』『千字文余師』『千字文余師絵抄』『千字文俚諺抄』『千字文略解』までである。大量に存在している和刻法帖の『千字文』は無視されているのである。『国書総目録』にその収蔵機関が確認されない書物について研究することは困難であろうと誰もが想像できよう。『国書総目録』に掲載がなかったのは『千字文』の著者が中国人の周興嗣であるためで、同じように和刻法帖の唐詩を書いたものも、書き手が日本人書家であったとしても、唐詩の作者は中国詩人であるから除外されても文句は言えない、そういう編纂前提が示されている。

そこにあるのはきわめて近代的な意識の中で行われた本に対する分類である。簡単に言えば、本を区別する上で重要視されたのは書目と編著者であり、書き手が著者と同等に扱われることはなかった。しかし『千字文』は周興嗣の編著である以上に、その書き手が重要な本であった。書き手の違いによって同じ『千字文』であってもまったく別の本として見る意識が近世には自然なことであったろう。ゆえに筆者の違う大量の『千字文』を目撃するのである。それが近代では、たとえ書き手が違っても、その書き手が別な字姿で書いていても、書かれた「内容が同じものなら同じ本」という理解である。そのような近代的意識の中で行われた書目編纂である。このため、本の書き手の違いと文字の姿の差を無視することになったのである。

そこで何が起こったか。例えば江戸時代に活躍した唐様《からよう》書家の親玉のような存在に細井《ほそい》広沢《こうたく》という人物がいる。幕府のとった儒学振興の政策を背景に中国風漢字書道の受容と流行も見られるようになる。漢詩文の自作も盛んとなり、唐様書道が全国的に広まっていった。江戸時代中期儒学の世界で荻生徂徠の学派が台頭したとき、その近くに細井広沢もいたのである。その著書を『国書総目録』で検索すれば書目が七五件ほど見えるが、そこに『千字文』はない。これは書かなかったわけではもちろんなく、その上梓がなかったわけでもない。それが採録の対象にならなかったのである。七五項目の中に唐詩を書いた和刻法帖が散見するのは、目録が編纂物であるが故の凡例条件の不徹底や、原本未確認があったためだろう。さらに見れば、細井広沢には四天王と呼ばれる門人がいた。松下烏石《まつしたうせき》、三井親和《みついしんな》、関思恭《せきしきょう》、平林惇信《ひらばやしあつのぶ》である。和刻法帖収録についての編纂方針の不徹底を門人たちの事例で見てみれば、松下烏石には『真草千字文』が載っていて、しかし同門の三井親和にある『篆書《てんしょ》千字文』が載っていなかったり、関思恭は『太申自新箴』の一点のみしか採録がなく、『千字文』や『唐詩』を書いたものは載せられなかった。平林惇信はなんの著書も確認できない。さらに現代では画家と思われているが自らは書家を任じていたであろう池大雅にも『千字文』の和刻法帖があるのだが、それも採録されていない。そのような事例は和刻法帖においてはいくらでも起こっている。日本人の著述の収録はしたが、日本人が書いた手本類（法帖）についてはほとんど検索の用をなさない目録であることが知られるのである。

当時それなりに書家として名のあった人物には、手本として『千字文』くらいは書いたものがあったと察せられるが、その実際を検証しようとしても和刻法帖を網羅した調査は未だ一度も行われていない。和刻法帖研究においてその原本がどこにあるのか、何があるのか。所在どころか存在そのものの実数も未知の領域に属するのが現状である。『国書総目録』に採録がないため和刻法帖研究は実際に手に取ることができる範囲の調査と研究にとどまってしまう。和刻法帖の目録についても、それぞれの編纂者の目の届く範囲での仕事に限定されてしまっているのが現状である。とはいえ、その点で現代のインターネット環境の整備と広がりは、今後の研究者が和刻法帖を扱いやすくする基盤として、これまで実現しなかった研究環境構築の可能性を予感させるもので、期待は大きい。

第二の壁──「和刻法帖印刷法」の多様性

さらに『国書総目録』の凡例には「拓本は割愛した」とある。このために白抜きで摺られた和刻法帖は除外される憂き目にあってしまう。

ただ、必ずしも「白抜き文字＝拓本」ではないことを知っておく必要がある。そこには江戸時代の和刻法帖の印刷方法についての知識不足、つまり木版印刷の知識不足から起こる単純な判断ミスによって深刻な誤解が生じ、『国書総目録』における和刻法帖採録をさらに困難にしたものと想像する。

和刻法帖には大きく次の三種類の印刷方法が用いられている。

①凸字版
②左版《ひだりばん》
③正面版

①凸字版とは、普通に目撃する整版本の印刷である。文字部分を版木の彫り残し版木に墨をつけて紙を置き、バレンで擦《こす》れば紙に文字が写し出される。ハンコと同じように文字は鏡文字に彫られている。

図3　和刻法帖の版木　上が凸字版、下が左版

図4　正面版版木（右）と拓本

②左版は凸字版と同じ原理で摺られるが文字部分を彫って、その周囲が彫り残されているため白抜き文字の印刷である。いわゆる拓本とは別な印刷方法であることに注意すべきである。文字が白抜きでも拓本ではない印刷本がこれである。

③正面版は拓本法を応用した木版印刷法である。版木に直接墨をつけることはないので版木であっても黒くはない。版木はすべて墨をつけて真っ黒という意識は、正面版の版木や印刷法を見ていないことによるものといえようか。

正面版の版木は、版木写真を参照していただければ分かるように、文字の向きはそのまま読めるように彫られている。これを摺る場合、版木に最初につけるのは墨ではなく紙である。まず版木に紙をぬらして貼りつける。彫った文字に紙をブラシ状のもので叩き込み、版木に彫られている文字にしっかりと紙を喰いこませる。そこにはじめて墨を打つ。文字は凹字に彫られているので墨はつかず白く抜ける。これは、碑の拓本を採る方法と同じ原理による。

和刻法帖は、このような多様な印刷方法を持ち、時にはこの方法を混在させて印刷されている。多様な印刷法による出版も、和刻法帖の特色であるといえよう。左版と正面版を、摺り上がった白抜き文字ということで混同し、白抜き文字の本は全部が拓本として考えてしまった場合、拓本法に拠らない左版の和刻法帖も『国書総目録』収録から漏れることになる。このように和刻法帖が『国書総目録』から漏れる要因は重層的で、収録の大きな壁となってしまっている。そのために和刻法帖研究の参考書として『国書総目録』が用をなさない状況が出来上がってしまった。

整版本のみに接していると、和刻法帖のような多彩な印刷法を考えずに本の分類を考えてしまう。和刻法帖は書の手本であることは既に述べたが、寺子屋教科書とされる一群の和様の手本類の多くは凸字版（整版）で印刷される。「往来物」と呼ばれるものについては研究が進んでいるが、それは和刻法帖としては一部分にすぎない。

近世日本の書道史を考えるうえで、この時期にこそ、隆盛を迎えた唐様書道を抜きにすることなどできない。その手本となるものは多く中国人の著作であり、漢詩文を材料として書かれている。それら唐様手本については、今日までほとんど手つかずに放置されているといってよいだろう。日本の書道史という視点からは、和様、唐様の双方を見ていく必要があり、そのどちらも和刻法帖が盛んに作られている。江戸時代に出版された法帖は、中国に範をとり、版刻においては、いかに筆跡の再現を厳密に行うかを追求し、中国の法帖印刷法を研究して江戸時代中期には正面版法帖が登場する。それが長崎版と呼ばれる高玄岱《こうげんたい》の『草書千字文』となり、あるいはほぼ同時期に細井広沢の『太極帖』となって世に出る。それ以降、正面版法帖は左版法帖と並行して行われる。

和刻法帖の始めはおそらく唐刻法帖の代替品として始まったものだろう。だがやがてそれは、中国法帖の複製ではなく、日本人書家の書を刻して世の中へ広める役割も担っていく。これは江戸時代の文運隆盛の社会背景がもたらした機運なのだろう。儒学流行や『唐詩選』の流行などを背景としての唐様書道流行のなかでは、多くの需要に応じて法帖出版が事業として成立し、印刷手本の和刻法帖は世の中に拡散していく。法帖の淵源となる中国とは別な、日本ならではの独自の法帖世界を展開していくことになった。その成果として今日にまで和刻法帖が大量に伝存していることは確かなのだが、それらについて正しく分類する方法も調査もなく、全体像を把握できないままに現状がある。

蔵書調査の場面で和刻法帖の事例に当たったとき、それをどのように整理するのか。『国書総目録』にもなく、例外として処理してしまいがちだが、しかし和刻法帖が大量に存在する以上、それをすべて例外として扱うには問題があるだろう。和刻法帖も組み入れた木版本の考え方を再検討する必要があり、ようやくそれができる時期に来ているのではなかろうか。書道の手本として作られた和刻法帖ではあるが、歴史資料として、出版資料としての視点から和刻法帖を今一度再評価できる時代が到来したのだと考えている。

三　試案・江戸時代人の目撃した法帖(本)の分類

江戸時代人たちはどのような法帖を目撃していたのだろうか。今日まで伝存している例から察して一表を案じてみたのが次である。

分類表の体系

この分類表は、法帖分類のための試案としてここに示したが、江戸時代に流通した法帖以外の本についても、この表によって書かれ方と摺られ方による分類をするならば、おそらくa〜nのどこかに入れることができるだろう。大きな分類として国別とし、各国の本は書かれたものか摺られたものかに分け、肉筆は原本かその写しか、印刷は前述の三つの印刷法に分類している。この表中には唐刻法帖では左版がないことになっている。管見では、唐本において凸字版の一部分として拓本を示そうとしたとき結果的に左版のように摺られる場合は目撃されるが、法帖として単独で、敢えて左版に作った唐刻本は見ていないためである。拓本に採って行ごとに切って貼りこんだ碑帖か、あらかじめ仕立てる帖のサイズに合わせて石を刻し拓本摺りした法帖のようである。朝鮮本については、筆者はさらに多くを見ていない。しかし左版も正面版もあって、事情は日本の場合、つまり和刻法帖と同じようであると考えている。

表1　江戸時代人が目撃した当時流通の法帖分類表

中国製法帖（唐本）				日本製法帖（和本）					朝鮮製法帖（朝鮮本）				
肉筆法帖		印刷法帖（唐刻）		肉筆法帖		印刷法帖（和刻）			肉筆法帖		印刷法帖		
自筆	写本	凸字版	正面版	自筆	写本	凸字版	左版	正面版	自筆	写本	凸字版	左版	正面版
a	b	c	d	e	f	g	h	i	j	k	l	m	n

　この表の中で、例えば通常の整版本（法帖なら凸字版）は、唐本ならc、和本ならg、朝鮮本ならlの凸字版がそれにあたるのである。和刻法帖はg、h、iのいずれかで作られていることになる。

　果たして、こんな印刷分類が江戸時代に流通していた本の理解に本当に必要なのか。それは法帖を考える上で確認しておく

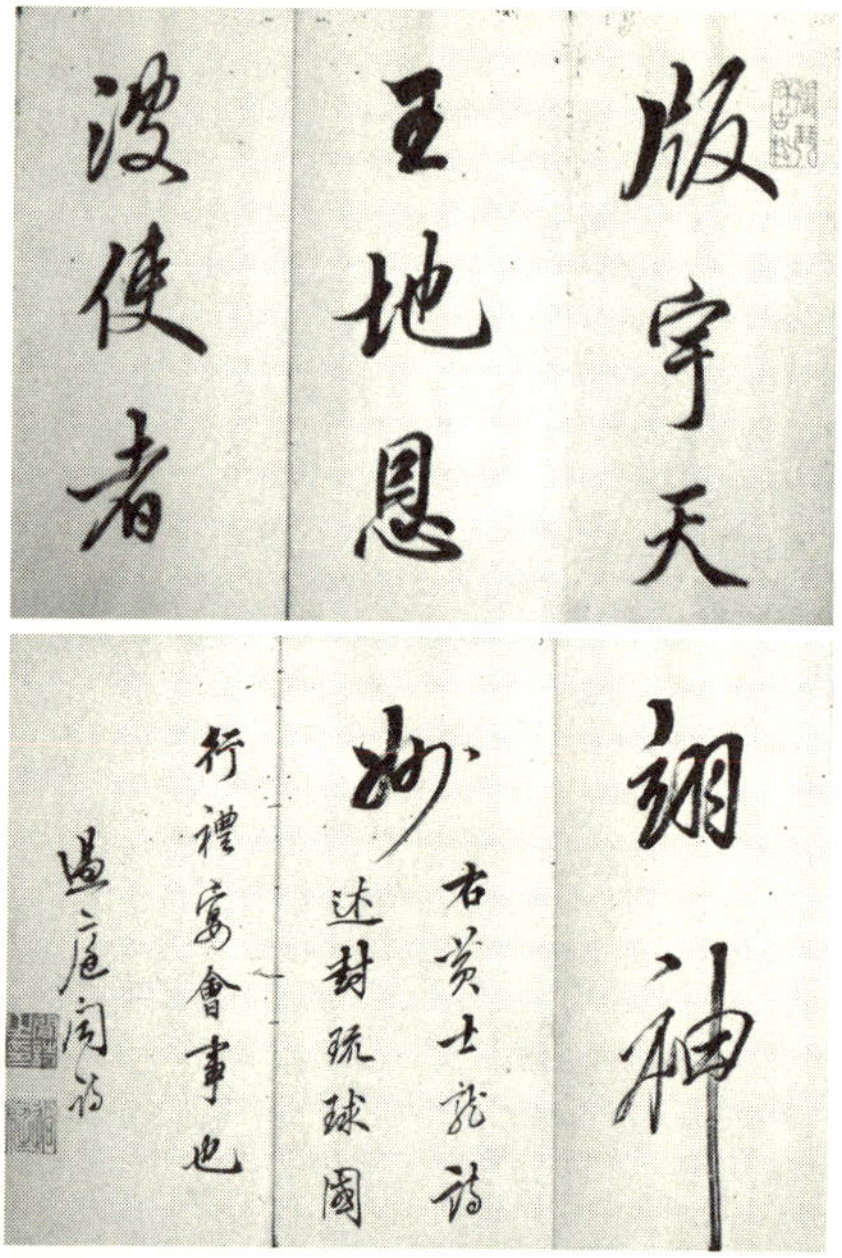

図５　ａ：聞詩の自筆法帖首尾

必要があるだろう。例えば和刻法帖では、印刷法の差で違いを見分ける場面が出てくるケースがある。つまり書名も筆者も同じなのだが、印刷方法のみ異なるという事例が和刻法帖にはあるのだ。その例も含めて、表に沿って僅かだが法帖の実際を示してみよう。

法帖と法帖分類の事例

前掲の分類表に即して、それに該当する法帖の例を挙げてみていく。紙面の都合で掲載事例は少ないが、どのようなものかの概観を得られればよしとしたい。

ａは唐本で自筆の肉筆法帖を指す。ここでは例として、聞詩（号過庭）の肉筆法帖を掲げる（図５）。紙面の都合で首尾を掲載。聞過庭は孫過庭と混同されるが別人である。

ｂは王献之の「地黄湯帖」を王献之の筆跡のままに臨書した肉筆帖を掲載（図６）。鉄保の手によるもの。「新婦服地黄湯末似洩眠食尚未佳憂愁不去心君等前所論事想必及謝生未還何爾進退不可……」と書かれる帖は鉄保の自筆とも言えるが、ここでは王献之の書の写し（臨書）として掲載する。

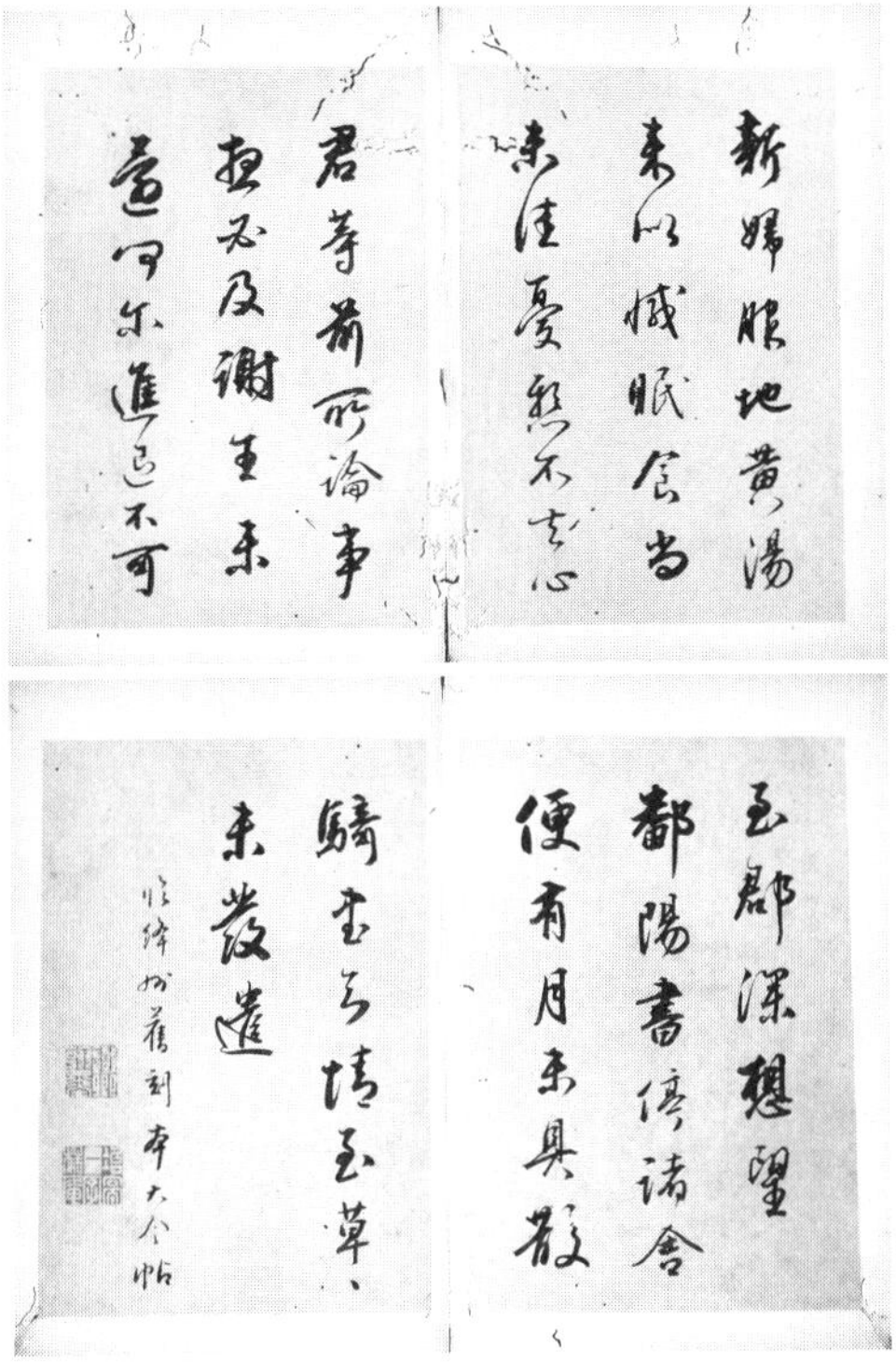

図6　b：鉄保による王献之「地黄湯帖」臨書

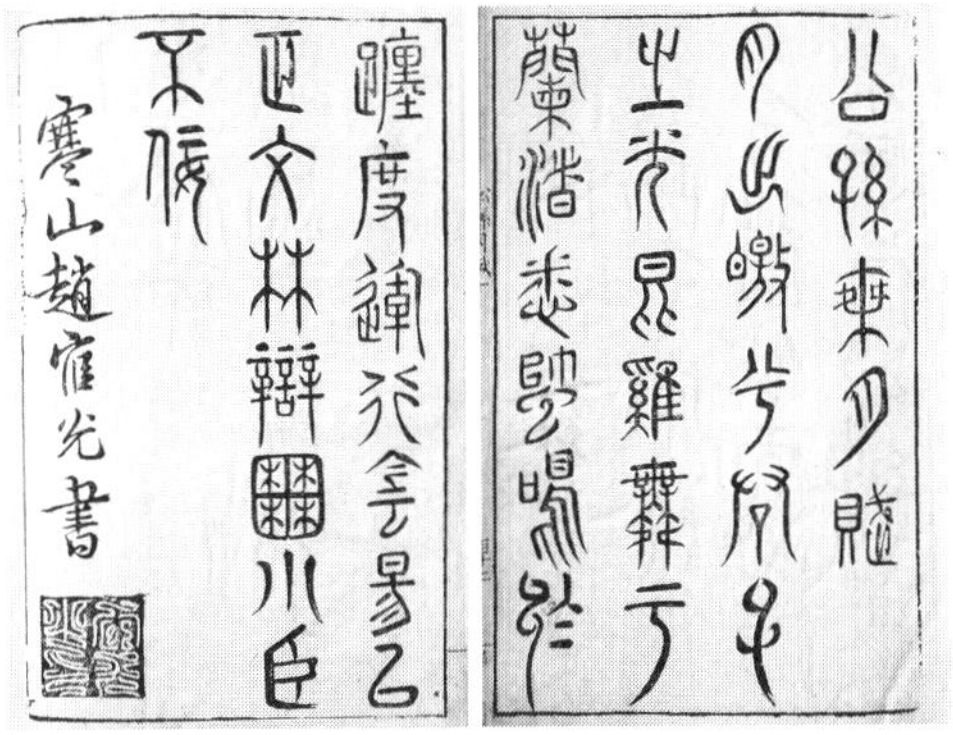

図7　c：『文字会宝』より趙宧光の草篆書

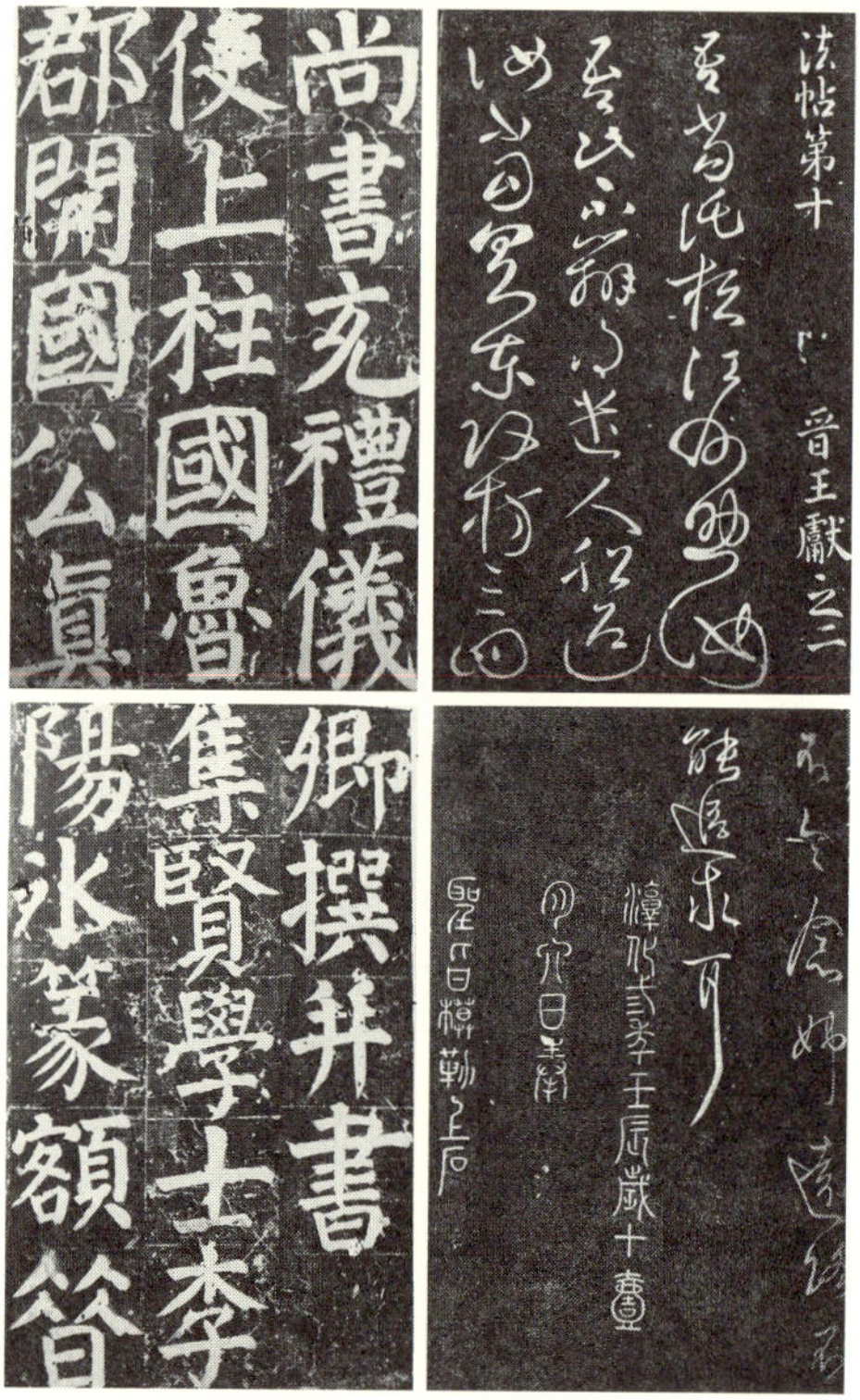

図８　d：『顔氏家廟碑』（左上下）と「淳化閣帖」の首尾

cとしては唐本の凸字版法帖で、『文字会宝』（明刊本）という複数の書人の筆跡を集めた法帖（集帖）がある（図7）。それより趙宧光の草篆書部分を掲載する。和刻法帖の『守謙斎法帖』にもこの部分が翻刻されている。

dは唐刻法帖でポピュラーな「淳化閣帖」一〇巻の首尾を示す（図８）。あわせて碑版として「顔氏家廟碑」を掲げる。碑を拓本に採り行ごとに切り貼りして帖に仕立てている。

eは和本の自筆法帖として細井広沢の肉筆「登楼賦」。これは左版法帖の元原稿となったものである（図９）。

fは澤田東江流に書いている肉筆だが澤田東江の自筆の手ではない写本である（図10）。

gは和刻法帖の凸字版で慈門正水の『千字文』を掲げた（図11）。元禄一〇年（一六九七）の上梓で

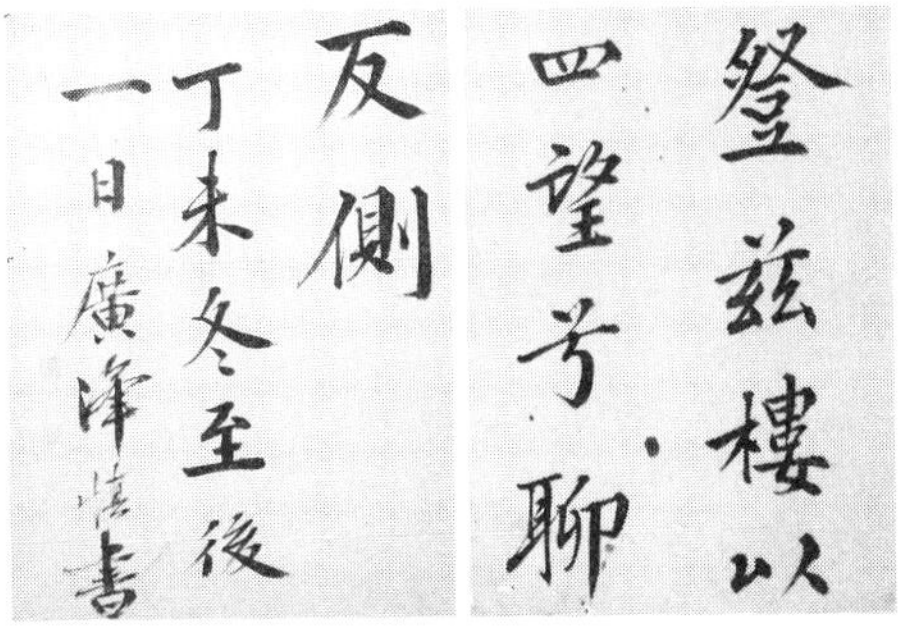

図９　e：細井広沢の肉筆「登楼賦」

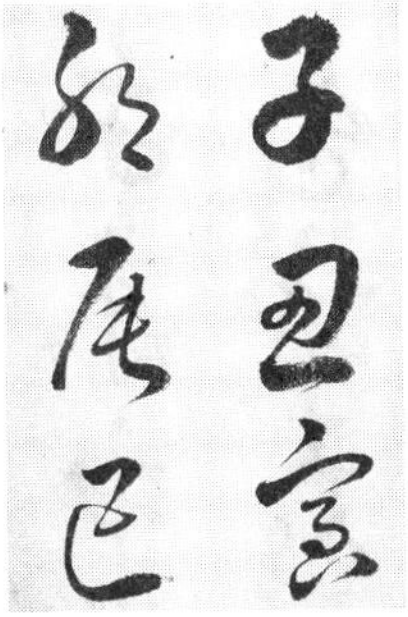

図10　f：澤田東江流写本

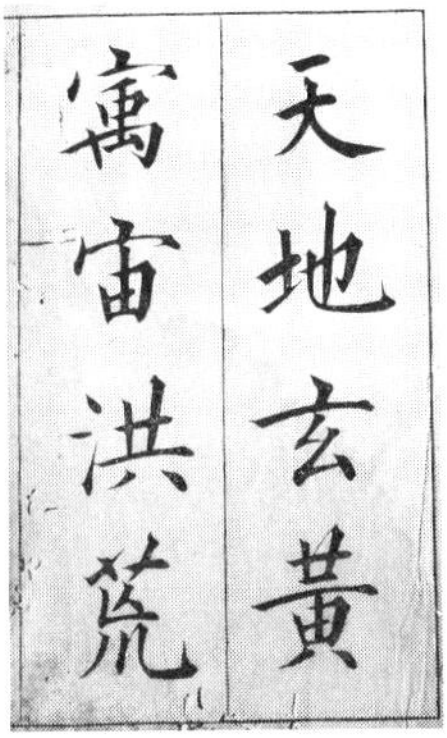

図11　g：慈門正水『千字文』

図12　h：細井広沢の左版「登楼帖」と「虞恭公温碑」（左版）

ある。

hは細井広沢の左版「登楼帖」である（図12）。もう一つの例は「虞恭公温碑」の左版だが、この碑は同じ内容のものが正面版にも存在する。つまり印刷法で区別する事例でもある。

iは和刻法帖の正面版である（図13）。著名なところで江戸初の正面版と言われる太極帖を掲げよう。さらに松下烏石が上梓に関わった「虞恭公温碑」と水戸咸章堂の「淳化閣帖」を掲げる。

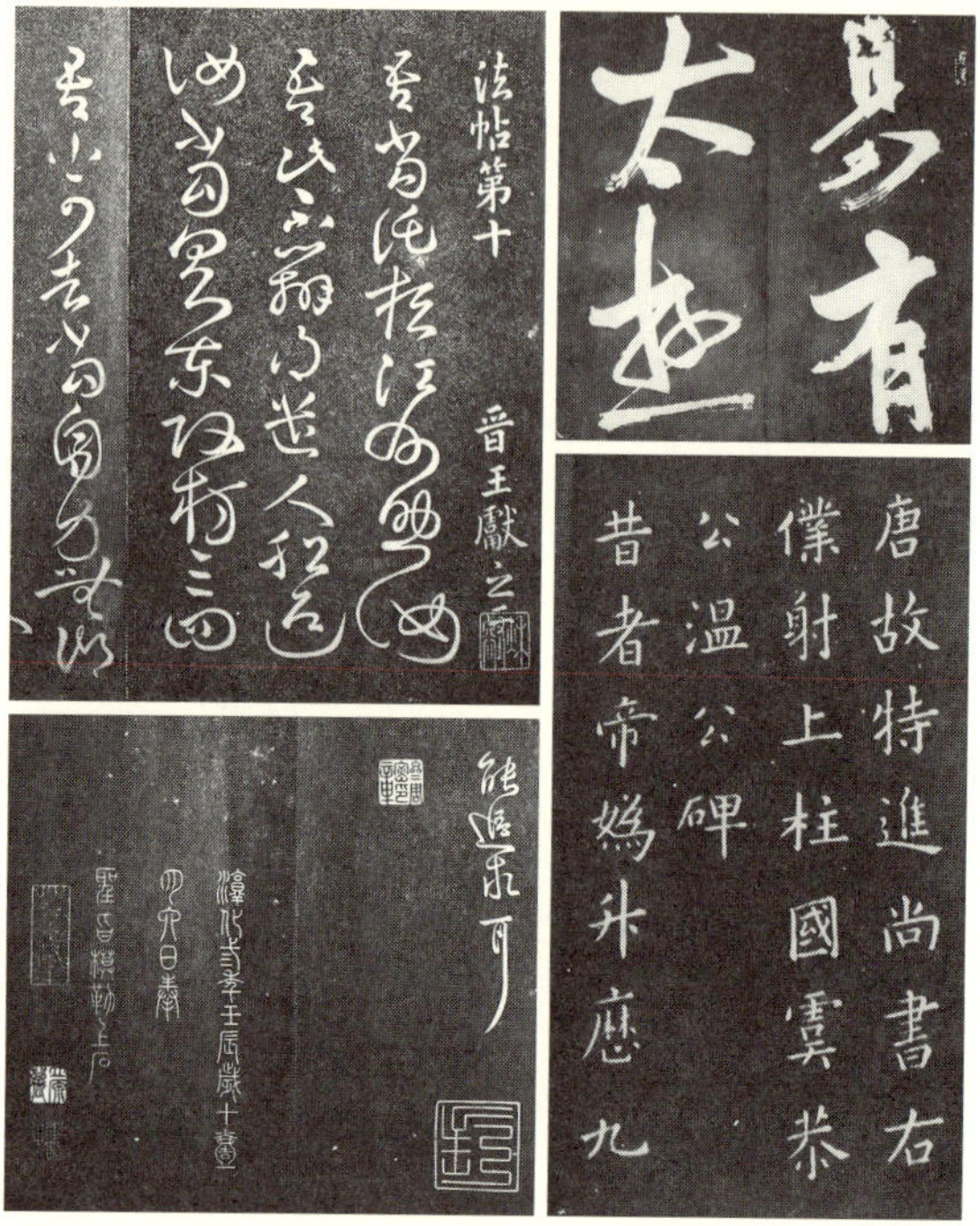

図13　i：『太極帖』（右上）、正面版「虞恭公温碑」（右下）、咸章堂の「淳化閣帖」（左側上下）

ここで紹介している法帖類についてはすべて筆者家蔵にかかるが朝鮮法帖については収蔵が乏しく、肉筆法帖については掲出すべきものが手元にない。わずかに『海東歴代名家筆譜』（図版参照）から凸字版と左版の例。加えて単行された左版の一例と『爛雲観法帖三』を正面版の事例として掲げるに止める。

lは『海東歴代名家筆譜』に見える尹行恁の凸字版部分を掲出した（図14）。

mは同じく『海東歴代名家筆譜』から金正喜の書で左版に摺られて文字は白抜きになっている部分を掲載（図15①）。加えて別して楷書の朝鮮本法帖の「去年帖」（図15②）。これは筆者を明らかにしない。

nは『爛雲観法帖三』より金正喜の書の部分を掲げた（図16）。

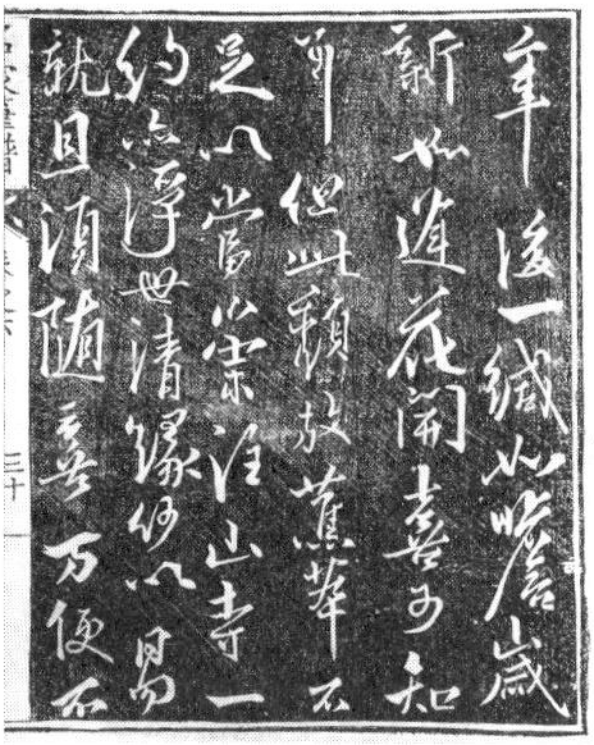

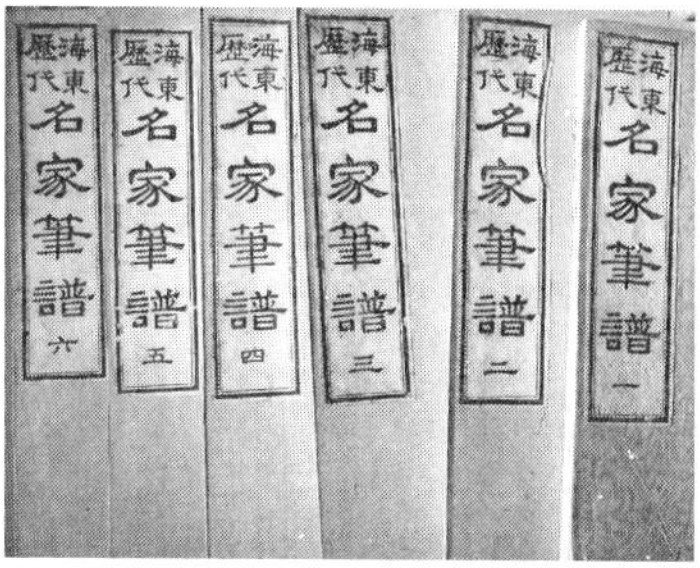

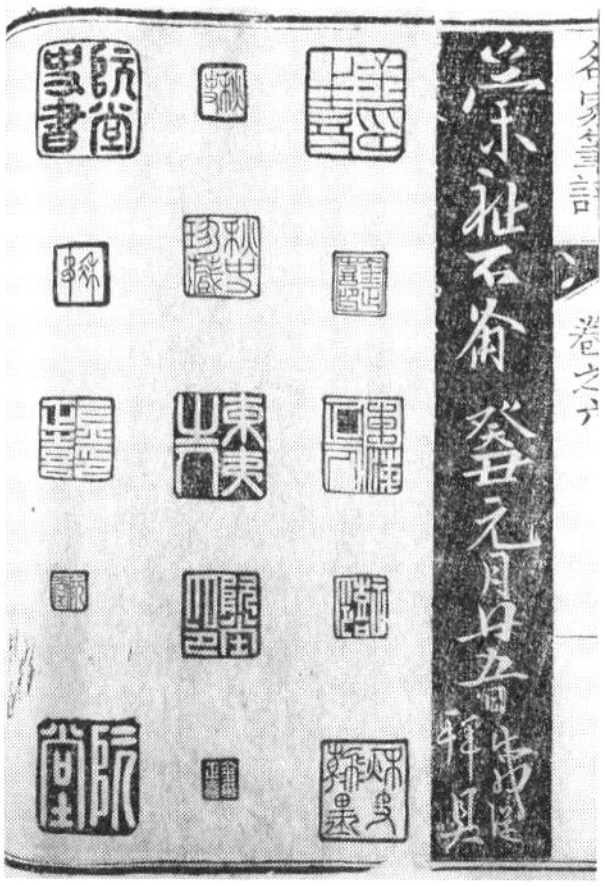

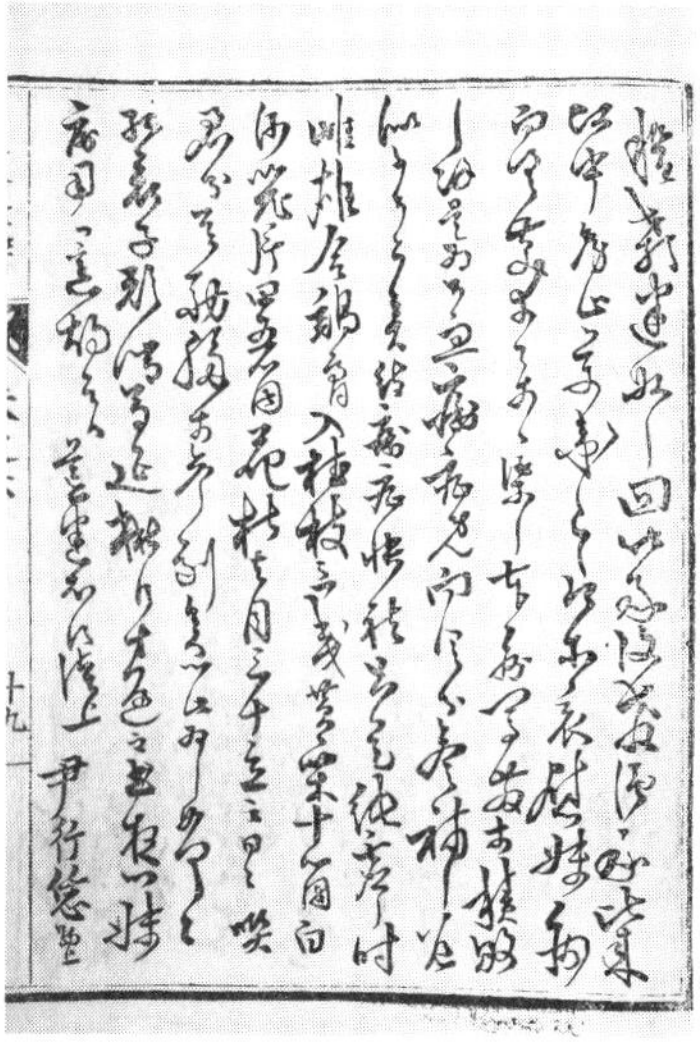

図14　右上下＝1：『海東歴代／名家筆譜』より尹行恁書

図15　①左上中＝m：同上、金正喜書
②左下＝m：「去年帖」

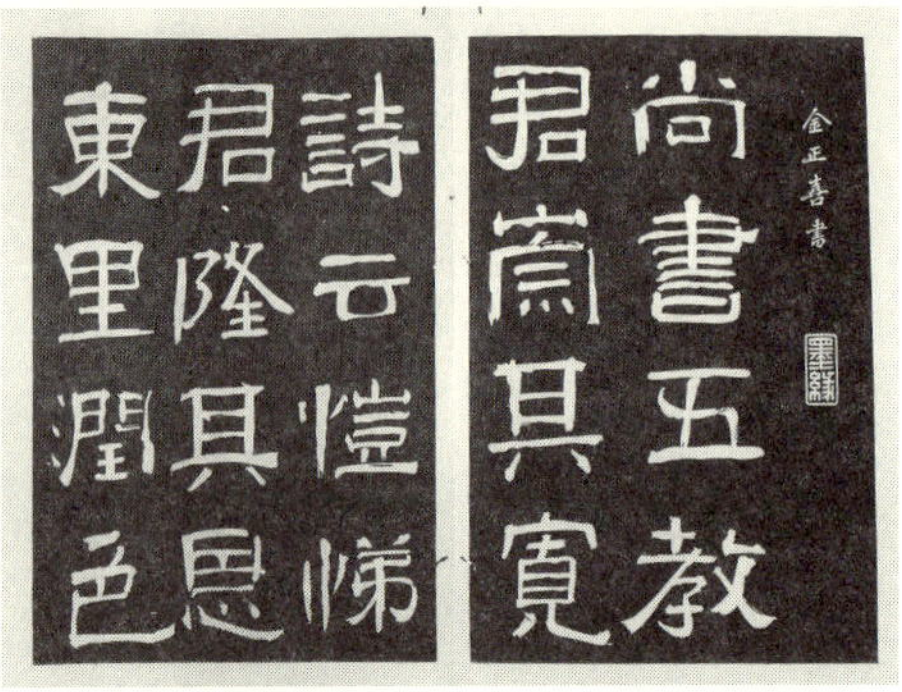

図16　n：『爛雲観法帖三』より金正喜書

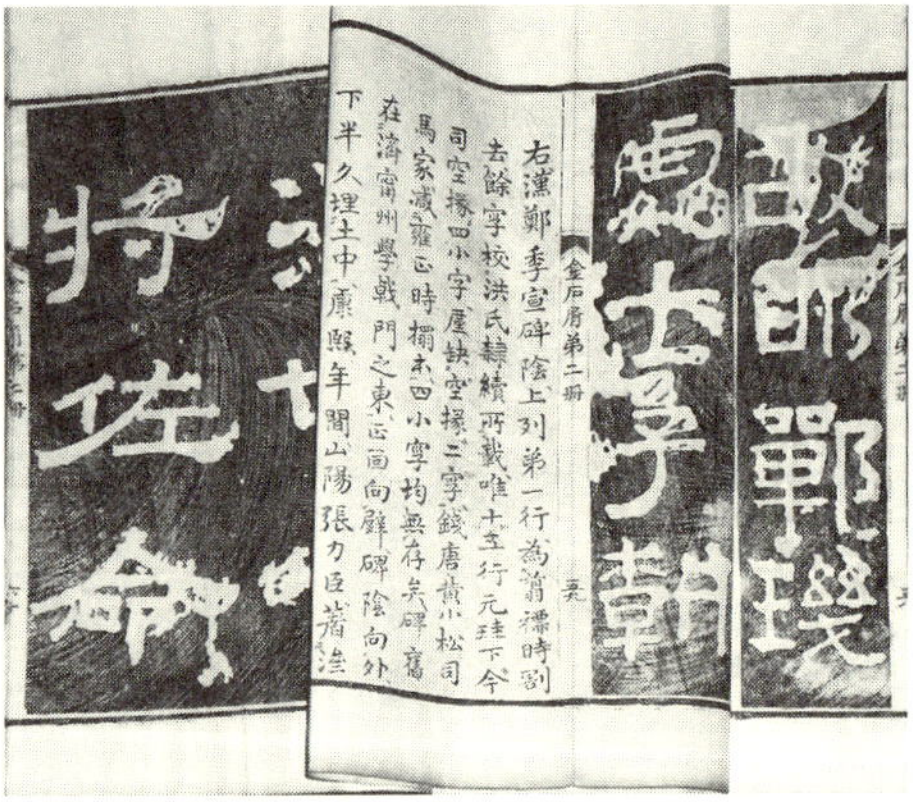

図17　『金石屑』（整版本）

なお参考に唐本の整版本中に見える拓本掲載ページつまり左版と同じ摺りとなる部分を『金石屑』の本文中に目撃できる部分を示し（図17）、原則的には、どのような本もこの分類表のいずれかの部分に入れられることを確認できたものとしたい。だが、これに収まりの悪い例もある。まず考えられるのが、原則三種類の印刷法だが、それが混在する事例がある。ここでは二件の事例について紹介しておくこととしよう。

分類からはみ出るもの

事例一、和刻法帖『四体千字文』（図18）——見てのとおり、凸字版で彫られた部分と白抜きの左

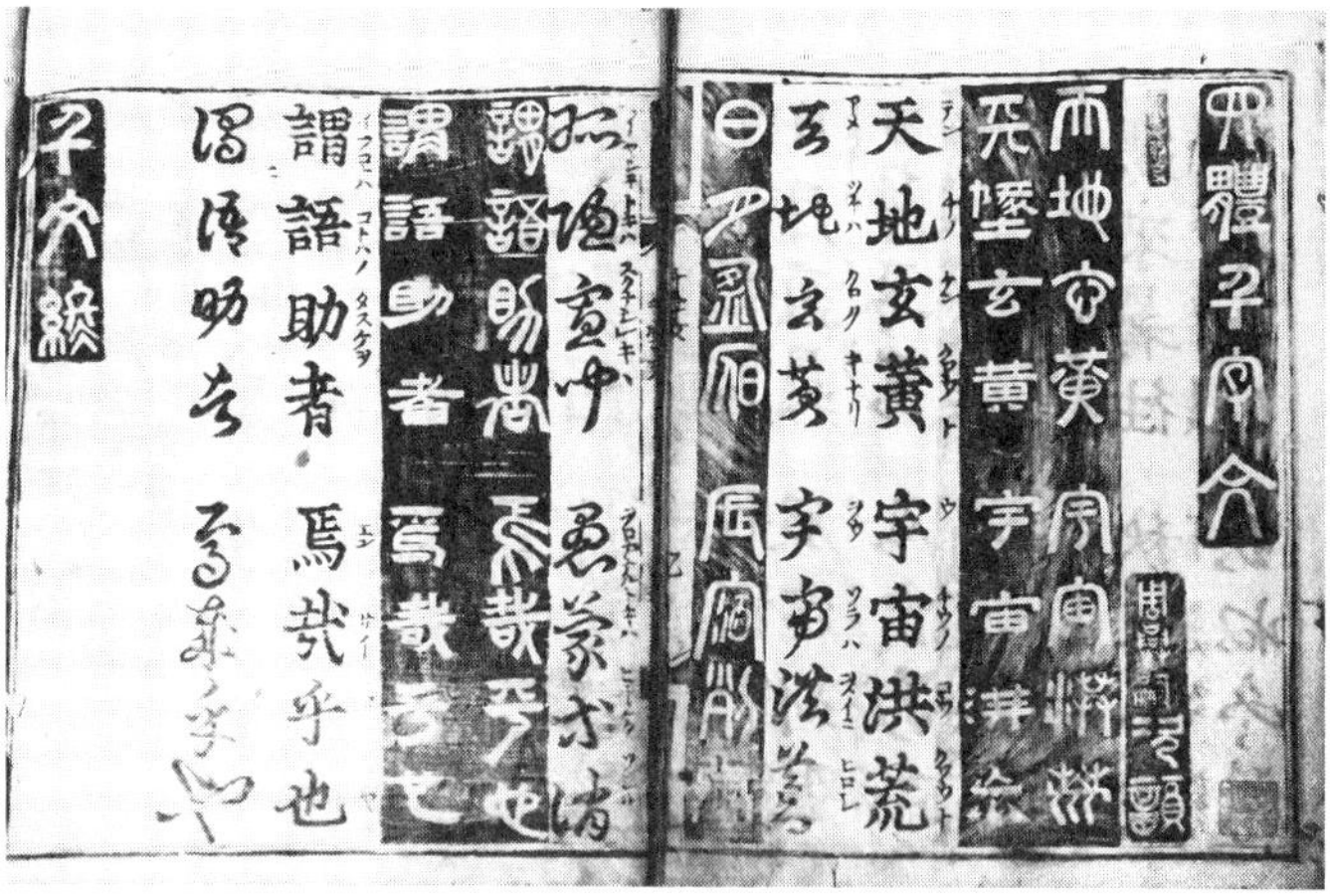

図18　和刻法帖『四体千字文』

版で彫られた部分が一つの紙面の中に混在している。一枚の版木で混在させることができるのは、印刷の基本原理が同じであるからだ。ただ、文字を彫り残すか文字そのものを彫るかの差でしかない。これをg、hどちらに入れるかは悩むところである。混在版としか言いようがない。

事例二、和刻法帖『禹碑』（図19）――この和刻法帖の場合はさらに厄介で、本文は正面版で作り、釈文は左版で摺っている。おまけに奥付は凸字版（整版）。この場合は、原則的には本文というべき碑文が正面版での摺りであるからiに分類し、注記として釈文が左版印刷であることに触れてあれば親切だろう。

分類表に沿って僅かな法帖の事例を示してきたが、多様性は伝わっただろうか。現代ではほとんど研究対象にならないことが不思議なくらいである。その困難な原因にも触れた。とくに和刻法帖については手つかず状態なのである。

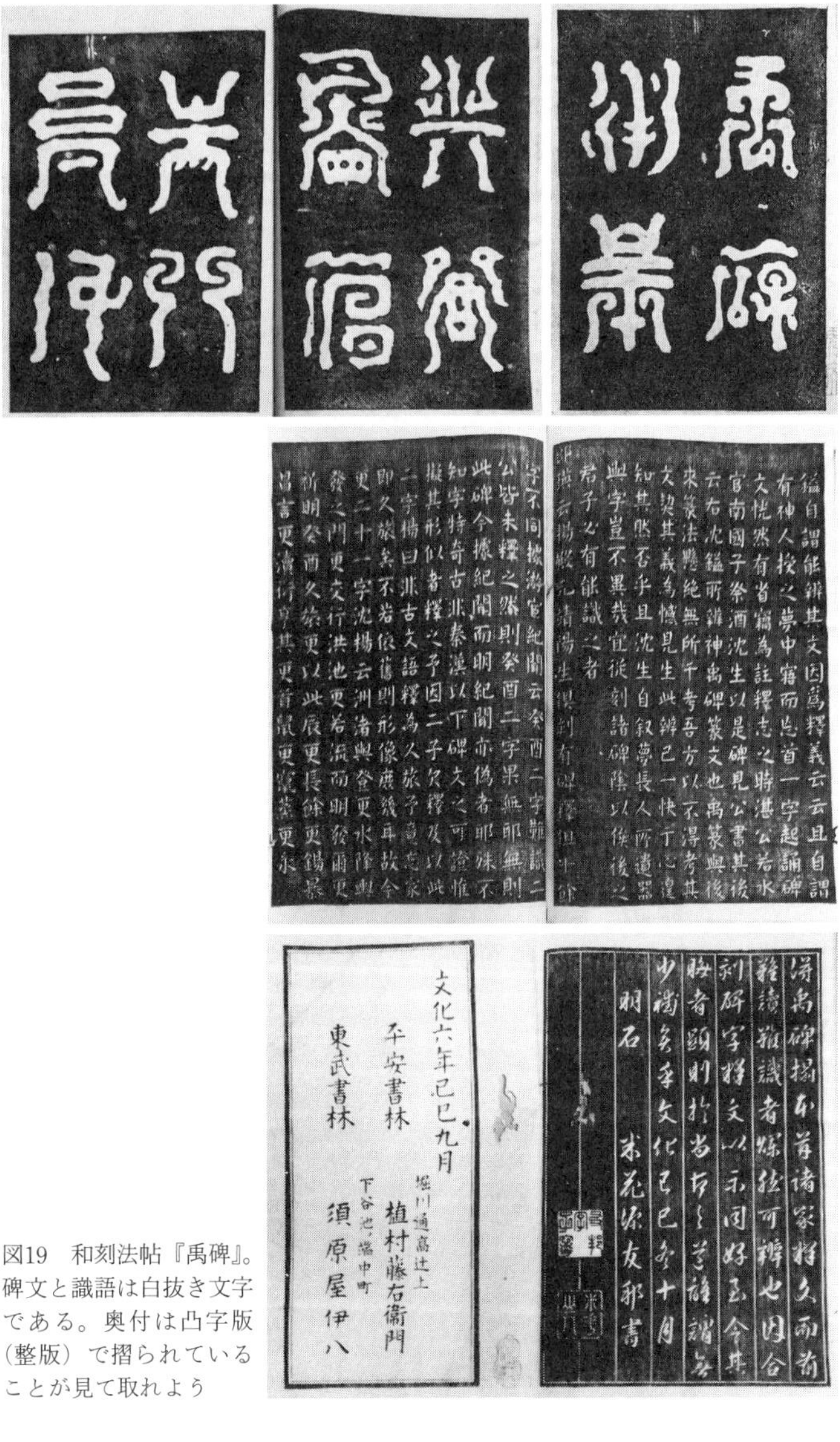

図19　和刻法帖『禹碑』。碑文と識語は白抜き文字である。奥付は凸字版（整版）で摺られていることが見て取れよう

四　よみがえれ和刻法帖

　和刻法帖に研究の手が及ばなかった理由は、それが書の手本であるということ、つまり、本来目的とされていた存在価値が現代では失われていることにもあろう。江戸時代においての和刻法帖出版手段は木版印刷による筆跡の再現であった。しかし写真技術が発明され、それによって到底木版印刷では足元にも及ばない再現技術が書道手本に応用されれば、もはや和刻法帖はその存在価値を失うのである。そして事実、手本としての寿命を失い、書の手本として作られながら、今日の書家から全く興味を示されないものになってしまったのである。さらに現代人は江戸時代人のような毛筆筆記の日常生活をしていない。毛筆書きが特殊な筆記となり、書道は芸術という特殊分野に所属するようになり、背景となる世の中そのものが和刻法帖の作られた時代とは変質してしまっている。そこでは手本としての和刻法帖の価値は理解されがたくなってしまった。

　しかし本の文化を考えようとするとき、江戸時代という毛筆で文字を書かねばならなかった時代の中で多彩な様相を形作った書道手本としての和刻法帖を無視して語ることはできないだろう。本の文化の証言者としての和刻法帖の価値は衰えるどころか、当時の文字に対する価値観を伝える証言者としての価値は一層大きなものとなるだろう。そのためには和刻法帖は必須の研究対象であり、見逃しにできないものなのである。

毛筆の手本であるから本文を活字で翻刻してしまっては意味がない。手本としての和刻法帖は読む本ではなく字姿を見るための本なのである。読む本としての目録には収録されないのは、当然といえば当然のこと。本は読むものとして頭から信じている現代人が、同じ感覚で字姿を見る本の価値を読みとることはできない。頭の切り替えが必要である。何が書いてあるかではなく、どのように書いてあるかに注目しなくてはならない。その視点を毛筆文化研究の視点と呼びたい。

毛筆で文字を書かなくてはならなかった時代、つまり毛筆文化の時代の知的成果物はすべて毛筆文字で筆記され記憶されることになる。そのために必要な文字を書くための手本として大量に作られたのが和刻法帖であった。硬筆筆記やキーボードの世界で文字を記すこととは全く別な価値観の世界で通用していた一群の本なのである。

和刻法帖がわかるということは、江戸時代の知的活動の背景にあった本の文化に触れるということである。現代の価値観に引き寄せて一部を使うのではなく、毛筆で書かなくてはならない時代の価値観を理解しようとする立ち位置を獲得することになるだろう。これは近代において前近代を否定して自己肯定した方法とは違う現代的視座の獲得を意味する。そのために、いったんは無価値に思われ、ほぼ無視されていた和刻法帖にもう一度光をあてて、その価値を再検証できる時代が到来したものと感じている。

思えば日本人の歴史において文字を獲得した時から、それは中国に淵源する毛筆筆記環境の受容であった。それを千年来続けてきた日本人が、毛筆筆記を日用から捨てたのはつい一五〇年程前のこと。その毛筆の日用使用からの決別は、知的文化生活の大きな変革の時であったろう。筆記環境という視点で歴史を見るならば、千年来使ってきた毛筆の放擲《ほうてき》こそ日本人の近代の訪れであったともいえよう。

今、近代化推進の呪縛から離れた日本人は、前近代の知的成果について、さまざまな分野でこれを再検証し評価する作業を続けている。それら前近代の知的成果が集約されて本という姿になった原本というべき文献資料は、例外なく毛筆で書かれていることを見逃してはなるまい。活字では読みとれなかった当時の文字への感性を、当時の人々と同様に文字を書くための手本であった法帖の理解から始めることは、無駄なこととは言えまい。手つかずの研究材料がまだまだ世の中に眠っているのである。和刻法帖が現代人によって本の文化の証言者としてよみがえるのはこれからである。

五　和刻法帖の多様な類型

前節までで和刻法帖研究の意義に触れた。前近代の本の分類を考えるなかでの位置づけも確認した。これまで研究が進捗しなかった理由も少し考えた。そこに秘められた可能性と今後期待される成果の検証を本稿の読者諸賢にお願いしたいところなのだが、では和刻法帖についてはどこまで知られているのか。稿末に付記する参考文献一覧など過眼していただければよいが、もう少し簡単に、実際のところ和刻法帖にはどのようなものがあるのか、唐刻法帖との関係のなかで後発的に生まれた和刻法帖を見る場合、注意しておくべきどんな事柄があるのかを、最後に述べておこう。これは和刻法帖研究において発生する固有の問題点でもある。

　和刻法帖はその名のとおり和刻本の一種である。だが前述のとおり、唐刻法帖の代替物であることが出発点であったはずで、唐刻法帖の覆刻本としての和刻法帖が当初のものであったと考えられる。

図20　李雲海の『千字文』

　それとは別に、中国人の肉筆法帖を原稿としているが中国にはない和刻法帖が考えられる。中国人の書を上梓している法帖だが、同じものは中国法帖としては存在しない、本邦オリジナルの和刻法帖といったものである。たとえば李雲海の『千字文』（図20）などがそれにあたるだろう。これは戸川蓮庵が長崎で入手した肉筆をもとに上梓したもので、市河米庵もそれに関わって識語を寄せており、印刷は正面版による。李雲海は市河米庵が長崎で書法を尋ねた胡兆新の師匠にあたる。

　秦星池が長崎で面会した胡兆新の書を左版にしたものもこの類である（図21）。当然いずれも外国人書を上梓したにすぎないため、日本製であっても、『国書総目録』の収録にはならない本である。

　唐刻法帖の覆刻和刻法帖の場合、元となった唐刻法帖の全部を覆刻したとは限らないことも考えられる。大部な唐刻法帖のある部分を抜き出して出版した和刻法帖もありうるだろう。抽刻法帖と呼ぶべきものである。唐刻法帖と中国人の肉筆書（自筆、あるいは写本）の混合も考えられる。『守謙斎法帖』（凸字版・左版混合）は和刻法帖だが中国人書のみによる集帖である。原稿となった法帖は肉筆本と唐刻本とを合わせて上梓している。

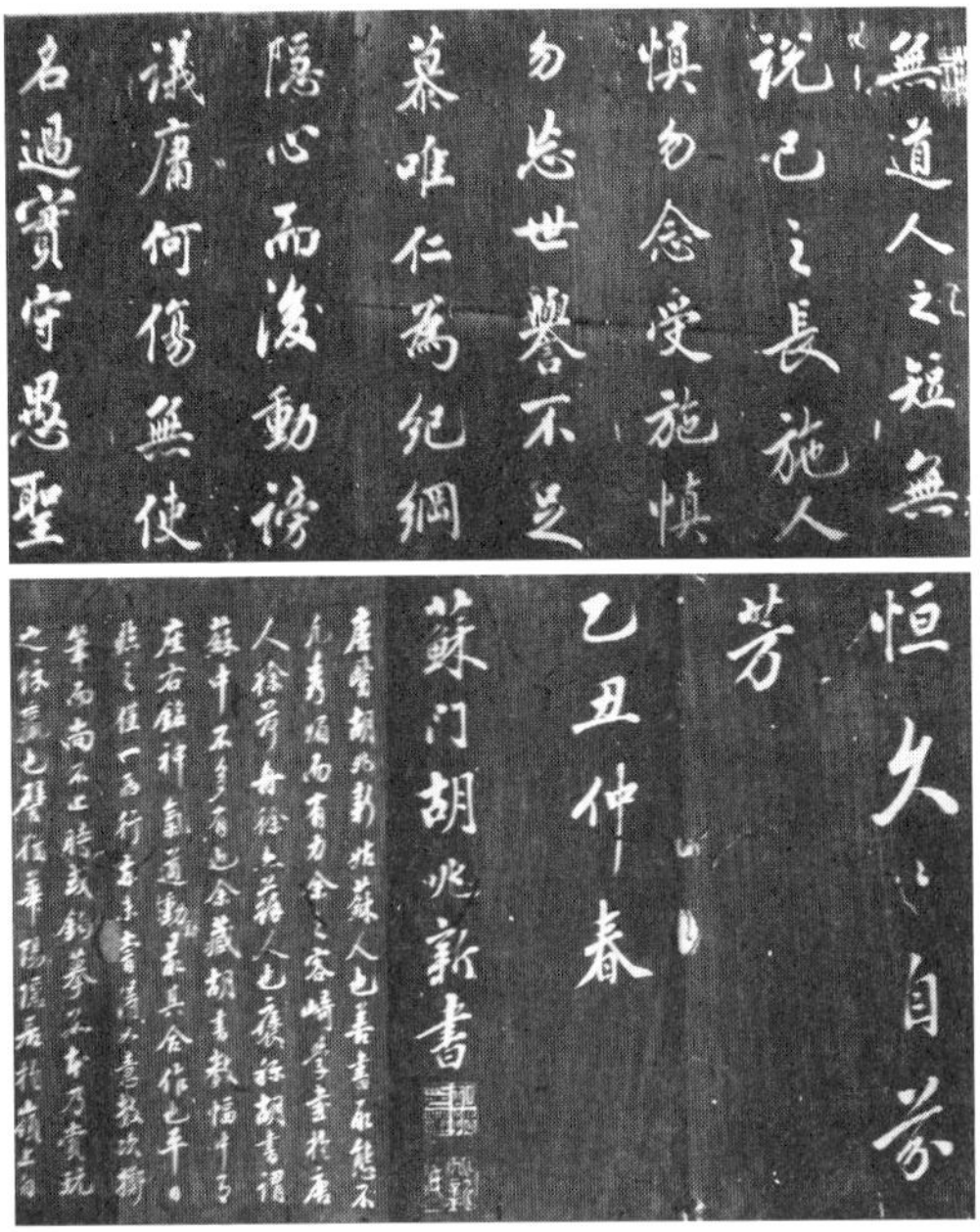
図21　胡兆新書

　和漢の名筆を集めた和刻法帖というものも当然作られるようになる。『和漢名公法帖』（左版）などといったものは、刻も悪くとも手本や鑑賞にたえ

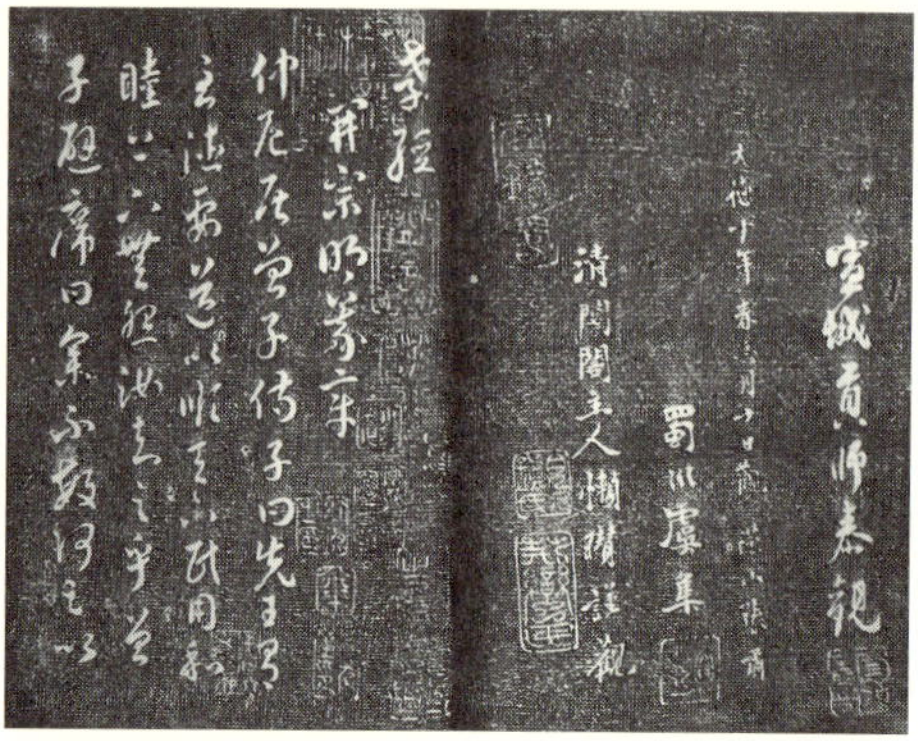

図22　王羲之『孝経』

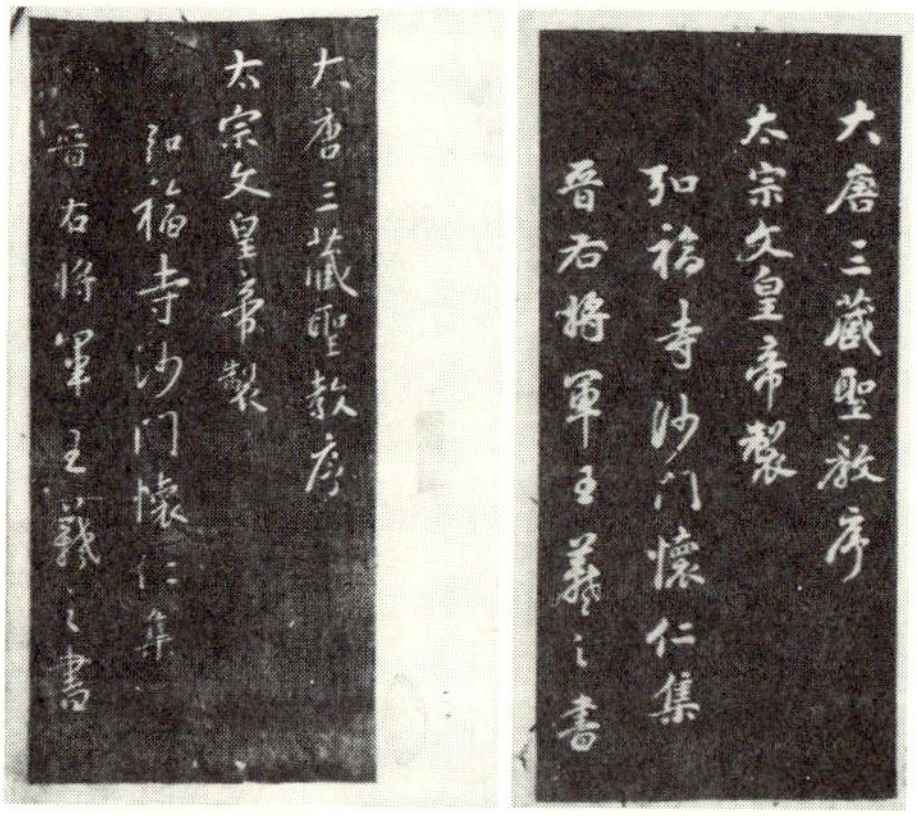

図23　和刻法帖の『聖教序』

るものではないという感想を持つが、それでも流通していたのは事実であるから、それが通じる場面もあったのだろう。

おそらく元の法帖は唐本であるが由来の怪しいものがある。それを和刻で覆刻本としたものもある。王羲之の『孝経』（左版。図22）や欧陽詢の篆書千字文の和刻法帖など、著名な筆者名を冠するが拠るべき真跡のないようなものも存在する。しかし存在する以上無視はできない。こんなものまで作られ

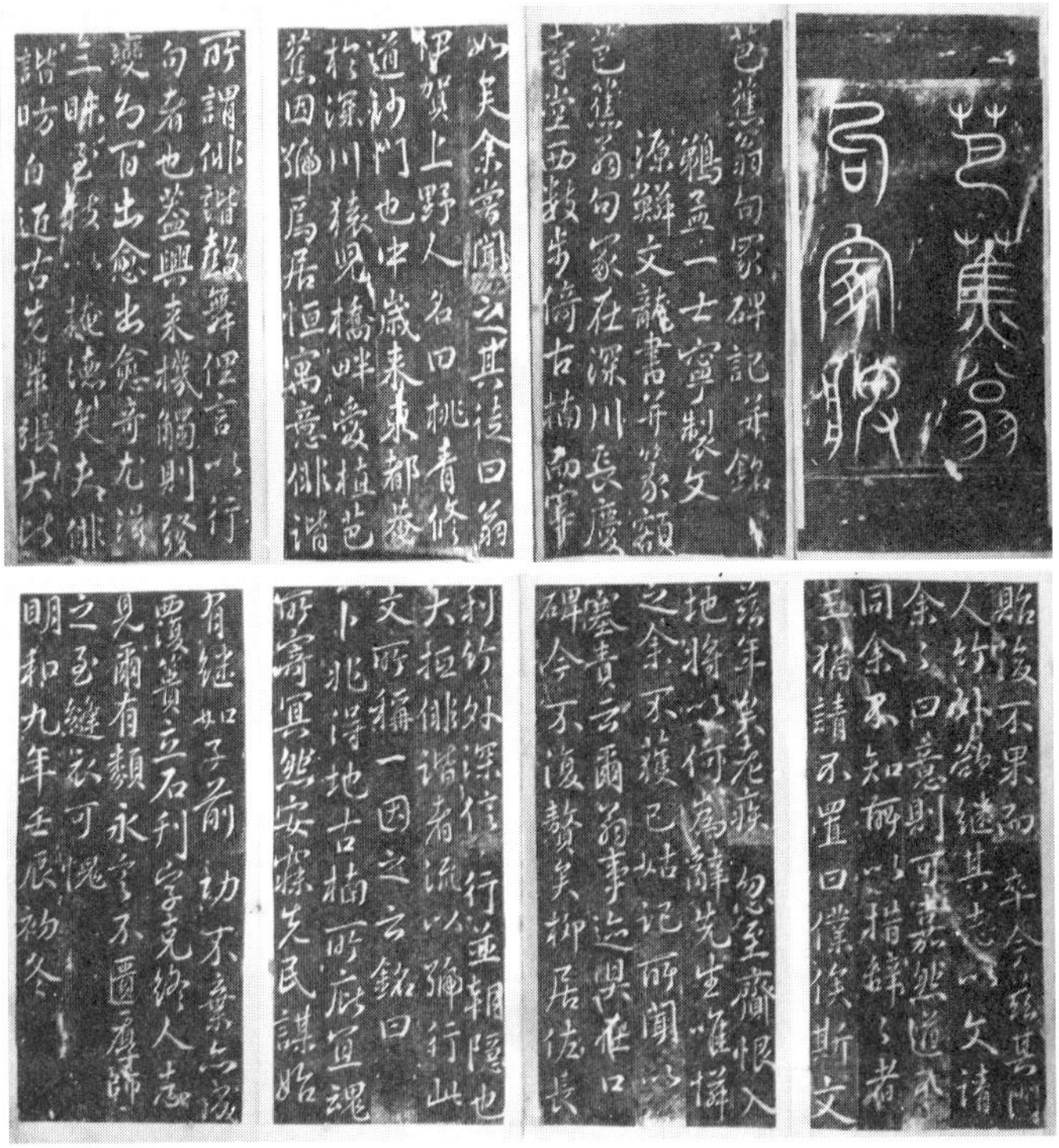

図24　「芭蕉翁句塚碑」

たのだと理解すべきであろう。

　唐本においては碑版とすべきものが日本で覆刻本につくられ和刻法帖となったものもある。和刻法帖の『聖教序』（左版。図23）はよい例である。

　では和本に碑版と呼ぶべきものがあるかといえば、これも存在する。既に失われた碑であるが拓本に採られ折帖につくられたために伝存したものである。「芭蕉翁句塚碑」（図24）の例を掲げよう。

　この折帖は沢田東江によって書かれた碑文拓本が行ごとに裁断され貼り込まれている。つまり日本人書家の碑版であ

表2　和刻法帖の書き手とその原稿の関係

書人の国籍	原稿・原本	和刻法帖
中国書人	唐本碑版 唐刻法帖 （印刷本）	覆刻本和刻法帖 （日本で碑文に集字、 拓本から碑版）
	肉筆	和刻法帖
日本書人	和刻法帖	和刻法帖の再刻本
	肉筆	和刻法帖 （碑文拓本から碑版）

ると呼べる。この他、日本で作られた碑だが書は中国人書家であるところの顔真卿の書を集めて碑文とし、それを拓本に採って碑版に作った折帖などもある。このさまざまな事情の分類の一案を表2にした。和刻法帖の中には、中国の場合ほとんど外国人書は法帖に出てこないが、日本の場合は中国の碑版・法帖とは事情が異なり自国の書家ばかりが上梓されるのではない。外国人だが中国書人の書を多く出版している。もちろん日本人の書も出版の対象となっていくのだが、唐様書法は、書法の淵源を中国に見ていたので和習を嫌う一面も持っていた。しかし和刻法帖にも唐様、和様の大きな流れがあり、和習云々は唐様書を習う上での事情である。和様では長尾流など流派別の手本が大量に出るが、いずれも御家流でくくられる。当時の公式書法ゆえの類型化した書風である。江戸時代の儒学振興のなかで唐様が江戸時代を特徴づけるようなさまざまな書風が登場する。その詳細は書道史の分野に譲ってここでは言及しないが、法帖の中身を考える上では密接な関係にあることは指摘しておく。唐様法帖としては中国人書もあり日本人唐様書家の書という分別もあって時代ごとの流行り廃りがある。

　このように概要を見ようとするだけでも、毛筆世界の中の毛筆筆記のための手本の世界、つまり法帖という本についての研究が持つ複雑さに気がつくだろう。

江戸時代の毛筆手本として存在した法帖という一群の本を対象として研究するには、当時どれほどの法帖類が作られ流通していたのか。輸入・国産も含めた視野で考えなくてはならないだろう。その研究は緒についたばかりである。

これまでの法帖研究は中国製の唐刻法帖をもっぱら扱ってきた。現状、和刻法帖の研究は手つかずに近い。和刻法帖は唐刻法帖にもまして多様な状況であることは本論によって察する程度はできたものと思う。これらを実際にどのように整理するのか、いや整理する前にその全容はいかようなものなのか、『国書総目録』にならって『和刻法帖総目録』のような悉皆《しっかい》調査を全国展開する必要があるのではなかろうか。そのための基盤となる研究もこれからである。近世以前が毛筆筆記の世界であった事実を踏まえれば、毛筆筆記の手本である和刻法帖という本の文化を担ったこの一群の資料について見逃しにしたままでいてはなるまい。それどころかさまざまな様相を持つ和刻法帖を解明してこそ、江戸時代の本についての理解が深まるのだと確信している。

参考文献

市川米庵『楷行薈編』、杉本つとむ編『異体字研究資料集成』二期、雄山閣、一九九五年
岩坪充雄「山田松斎蔵版の澤田東江法帖版木について」『書物・出版と社会変容』二号、二〇〇七年

岩坪充雄「江戸の字姿ということ――松崎慊堂のこだわり?『陶淵明集』を中心に」、鈴木俊幸編『書籍文化史』九号、二〇〇八年a
岩坪充雄「書の視座と書物研究――和刻法帖の事情を中心に」『書物・出版と社会変容』五号、二〇〇八年b
岩坪充雄「書の視座による江戸史料の再考」『江戸文学』三九号、ぺりかん社、二〇〇八年c
岩坪充雄「毛筆文化研究――書と書物出版の関係」『書物・出版と社会変容』九号、二〇一〇年
岩坪充雄「和刻法帖理解のために――近世毛筆文化理解の一歩」『書物・出版と社会変容』一二号、二〇一二年
岩坪充雄「書籍の文化と文字環境」『書籍文化史』一四号、二〇一三年
宇野雪村『法帖』、木耳社、一九七〇年
大庭脩『江戸時代における唐船持渡書の研究』、関西大学東西学術研究所、一九六七年
佐々木杜太郎『細井広沢の生涯』、満願寺、一九八三年
中田勇次郎『日本書道の系譜』、木耳社、一九七〇年
中田勇次郎「日本書道史論考〈下〉」『中田勇次郎著作集』第六巻、二玄社、一九八五年
中野三敏『江戸の板本』、岩波書店、一九九五年
中野三敏『和刻法帖』目録篇・図版篇、青裳堂書店、二〇一一年
中野三敏『和本のすすめ』、岩波新書、二〇一一年
米田弥太郎『近世書人の表現と精神』、柳原書店、一九九九年
米田弥太郎『近世日本書道史論考』、柳原書店、一九九一年
頼惟勤「頼山陽の法帖について」『開館一周年展 江戸時代の書蹟』、成田山書道美術館、一九九三年

4　辞書から近世をみるために——節用集を中心に

佐藤貴裕

ここでは、現在の筆者の関心のありどころにしたがって、近世節用集の紹介を試みる。

第一節では、近世の辞書の全体を大まかに見渡して、節用集のおおよその位置を把握する。第二節では、節用集が近世の初期からいかに受け入れられたかを見、近世社会における必要度の確認に代える。第三節では、中期以降の特色である日用教養付録のありように言及するが、付録類から近世社会を垣間見るときの注意点を指摘する。第四節も同様であるが、出版に際して何らかの目的で介入しようとするものがあるとき、関係者たちがどのような対処をするのかといった具体例を中心に見ることになる。

一　近世の辞書

辞書史の近世

近世辞書には、中世辞書の継承と淘汰の二面があるが、さらに、近世社会に特有の諸事象が加わって、多様化をきたすことになる。

まず、徳川政権の「文字による支配」の浸透により、識字力の必要性が庶民層にもおよぶような、大きな変化があった。教養層では、基調となる漢学にも古義派・古文辞学派などが現れ、詩文の嗜みや白話小説の享受などの事象も見逃せない。また、歌学・国学・本草学等の隆盛がある一方、文芸では俳諧が庶民層にまで、まさに浸透というにふさわしい広がりを見せる。近世後期では、欧米露からの外圧が外国語習得の契機となっていった。

このような社会・文化の多様な変化に応じて、さまざまな辞書・事典が必要とされた。一定量以上の需要が見込めるものは営利出版業がよく応じて、初歩的な作法書から高度な辞書まで多くを生み出していった。逆に、大部にすぎるものなどは、経費の回収を見込みにくいので、良書であっても部分的な刊行にとどまったり、写本で伝わることになったのである。

なお、辞書史の時代区分としては、中世のものまでを「古辞書」と呼び、近世辞書はそこには含め

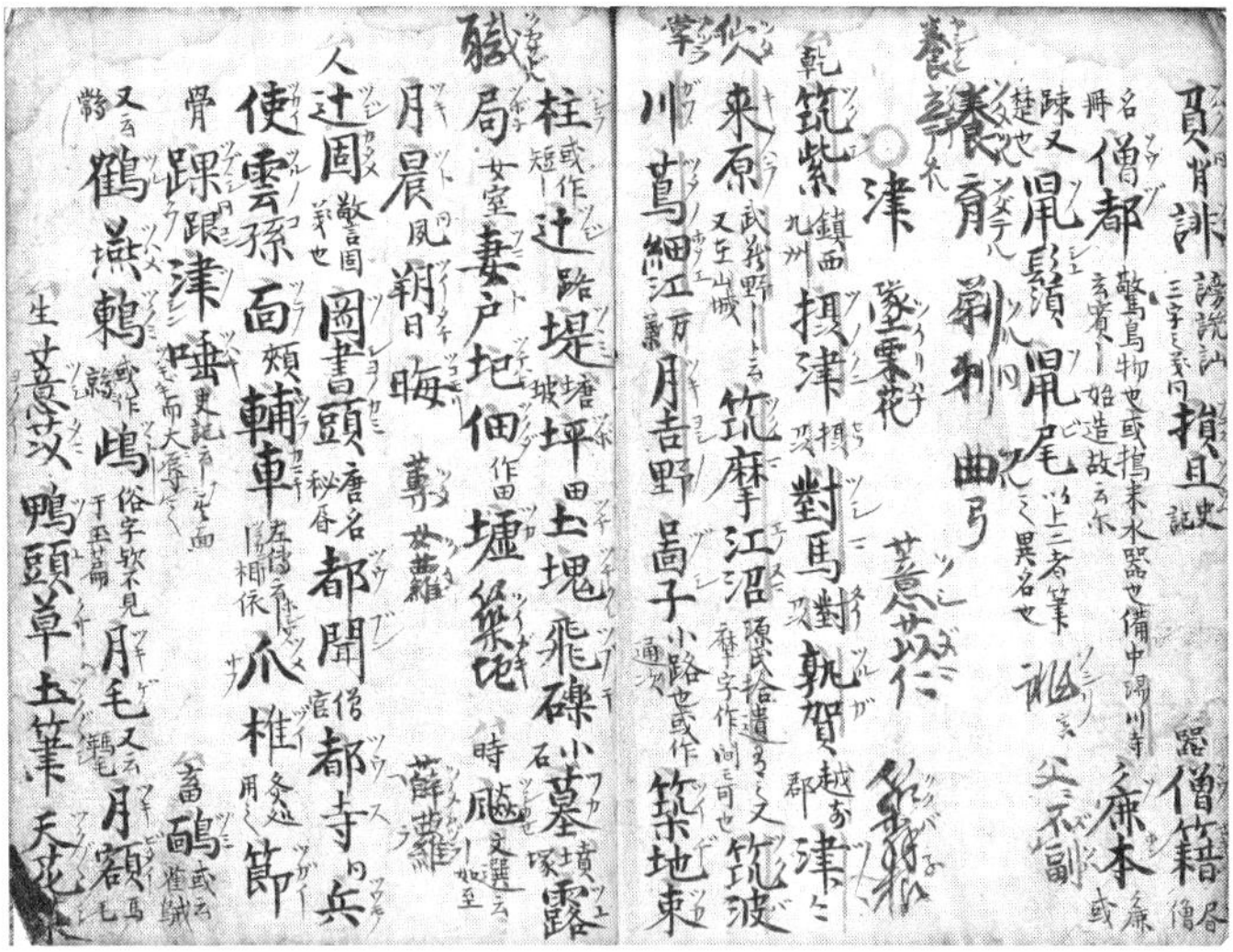

図1　古本節用集（仮称＝是心本。小泉吉永撮影）

ないことになっているが、これも近世が社会・文化の変化に富む時期であり、メディアとしての営利出版が成立して書籍のありようが大きく変わるためである。一方、明治維新以降、急速な西欧化にともなって、各分野での情報量も飛躍的に増大するが、これには活字印刷と洋紙による出版がよく対応し、各種辞書・事典は、近世とはまた隔絶した進歩を遂げて現代に直結していく。したがって、近世の辞書は、古辞書でもなく、近現代の辞書とも異なる、ユニークな位置をとるものとみなされている。

中世からの継承

室町期の三大辞書として、倭玉篇《わごくへん》・下学集《かがくしゅう》・節用集（図1）が挙げられる。多くの写本が現存し、その盛行が容易に推測されるが、近世での行く末はまちまちである。

倭玉篇は部首引きの漢字字典で、漢字に和訓を掲げた簡便なものである。部首の配列は、画数順ではなく、「一・上・示・二・三・王・玉……」のような連想や意義によるものであった。やがて『字彙』の影響により画数順に移行しつつ、横本・行草書添付本なども出され、相応に受け入れられた。

下学集は意義分類事典で、書名は『論語』「憲問篇」の「下学而上達」によるという。当該項目の来歴や関連事項を漢文注で示すものである、編纂資料には『和漢朗詠集』『庭訓往来』『韻府群玉』『事文類聚』などがあるという（木村 二〇〇七）。近世では、比較的整備された元和三年（一六一七）刊本や、『増補下学集』などもあったが、広く行われることはなかった。

節用集は、語頭のイロハ別と意義分類で検索できる辞書である。早く、一五世紀後半には原形が生まれ、一八世紀には、絵入りの日用教養記事が付録されていくが、学術性をほこる『和漢音釈書言字考節用集』も出版された。一八世紀後半からはイロハ・仮名数引きの早引節用集が広く受け入れられていく一方、従来のイロハ・意義分類のものは収載語・付録を大幅に増補して差別化をはかっていくことになる。

このほか、漢詩・和漢聯句の盛行を受けて、字韻と意義分類で漢字を配列する『聚分韻略』、字訓のイロハと意義分類で配列して字韻を知る『以呂波韻』などは、出版数は少ないが幕末まで刊行されていく。

俳諧の流行から

近世では、まず俳諧の正統流派の興隆とともに、雑俳が派生して敷居が低くなり、一大文芸ジャンルを形成する。巨大な愛好者人口に支えられて、数多くの作法書・語彙集・歳時記が刊行された。松永貞徳（一五七一—一六五三）の一派（貞門）では、俗語に漢字をあてた世話字（瓦落々々《グワラグワラ》・真味理《シンミリ》の類）を多用することがあり、瀬山児水『常陸帯《ひたちおび》』や苗村《なむら》丈伯『世話字節用集』などが編まれた。これらの世話字は、やがて節用集にも吸収されることになる。

安原貞室（一六一〇—七三）には『片言《かたこと》』があり、京都庶民の俗言に注目しつつ、規範を示した。分類体を採るが、辞書とはいいにくい筆致である。が、当時としては文字化になじまない口頭語を大量に収めることになり、貴重な近世語資料ともなっている。

越谷吾山（一七一七—八八）の『物類称呼』は全国版の方言辞典である。組織的な調査によるものではないが、それでも項目数五五〇、方言形四〇〇〇の規模をもつ。方言形を笑うことがないよう、児童に異名のあることを知らせるのが目的という（序）。あるいは、松江重頼（一六〇二—八〇）『毛吹草《けふきぐさ》』巻第四に「名物」として諸国名産が類聚されるのも連想され、句作の一助とする目的もあったか。

国学の振興の産物

国学の興隆にともなって、和文学にかかわる大小の語彙集が編まれたが、『雅言集覧《がげんしゅうらん》』『俚言集覧《りげん》』『倭訓栞《わくんのしおり》』は、その規模と抜きんでた特色から近世の三大辞書と呼ばれる。

石川雅望（一七五三—一八三〇）の『雅言集覧』は、一万七〇〇〇語ほどの雅言（古語）を収集し、中古仮名文学作品を中心に用例を付した。語注は少なめだが、その語数と、イロハ順のイ〜ナまでが近世中に刊行されたことが注意される。

太田全斎（一七五九―一八二九）らによる『俚言集覧』は、俗語・俗諺を中心に、語釈・語注・用例をほどこした。語の配列は段による五十音順（アカサタナ）である。写本で伝わり、明治三二・三三年に増補版として刊行された。

谷川士清《ことすが》（一七〇九―七六）の『倭訓栞』は、雅語のほか俗語にも触れ、中編までは近世中に刊行されたが、後編は明治二〇年に刊行を見ることになる。

このほか、新井白石『東雅《とうが》』に代表される語源辞典がいくつかあり、歴史的仮名遣いの基礎となった契沖『和字正濫抄《わじしょうらんしょう》』ほか仮名遣書にも恵まれた。

単字字典・熟字辞典

漢学の基礎となる漢字字典では、倭玉篇のほか、『大広益会玉篇』などが和刻されて、派生書も現れた。各字の配列は、和刻もされた『字彙』の画数引きが、いち早く『字集便覧』に流用されるなど波及していく。元禄期には、毛利貞斎『増続大広益会玉篇大全』が出版され、和訓と注記・補注のバランスがよく大いに行われた。『康熙字典《こうきじてん》』も安永九年（一七八〇）に和刻される。のちの漢和辞典の配列の基調となるのは周知のことであろう。このほか、ハンディな一冊本も多く、『文選《もんぜん》』や四書・五経などの著名作品には「字引」と称する簡易字書もあった。なお、虚字・実字を注解するものに、伊藤東涯『操觚字訣《そうこじけつ》』・荻生徂徠『訳文筌蹄《やくぶんせんてい》』など多くあり、その丁寧な注は、近代辞典類の語釈を思わせるものがある。

熟字を対象とする辞典も元禄ごろから編まれだし、大典禅師『学語編』・柴野栗山『雑字類編』などのほか、大規模なものとして伊藤東涯『名物六帖』もあった。唐話辞典では、白話小説の流行を契機としたものが有名であろう。岡嶋冠山『唐話纂要』・秋水園主人『画引《かくびき》小説字彙』・島津重豪『南山俗語考』などが知られるが、小規模のものも少なくない。

近世辞書を知るために

このほか、近世ごく初期の『日葡辞書』をはじめとするキリシタン資料の辞典類や、幕末期の対訳辞典、詳細大部な韻書類、類書・本草関係書などがある。とてもすべてには言及できないが、湯浅茂雄「江戸時代の辞書」、岡島昭浩「元禄の辞書」、飛田良文ほか編『日本語学研究事典』(明治書院)などを手はじめに参照するのが効率的である。

ところで、右にみた辞書のうち、漢字字典などは、基礎学ともいうべき漢学に直結するものなので当然のように出版されたが、一定の高みなり隆盛なりを見た思想・文芸分野において辞書が生まれるように見える。ただそれらは、専門的であり、またそのために万人が求めるとは限らない場合もあったことであろう。

これに対して、節用集は、政権によって文字使用を運命づけられたこともあって、近世を通じてたえず出版された、人々に寄り添うような存在であった。一方では、高みをめざすように増補・改編されたものもあるなど、質的な広がりも認められるものである。

そこで、次節以降では、このような節用集を採り上げて、流布・付録・出版統制などの具体例を見ていこうと思う。近世を代表する辞書を掘り下げることで、近世辞書の深部を垣間見るのである。

二　近世初期節用集の展開

近世初期の識字事情

近世では、その初期から、文字使用が庶民生活にも必要な素養として認識されていた。

> 聞しは昔、鎌倉の公方持氏公御他界より東国乱、廿四五年以前迄、諸国において弓矢をとり治世ならず。是によつて其時代の人達は、手ならふ事やすからず。故に物書く人はまれにありて、かゝぬ人多かりしに、今は国治り天下太平なれば、高きもいやしきも皆物を書きたまへり。〔中略〕扨又《さてまた》下の下までも、物をかゝでは私用弁じがたし。されば手のわろき人のはゞからず文書きちらすはよし。見苦しとて人に書かするはうるさしと、古人云へり。たゞ〳〵よくもあしくも物をば書くべき事也。
>
> （三浦浄心『慶長見聞集』巻四）

慶長（一五九六—一六一四）から「下の下まで」識字力が必要とされたというのは、やはり、江戸のような都会や町方にかぎると見た方がよいかもしれない。

一方、一七世紀中ごろの町方でも、識字率が高かったとはいえないような記述もある。

「とゝが若い時分にハよく〳〵の分限者ならで師匠取ッては手習させず、一町に物書く者ハよふ有ッて五人か三人。とゝも手習せなんだ故、いろはのいの字も書く事ハ叶はね共、読む事は目の功で間に合す。今は世が上《じゃう》びて、我等ごときの娘迄、手習ひさせ、事欠かぬ」

（西沢一風・田中千柳『昔米万石通』中之巻、享保一〇年初演）

実態としては、これが平均的な姿だったのかもしれない。もちろん、円満な社会生活を営むためには、早晩、識字能力を身につけなければならない時代である。必要性を察知したものから学習をはじめることになるのであろう。

ただ、当時の「物を書く」とは、メモ程度ならともかく、他人に差し出す書翰や、証拠能力のある契約書などでは、変体漢文が唯一の公式文体であり、それを常用書体の行草書でしるす必要があった。雛形がある場合も多かったろうが、予想外の緊急事態などでは、すべてを一から書く必要もありえた。効果的なコミュニケーションのためには、文字・文書やそれらにまつわる知識を多く知っておく必要はたしかにあったのである。

節用集出版の活況

このような時代では、人々には、読みから漢字が引ける辞書が必要である。また、確立しつつあった営利出版業も、経営を軌道に乗せるための、需要の多い商品が必要だった。この双方から求められたのが節用集であったといえよう。実際、慶長・元和ごろでもすでに複数の節用集が改良を加えられつつ出版されるが、需要の高まりが容易に想像されるのである（次表参照）。

書名	刊年	部門名	表記	付訓	判型	備考
易林本（原刻版）	慶長二年跋	陽刻	楷書	片仮名	大本	
易林本（平井版）	慶長二年跋	陰刻	楷書	片仮名	大本	原刻版を一部改刻
易林本（同別版）	慶長一〇年以前	陰刻	楷書	片仮名	大本	平井版を覆刻
易林本（小山版）	慶長一五年刊	陰刻	楷書	片仮名	大本	平井版・別版の覆刻か
寿閑本	慶長一五年刊	陰刻	行草書	片仮名	大本	平井版を改編
慶長一六年本	慶長一六年刊	陰刻	二書体	片仮名	大本	寿閑本を二書体化
草書本	慶長〜元和頃	陰刻	行草書	平仮名	大本	平井版を行草書化
源太郎本	元和五年刊	陰刻	行草書	平仮名	横本	草書本を抄録

（書名はすべて「節用集」なので通称を記した。巻数はすべて二巻仕立てが基本。）

ただ、初期の易林本は、辞書としての基本設計が不十分であった。たとえば、イロハや意義分類の標目を陽刻とするので、本文と紛れやすかったりしたのである。これを陰刻（白抜き）に改良したのが平井版である。また、易林本は古本節用集を踏襲して楷書と片仮名で表記するが、寿閑本（図2）・草書本では常用書体の行草書にあらためたため、さらに慶長一六年本では楷書体をも併記した。草書本以降では、付訓も平仮名になり、より平易なものになる。源太郎本では、大本の半分の横本にして取り回しまで改良された。

本文の改良では、寿閑本が周到な再設計のもと、易林本の本文を的確に修訂しており、慶長版節用集のレベルの高さを示した。源太郎本では、異名・同訓字・人名を中心に三割ほどを削除する、大胆な抄録も実現した（柏原 一九七七）。これは、近世節用集の主要本文として引き継がれていく重要な改編でもあった。

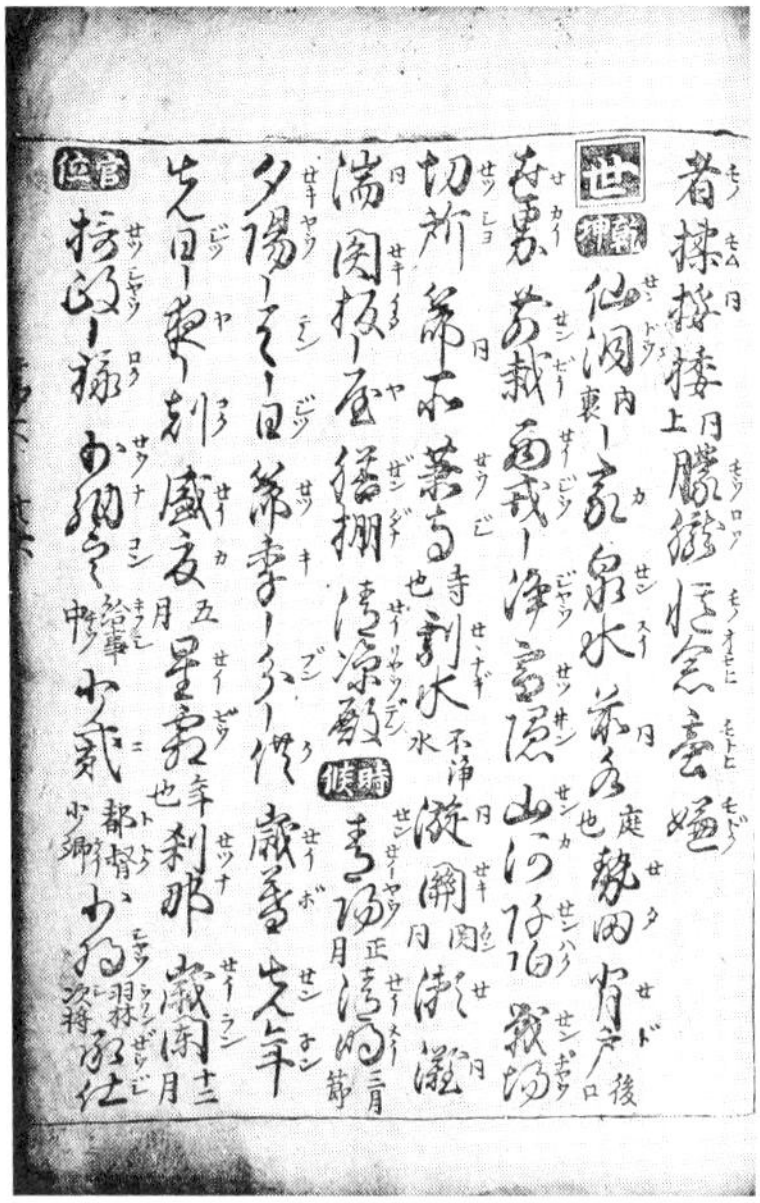
図2　寿閑本『節用集』

抜群の出版量

矢継ぎ早な改版の背後には、尋常でない需要の高まりがあるはずで、それを、具体的・客観的に見てみたくなる。とはいえ、周到な記録も本屋仲間のような組織もない時代なので高望みはできないが、幸い、他の書籍との比較としてなら示せる資料がある。

林望によれば、ケンブリッジ大学図書館所蔵の古活字版『狭衣』は元和・寛永ごろの出版で、その表紙には、経師屋など製本担当による受注覚えの反故《ほご》が裏貼りされているという。また、日付もあり、「未ノ三月十一日」は元和五年（一六一九）か寛永八年（一六三一）、「戊ノ五月十八日」は元和八年か寛永一一年に相当するという。

一五九件のうち、最多の記録は「大本せつ長集　九十九部　九十九〔冊〕」である。なお、「せつ長集」は「節用集」の宛字である。現代でも「雪隠」をセッチンと読むような現象が残っているが（連声）、当時、セッチョウシュウと読みならわしていた証拠でもある。

これについで、『将棋経』（五〇部）・『長者経』（四九部）・『御成敗式目』（四九部・四二部）などがあるという。節用集と同じ辞書や教養書類は次のように微々たるものである。

「小二体　六部　十八」――節用集の一つか。後述。
「和名　弐部　四」――源順編『和名類聚抄』か。
「和玉　壱部　三」「和玉　壱部　五」――和玉篇。漢字字典。
「いんきやうノ抄　五部　五」「ゐんきやう　廿部　廿」――韻鏡。韻別漢字分類表。
「さつしよ　十部　廿」「大さつしよ　六部　六」――雑書。暦占・相性・吉凶を示す書。

節用集は、近世辞書として、その初期から圧倒的な需要があり、それに営利出版が確実に応えていたのである。

原本への比定から見えること

慶長の諸本は大本・二巻本が多いが、「大本せつ長集」は「九十九部」で「九十九」冊なので一巻本と見られる。おそらく、紙数が増えない工夫もなされていたであろう。本文を削減する一方、二書体併記を採らないことなどが予想される。

なお、受注覚えには「玄与様」と読みうる字もあるという。これが書肆・杉田良菴玄与を指すならば、まさに彼の手で、行草書のみ表示する大本が寛永七年に出版されている。しかも、本文を削減した源太郎本を原拠にしたものかという（柏原 一九七三・七四）。これならば、大本一冊本としてまとめることができよう。ただし、国会図書館亀田文庫蔵本は二巻仕立てで、上巻最終丁に「節用集上巻終」とあるから、二巻本として企画されたのではあろう。

さて、「大本」に対するのは「小二体　六部　十八」（前掲）であろう。「二体」は、行草書と楷書で漢字表記することである。また、大本の半分の小さな判型にしたこともあって紙数が増え、「六部」で「十八」冊、すなわち三巻本となったものであろう。

これに見合うのは『二体節用集』（横本。図3）である。初版本は無刊記ながら、本文は源太郎本に

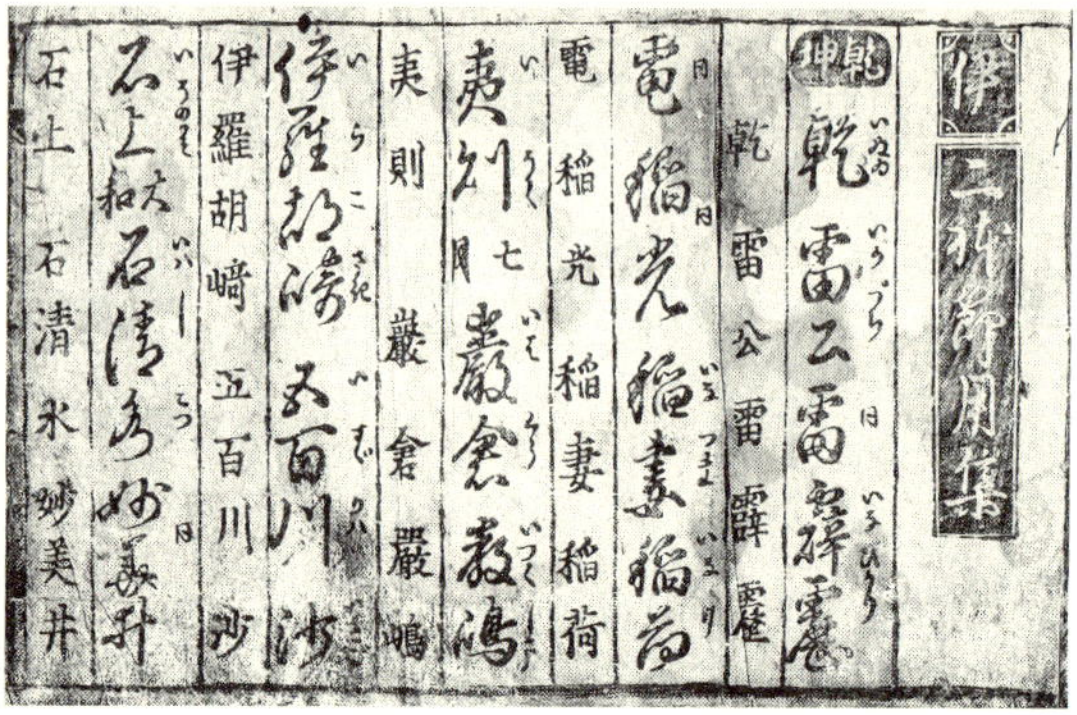

図3　『二体節用集』初版

依拠し、後継書に寛永三年本があるので、元和末から寛永初めの出版になる。なお、この初版には一部改刻した丁を含むものがあり、寛永六年には寛永三年本の再版本と新版本の二種があるなど、頻繁に再版されたことが知られる。

しかし、その人気は急速に落ちていったらしい。筆者の所持する一本の刊記には「寛永十年」、亀田文庫本の一本には「寛永十四年」と記されるが、数字はともに手書きなのである。手書きにしたのは、古い年記の本が売れ残るようになったための、苦肉の策なのであろうが、何とも短命であった。

この凋落は受注覚えにも現れていよう。「大本せつ長集」が杉田版寛永七年本ならば、受注覚えの年記「未・戌」はそれぞれ寛永八・一一年になる。「大本せつ長集」が「九十九部」発注されたこの当時、『二体節用集』は「六部」しか発注されなかったのである。節用集全体としては需要が高かったが、寛永の中ごろには、『二体節用集』だけは見放されたのである。

短期間に流行から衰退へと転じた背景には、それ自体に欠陥があったことを考えてよい。当時の実用書には大本半切という横本を採るものが多かったという（和田 二〇〇一）。これに乗じたのが『二体節用集』だったのであろう。たしかに、書き物の最中に参照するには、文机を占拠しない小型本が好都合である。二書体併記も気が利いているし、『二体節用集』との固有名も、小さな版面に二書体を押し込んだことをうまくアピールするかのようで、書肆の意気込みも感じられる。

が、書肆にとっては手数がかかる存在でもあった。判型を小さくしたため紙数がかさむので分冊するが、その分、製本の手間はあり、表紙掛けも多く発注することになる。版木は、大本用のものを上下に分けて彫刻するのだろうが、刷り上がった料紙を裁断するのも手間である。これでは、少し人気が落ちただけで出版する甲斐も失われよう。

また、判型の小ささは検索効率にも影響を与える。節用集は、語頭のイロハと意義分類によって収載語を小さな語群に分割するが、そのなかから目的の語を探すことになる。『二体節用集』では、見開きで見渡せるのは一二行しかない。これに対して、寛永七年杉田版なら、大本で行草体のみの表示なので、『二体節用集』の行でいえば三二行分の語彙が表示できることになる。これなら丁《ちょう》を繰る手数の差を、実感として意識できたはずである。

先に慶長版の改修頻度に驚いたが、ここでも短期間の盛衰が注意される。節用集が利用者にも書肆にも人気があってのことであろうが、それとともに、営利出版業の発生期にあっては、いちはやく手間・経費と利益のバランスを見極める必要があったはずである。そのための試行錯誤と見ることもできよう。

寛永七年杉田版の前後をみれば、寛永六年・寛永九年・寛永一二年と二書体併記の大本が相次いで出版されている。そして『真草二行節用集』(寛永一五年)は、多少の改変を受けながらも安定的に出版されていく(高梨 一九九六)。早くもバランスが見出されたわけだが、この大本・二書体併記は、これ以降の近世節用集の典型的なスタイルとなるものである。短期間ではあったが、その試行錯誤の的確さに驚きもするのである。

三　近世節用集の日用教養記事

付録の新旧交替

寛永期以降はしばらく大きな変化はなかったが、貞享・元禄以降に見られる、多種多様な日用教養記事を付録にしていく動きは、近世節用集の性質を大きく変えることになった。

この変化の過程を、石山秀和(一九九八)は、亀田文庫本のうち、本文が「乾」からはじまる九五本を調査して次のようなものと捉えた。

・貞享初年ごろまでは、京町尽・名乗字・五山之沙汰・数字・分毫字様・韻字・南瞻部州大日本国正統図（国別概要）などを付録し、古本節用集的。
・貞享年間では、禁中図・公家鑑・服忌令・太刀折紙之法式・短冊色紙之書法・制札寸法など、新たな付録が登場。
・元禄年間では、日本図・三都図・年代記をはじめ、さらに新趣の付録が増加。
・享保年間では、従来型の付録は急速に減少し、貞享年間以降の付録類で占められる。

貞享初年（一六八四―）までの記事内容は、「名乗字・数字・分毫字様・韻字」など文字に関わるものなので、辞書の付録にふさわしい。「京町尽・五山之沙汰・南瞻部州大日本国正統図」もこれに準ずるだろう。地名語彙を、イロハではなく、地理的系列として示すのも、かえって周到といえるかもしれない。

ところが、貞享から増えだした付録は、固有名を学べもするが、むしろ、制度や技法・地理・歴史など、社会を悟らせるようなものに見える。旧来の付録との関わりもみえないではないが、言葉を知ることを主体とする辞書からは遊離する傾向がたしかにあるのである。

また、新たな特徴として、日本図・三都図などの視覚情報の付録化も注意される。もちろん、地図などは図示するしかないものだが、のちには、文字だけで伝達できる内容にも象徴的な挿絵を付すことが常態化する。そうした事態を誘いこんだものと見てよかろう。

近世的付録の充実

どのような付録記事がありえたのか、一例として『倭漢節用無双嚢《むそうぶくろ》』（天明四年＝一七八四。図4）の目録を見てみよう。本書は、一八世紀なかごろの節用集としては充実したもので、各丁ごとに刻工名を明記するなど、丁寧な作りのものである。編纂関係者も明記しており、編者に中西敬房（暦算家・書肆）、絵師に大森捜雲（狩野派・法眼）・下河辺拾水（浮世絵師。西川祐信門か）、筆耕に沢井随山・蘆田鈍永、刻工には石原作兵衛以下全六名の名が見える。

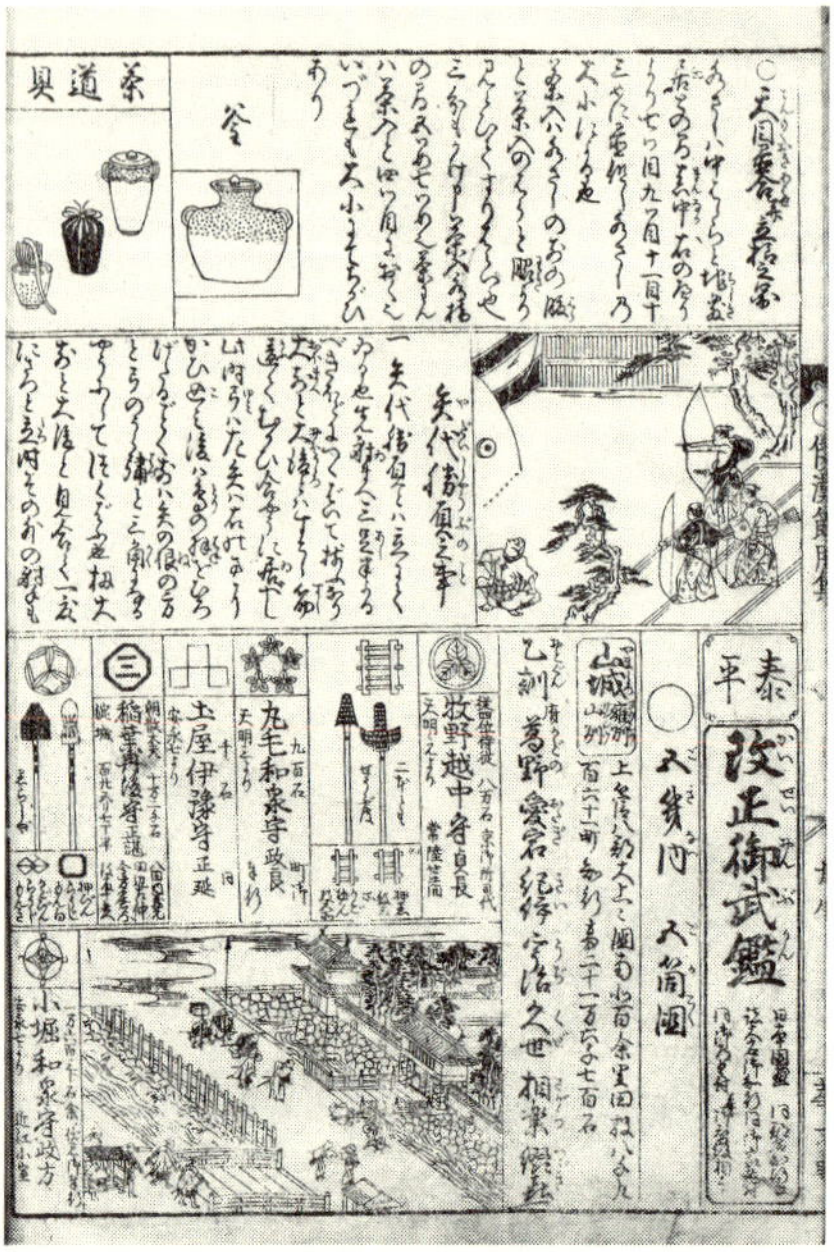

図4a　『倭漢節用無双嚢』巻頭付録の一部

付録記事は一〇〇を超えるが、豊かさを実感する意味でもすべて掲げる。

1肥前長崎風景　2鴉鳴吉凶の占
3灯花善悪の占　4鍾馗大臣故事
5鶏五徳の事　6蟷螂向車故事
7牡丹花睡猫故事　8大日本国之図　9同国号考　10禁裏の図　11同造営の説　12公家百官名尽　13葵祭之図式　14本朝遷都考　15平安城京之図　16武州江戸之図　17

摂州大坂之図　18本朝官職考　19扶桑百将伝　20御公家鑑　21和漢六芸大意　22漢礼之起　23和礼之始　24小笠原食礼の式法　25中華音楽の起　26本朝神楽の始　27申楽能の始　28和漢楽器之図　29倭漢射法の始　30歩射の総法　31本朝曲的の図　32矢代勝負の事　33和漢御之始　34馬上諸器の図　35小笠原家手綱法　36馬の息間之事　37馬上心得之事　38中華文字之始

図4b　『倭漢節用無双嚢』本文

39古文字幷八躰　40真草行手法　41漢字日本伝来事　42和字幷片かなの始　43仮名いろはの起　44いろは訳文幷本字　45天竺幷韃靼の文字　46阿蘭陀幷朝鮮文字　47倭漢数度之始　48河図洛書之事　49大数小数之事　50諸数名目之事　51八算割掛之事　52見一乗除の法　53金銀銭両替の事　54米売買算用一件　55枚形俵数を知法　56田地積の事　57町間の事　58茶湯調様の事　59天目置合幷立様図　60初心立花指南　61同投入の心得　62花生の図　63台の物積物の法　64囲碁の起幷作物　65象戯の初幷作物　66中興武将伝略　67改正御武鑑　68東百官名尽　69武家諸役名目　70

祇園会御輿洗図　71四条河原涼之図　72十三門部分註　73筆法門折紙調様　74注文目録等書様
75制札書様の寸法　76箱曲物書付仕様　77絵馬認様の事　78手形証文案紙　79京大坂堺江戸寺院
80浪華八景の図　81和漢故事画　82本朝年代記　83年号用字尽　84知死期幷不成就日　85有卦無
卦之事　86四季皇帝の占　87食物相反の事　88新改服忌令　89諸社参詣忌の事　90人相九面の吉
凶　91手之筋の占　92篇冠構字尽　93人の名頭字尽　94石田教訓倹約丸　95和漢八景幷詩歌　96
名乗字尽　97六十之図　98男女相性之事　99孟仲季の占　100破軍星繰様　101十干十二支　102願成
就大吉日

文字関係の記事に38〜46・92・93、実用的な書記行為に73〜78・83・93・96などがあるのは節用集にふさわしい。これ以外では、地理関係1・8・15〜17・80、社会・歴史関係9〜14・18・20・66〜69、宗教・易占関係2・3・79・84〜91・98〜100・102、礼法22〜24、芸能21・25〜28、趣味58〜65、武芸29〜37、算術49〜57、故事ほか4〜7・81・94などが見られることになる。辞書の付録としてはともかく、実生活において便利に使えるものも少なくない。

付録記事編纂の実情

このように多彩な記事が見られるが、では、書肆の一存でいかようにも集められたかといえば、そうではない。個々の記事を収録するには、他の書肆の版権（板株）に抵触してはならないからである。

この点での注意が足りずに、係争問題に発展することもあった。

以前、一八世紀前半での節用集の版権問題を検討したが、多くが現存する大坂本屋仲間の記録類と、断片的に残る京都本屋仲間の記録類に依るほかなかった。が、それでも一三件中八件までが付録をめぐっての事例であったことは、この時期の特徴として注意される。ちなみに、争点は「江戸鑑系図入（武鑑の一種）・槍印・公家鑑・年代記絵抄・倭玉篇・料理書（魚鳥切形・料理献立）・百福之図・年暦六十図」などである。なかには、それ一つで十分に書籍として出版されうるものまであり、付録化への熱心さが感じられよう。

こうした係争を避けるには、書肆の手持ちの書籍などから適宜ピックアップして付録にするか、他の書肆から板株を購入したり、あるいは、共同出版することも考えられる。もちろん、付録になるような記事を新たに作り出すこともありえた。一九世紀には、高井蘭山や松亭金水などの作家が節用集の編纂に参加することがあるが、そうした目論見もあっての起用なのであろう。

ところで、多彩な付録をまとった節用集は、「百科事典的」と説明されることがある。たしかに、多くの教養・知識をもたらすことを百科事典になぞらえるのは誤りではない。しかし、百科事典は、本来、世界にある現象・事象をおおうように、満遍なく項目を立てるものであろう。もちろん、編纂時の学問的発達に応じて得手不得手はあるにせよ、基本的な編集方針としてはそのようなものなのであろう。

が、節用集の付録は、必ずしもそうした網羅性をめざしてはおらず、数々の制約があるなかで掻き集められたものである。十分にすぎるように見える『倭漢節用無双嚢』の付録にも、他の節用集に見える経絡図や按摩の仕方などの医学方面の記事は見当たらず、本草や料理関係の記事は「食物相反の事」以外、盛られていないのである。

付録の多角的研究に

節用集の付録には版権にからむ偏向と呼ぶべき注意点はあるものの、多彩な日用教養記事が、現実にどのように使われ、いかに利用者を益したかを検討することは興味深い課題である。近世中期以降の節用集が、社会のなかでどのような位置を取るかを見定める方途でもあるからである。

したがって、辞書史研究として検討してよい課題なのだが、辞書本文による位置づけがまず検討課題とされるので、付録の検討は差し置かれてしまっている。また、辞書史的な立場から、どのように付録に接近することが効果的であるか、といった技術的問題もある。言語・文字関連の付録ならともかく、多岐の分野にわたる付録類の分析は、辞書史学の守備範囲を大きく超えるからである。

こうした点は、近世社会とダイレクトに向き合っている、文明史・教育史・近世史研究など、隣接諸学との提携を模索すべきであろう。実際、これら諸学での検討はさかんに行われている。そのすべてを紹介することは控えるが、横山俊夫・石山秀和・池上英子・横田冬彦・鍛治宏介らは、民衆に近い位置にある近世節用集の特殊性にかんがみ、日本という国がいかなる存在であるかを伝え広めるツールと捉え、それぞれの立場から検討して興味深い結論を得ており、学ぶべき点が少なくない。

なお、近年になって、辞書史学の側からも付録にアプローチするものが現れた。柏原司郎『近世の

国語辞書 節用集の付録』がそれで、亀田文庫本と柏原の蔵書における節用集類の付録の五十音索引である。初の試みであるために洗練を要する部分もないではなく、比較的入手しやすく利用価値も高いと思われる『都会節用百家通』（寛政一三年）・『倭節用集悉改嚢』（文政元年）などが採られていなかったり（後年の再版本は採用）、亀田文庫本と柏原蔵本にだけ依るのも問題がありそうである。

それはそれとして、再版本を含みつつも三〇〇本ほどにおよぶ諸本の付録名を一覧できるのは大いに価値がある。どのような教養記事がいつごろから付録されたか、もっとも多く付録に採られた記事にはどのようなものがあるかといった基礎情報が効率よく得られるからである。また、多くの節用集諸本から、どのようなものを選択し、注目するかといった場合にも、付録のありようから検討することもできるようになったのである。

目的による選択

柏原には、近世節用集研究において、古本節用集研究ほどにも付録類の検討・活用がなされていないとの認識がある。たしかに、古本では、系統研究においても付録類に目配りがなされている（ただし、過度の重視は、正しい結論への障害となりかねない）。これを踏まえれば、近世節用集においても付録類に注目して、諸本間の系統研究などに活かすことが考えられるし、そのためにはまず、付録のすべてのありようを把握しておく必要もでてくる。その糸口としても『近世の国語辞書 節用集の付録』の価値はあるであろう。

なお、柏原は、隣接諸学で扱われる付録が、一九世紀の大型本――たとえば『都会節用百家通』『倭節用集悉改嚢（大全）』『（大日本）永代節用無尽蔵』など――に偏《かたよ》りがちなことに懸念があるようである。たしかに、多様な諸本の存する近世節用集において、主要なものにしか注目しないまま、検討を進めることに危惧がないではない。ならばすべての節用集を等し並みに扱えば安全かといえば、そうともかぎらないであろう。

大型本を資料にする利点は少なくない。単に付録の数が多いため、望みうる検討対象に接しやすいということがあるが、大型本では、たとえ相合版《あいあいばん》（共同出版）だとしても莫大な経費の回収にはリスクがある。ところが、『都会節用百家通』以下の大型本は再版もされているところから推して、順調に販売されたものと判断できる。ならば、所掲の付録類も、人々によく知られていたものであり、知の伝播にも重要な役割を果たしていたことが考えられよう。当時の社会への影響を考えようとする立場からすれば、むしろ、こうした大型本を選択することこそが、当時の知の伝播過程を解明するには近道でもあろう。

もし、そうした選択に欠点があるとすれば、大型本ゆえに高価であるから、それを購入して身近に利用しうる層が限定されることであろう。知の伝播範囲をせばめて観察する弊がある、ということである。ただ、そうした資力のある層であれば、地域社会への影響力も小さくなく、次代の日本社会を担う人材を輩出した可能性も高そうである。その後の歴史にまで目を向ける、文明史的視点や国家意識の形成などを扱おうとするなら、むしろ大型本は好都合でさえあるだろう。研究目的に応じて、節用集を選択することもありうると考えたい。

四　付録記事への介入

出版手続きの意味

周知のように、幕府は、書籍のメディア性を熟知しており、出版界に適宜介入している。享保七年（一七二二）の統制令では、出版を許可制とするとともに、本屋仲間に検閲の義務を負わせて出版統制に組みこんだ。出版前の写本段階で本屋仲間に自己検閲させるが、必要があれば、仲間行司（世話役）は当局にうかがいを立てたり、仲間構成員に写本を回覧させたりした。問題がなければ町年寄経由で奉行所に写本を添えて出版許可を申請する。許可がおりれば印刷・製本に移行するが、出来本を、先の写本と異同がないか改め、問題がないと分かってはじめて店頭に並べられるのである。チェックが都合三回行われる、周到な仕組みである。

このうち、出版前の写本調べは、本屋仲間の構成員には、己れの板株に抵触するかどうかを吟味する機会でもあった。もし抵触の事実を察知すれば、出版を阻止する行動がいちはやく起こせるので、書肆たちは、公序良俗上の検閲よりはこちらの方に重きを置いていたであろう。もちろん、いわば出版のプロであり、善良な市民生活を送っている書肆であれば、そうは公序良俗を侵す書籍を見逃すはずはないであろうが。

が、三度行われるチェックの意味を忘れることが、ある特殊な状況下ではあったようである。

公家鑑の改訂要請

大坂本屋仲間の記録にある「都会節用百家通彫過一件」はその一つである。

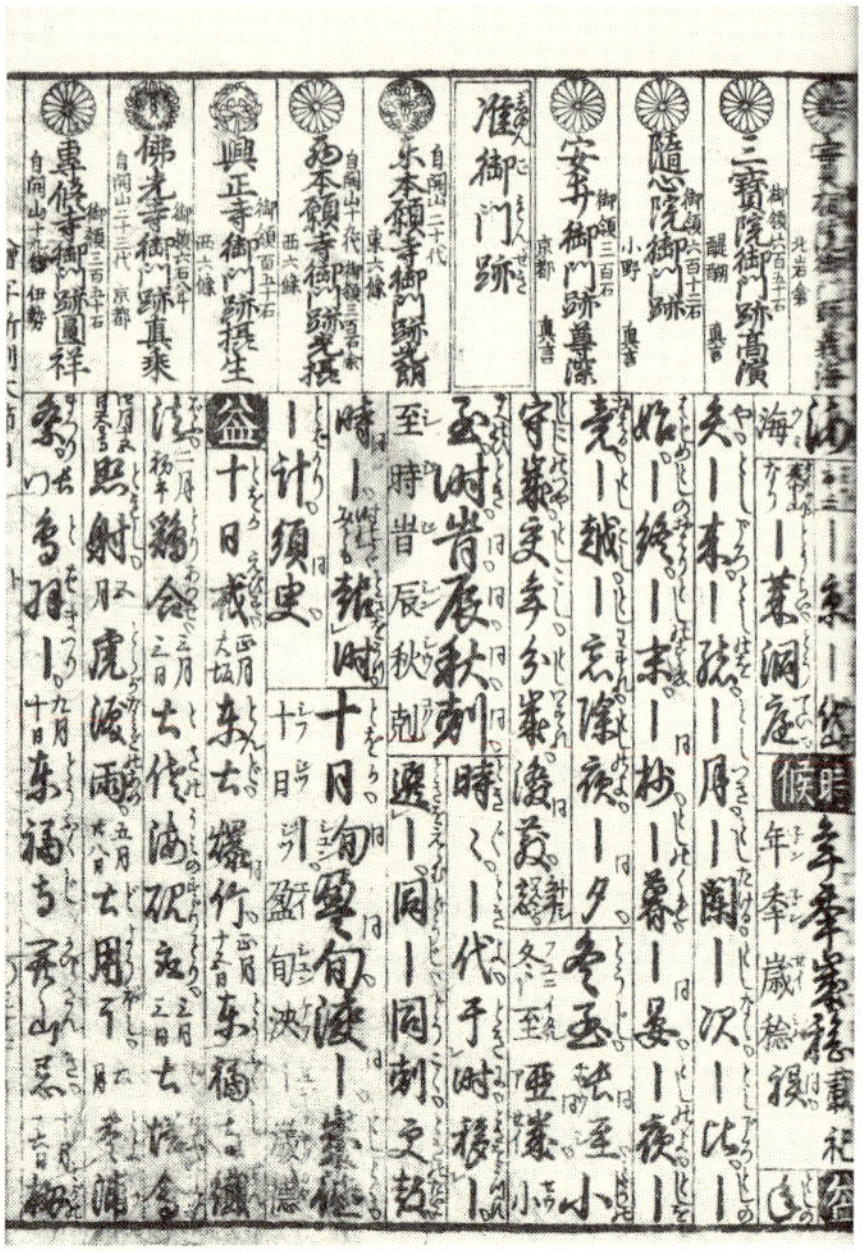

図５　『都会節用百家通』文政２年版

一文政八酉年六月五日、都会節用百家通再板首書御公家鑑之内、両本願寺様御順烈（ママ）之義ニ付当二月西本願寺様御役人中より、此度改正之雲上明鑑之通相改候様被仰付、種々御断申上候所、外々より決而差支之儀無之段、慥成書付被下候故、無拠相改候趣、則下書写弐通相添、以口上書聞届呉候様申出候

（「差定帳」五番）

文政八年（一八二五）二月、『都会節用百家通』（図5）の版元のもとに、西本願寺の役人から要請があった。付録の「御公家鑑」中の西本願寺の序列を、『雲上明鑑』に合わせて、准門跡筆頭に改めてほしいというのである。

この要請に、出版手続きの意義を熟知している版元たちは「種々御断《おことわり》申上」げることになる。比較的大きな改訂になる、つまり、出版願い出時の写本と異なることになるから、願い出をしなおす必要がある。もちろん、その部分だけ版木を作りかえる手間・経費がかかることにもなる。そこまでするのに値することなのかどうか、疑わしくもあったであろう。

改訂要請に応じる

ところが、版元たちは、押し切られてしまった。西本願寺役人が、外部から苦情などが来ないことを一筆認《したた》めたからである。「慥成書付《たしかなるかきつけ》」とあるからには、西本願寺中の高位者の署名でもあったのかもしれない。そこで、版元たちは不承不承に引き受けたという。

この時点で、本屋仲間の世話役たる行司に知らせたなら、当然、正規の手続きを踏むよう提案されたにちがいない。そうなれば、改刻の実費だけでは済まない話になる。実際に改刻を実現するには、内々に事を進めるしかなかったであろう。

が、どう見ても版元たちの過誤である。西本願寺は出版統制については、何の権威も有しないから、その「書付」も効力がない。もちろん、出版統制違反までも構い無しとするような書き付けではなく、東本願寺との関わりについてのみ、記したものであろうか。ともあれ、正規ルートでの改版を願い出ないままに、両本願寺の順序を逆転させた『都会節用百家通』が完成し、市中に出回ることになるのである。

ただ、版元たちの胸中も分からないではない。相手は准門跡であるから、そうそう無下に扱うこともできない。権力機構としては幕府がまずあり、それが公家も仏教諸派も統括していることは承知していたであろうが、当時の関西における東西両本願寺の地位なり威光なりを身近に感じていれば、判断を間違わせるバイアスにもなったであろう。

京都・出雲寺版の公家鑑では、両本願寺が掲出順序に拘泥するあまり、出雲寺が板木を売り払うまでに追い込まれたという（万波 二〇一一）。次の蒔田稲城の見解も、当時の書肆たちの気分をよく伝えていよう。

> 京都に於て此の種の紛議が最も頻繁に起り、又最も煩瑣を極めたのは東西本願寺の蔵板に関する事件であつた。実際両本願寺共蔵板物が夥多あつたので、書肆に対する干渉と交渉も絶えず行はれ、書肆側からも陳情とか嘆願とかゞ続出してゐるが、何分当時の本願寺と云へばその勢力が強大で、蔵板書の如きも当時の斯界を圧する程の勢力があつたから、書肆としては営業上、又は名誉上、最も重要視してゐた。
>
> （『京阪書籍商史』）

奉行の好判断

六月一〇日、ついに来るべきものが来た。東本願寺側の難波御堂輪番代の聞信寺が、『都会節用百家通』の版元を相手取り、訴訟を起こす予定であると本屋仲間行司に通達してきたのである。一七日には、大坂南組惣会所（大坂町奉行所の実質的な下部組織）からも事情説明を求められた。こちらも、東西両本願寺の順序の変わっている『都会節用百家通』についてだが、出版許可したものと異なることを問題にしている。おそらく、東本願寺側から事態の確認なりを求められてのことだろう。

事が大きくなりだした。六月二一日、行司は、事の次第をすべて口上書に認《したた》めて、当局に提出するほかなかった。唯一の救いは『都会節用百家通』の版元らが独断でしたことであり、改版前に仲間行司には報告されていなかったことである。これで本屋仲間行司の監督不行き届きは、ある程度、大目に見てもらえるはずである。

七月二八日、出頭せよとの通知にしたがい、恐るおそる出かければ、

井岡佐五郎殿より先達而差上置候書付、都会節用集一件之書付御下有之、右書付之内ニ本願寺懸り之事悉皆相除キ、磨滅補ひ入木致候節、麁相ニ而彫過チ候趣ニ而、口上書相改差出可申様、御内分ニ而御奉行様より厚思召有之、被為仰付候旨被仰渡、早々書付差上可申段被仰付、則板元呼寄右之趣申聞候処、承知之上板元連印為致、年行司奥印致候而差出候

（「差定帳」五番）

先に提出された口上書のうち、東西本願寺関係の事柄をすべて削除し、版木の磨滅箇所を修復する際に順序を誤ったことにせよ、との奉行からの指示であった。版元はもちろん、仲間行司も胸を撫で下ろしたことであろう。「厚思召《あつきおぼしめし》」ではあろうが、奉行としても、メディア統制の疎漏が宗教的対立として表面化するのは面白くない。いや、さらに事態が拡大するなら、奉行自身の管理責任も問われることになる。奉行も己《おの》が身を守ったのであろう。

京都書肆の節用集でも

この一件、東西本願寺が直接的な動きをとるなど、事態が唐突に大きくなりすぎた印象がある。そこで、この件に関わりそうな事例をさがしていると、前年の文政七年に同趣の紛議のあることが、京都本屋仲間上組の記録「済帳標目」から知られた。詳細な記述は「済帳」本体にあるのであろうが、これは現存しないので、その目次である「済帳標目」から概要をうかがうことになる。

文政七年申九月ヨリ同八年酉正月迄
一倭節用集之中公家鑑ニ有之両本願寺前後之儀ニ付、右節用板木一枚行事中江預り候一件
一同　万宝節用集之中公家鑑同断板木一枚預り候一件
（『京都書林仲間記録』）

仲間行事が板木を預かるということは、印刷ひいては販売を実質的に差し止めることを意味するか

ら、それ相応の深刻な事態にまで発展したのであろう。おそらくは、大坂の『都会節用百家通』に近い形で事態が推移した——西本願寺が掲出順序の改訂を要求して、本屋仲間や奉行所などに断ることなく版元たちが板木を改刻し、印刷・販売したのでもあろう。

そのような事態が文政七年に京都で起こったならば、翌文政八年の『都会節用百家通』一件は、西本願寺にとっては京都での不首尾を大坂で挽回しようとの意図があり、東本願寺にとっては二度目の厄介事である。そこで、東本願寺側は禍根を断つためにも、公に訴え出ることまで想定し、大坂の件に臨んだということなのであろう。

大型節用集の位置

このような紛議の場となったのであるが、これはそのまま、当時の、付録を多く掲載する節用集が、どのような社会的位置にあったかを教えてもくれる。人々に広く影響を与えるような、効果的な情報提供媒体として機能していたからこそ、西本願寺も白羽の矢を立てたと考えるわけである。

『都会節用百家通』は、収載語・付録記事を大幅に増補し、イロハ・意義分類引きの節用集としては頭一つ抜けた存在感のあるものである。この改編が奏効したことは、三〇〇丁を大きく超える大冊であるにもかかわらず、寛政一三年・文化八年・文政二年・天保七年と版を重ねたことからも知られよう。

また、本書の流行は、書名が真似られたことにも表れている。三世中村歌右衛門の人気にあてこんだ『芝翫節用百戯通』（文化一二年＝一八一五）があり、『大豊節用寿福海』と『万宝字林文法綱鑑』を合冊したものは、外題を『万会節用百家選』（文政元年）とうたっている。こうした書名のパロディは、元となった『都会節用百家通』が広く迎えいれられなかったら、あまり意味のないものになろう。

なお、京都の「倭節用集」は、刊行時期から考えて『倭節用集悉改嚢』（文政元年）であろう。やはり、『都会節用百家通』と同様のコンセプトによる大冊である。「万宝節用集」は『万宝節用富貴蔵』（文化八年）と見られるが、こちらは初版が天明八年（一七八八）とやや早いので、増補のありようは他二者にくらべれば穏やかである。ただ、手紙例文集を合冊したタイプのものでは相応の大冊になる。

出版数を知る

このように、大型の節用集は、そのメディアとしての優良な性格があったことが推測されるが、ではどれほどの販売実績があるものなのか。それを具体的に示せる資料が、偶然のことながら『都会節用百家通』一件の関係資料中に見出せる。

係争中の書籍は売買が中止されるのだが、『都会節用百家通』では、事情を把握していなかった「新参之手代」「遠国より罷帰候手代」が販売してしまっていたという。あまりに緊張感がなさすぎるが、版元は、販売数や回収数などを報告させられている。

此儀当三月以来追々摺立、都合三百八拾部出来立、其内六拾八部者本屋仲間之者共へ売捌、店方ニ而商内仕、百廿壱部者遠国江売放シ、代銀相済、三拾五部者行先名所相知有之、差戻し可申旨掛合罷在候、六拾部者此度御取調ニ付、先月以来得意先々追々取集仕、九拾六部者当時板元手前ニ所持仕、右六拾部与都合ニ而百五拾六部、板元共手前ニ取集所持仕、右摺嵩とハ弐百四拾部集不足ニ相成申候

（「差定帳」五番。「弐百四拾部」は「弐百二拾四部」の誤りか）

八月六日に露顕した件であるから、三月から七月の五ヶ月間でのことと見てよいだろう。販売できたものは、仲間内の六八部と地方への一二一部なので、合わせて月平均すれば三七・八部。日に一部強が販売されていたことになる。三〇〇丁を超える本であることを考えれば、売れ行きはよいものだったのであろう。もちろん、この数字の多寡については、他の書籍の販売数と勘案したうえで、また、他の店員たちが販売していなかったことも考え合わせたうえで、改めて検討する余地がある。

また、これほどの大冊を一度に三八〇部印刷・製本するのも興味深い。右の計算でいけば、ほぼ一年分にあたるが、大冊だけに多く売れ残るようでは経費もまかなえないが、おそらくは、それまでの実績などを考慮に入れての、周到な計算に基づいた造本ペースなのであろう。

後日譚

両本願寺の介入をさそった公家鑑の扱いには、やはり慎重にならざるをえなかったようである。『倭節用集悉改囊』は『倭節用集悉改大全』と改称して文政九年に再版されるが、一六丁におよぶ公

家鑑をすべて削除して「古今銘尽彫物次第」に改め、あわせて「華洛諸寺院名籍」も「庭訓往来」に変更している。

また、京都の書肆により新たに出版された大型本『永代節用無尽蔵』（天保二年。図6）では「雲上要覧」を巻頭付録として掲載するが、門跡方の一部について二段組とし、そのうちの准御門跡方の項では上段右に追儺の挿絵を配して「東本願寺」をその左に配し、西本願寺は追儺の挿絵の直下に「西」の字を取り去った形で配している。扱いに差を設けていないことを示せる、工夫のなされた配置なのであろう。

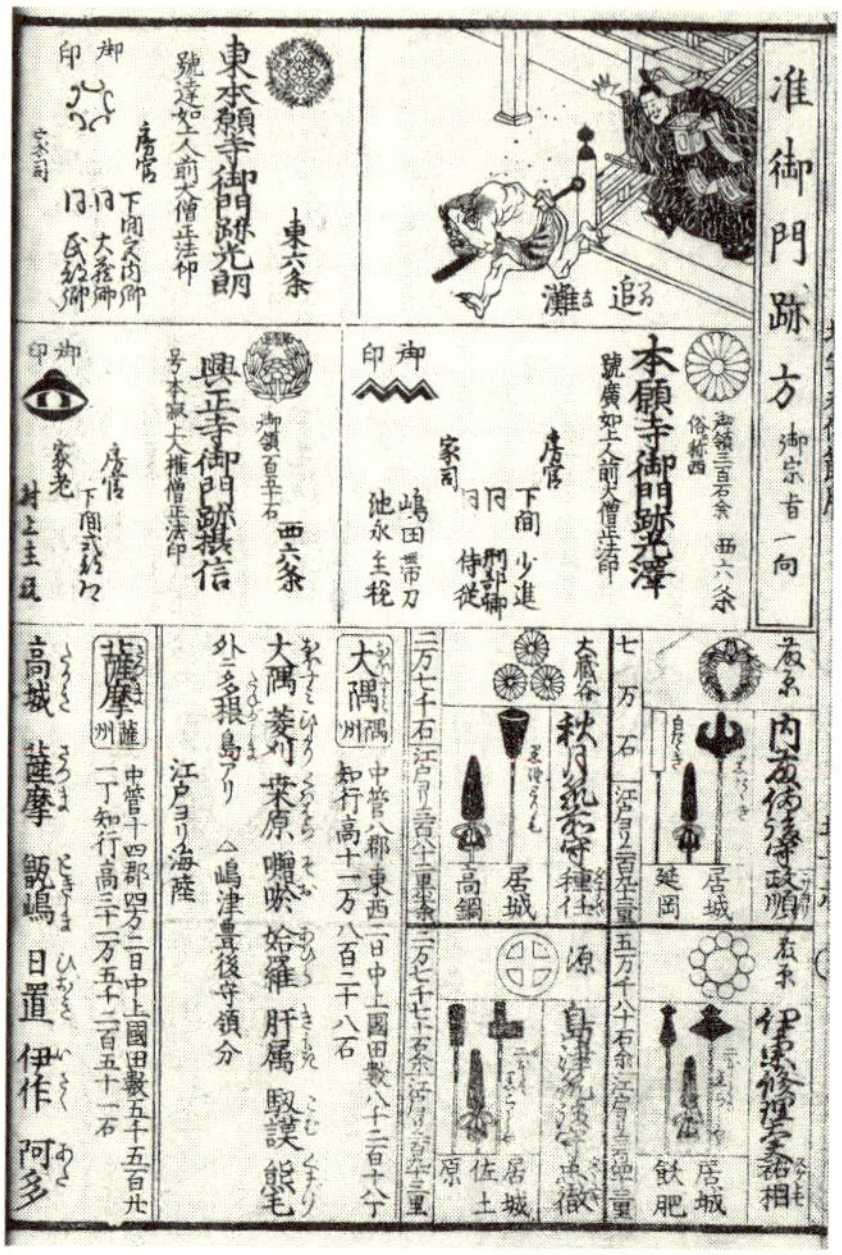

図6　『永代節用無尽蔵』巻頭付録

このように節用集の付録は、版権の問題だけでなく、準権力とでも呼べるようなものからの圧力によっても、変化させられる面があることになる。こうした例は、そう多くはなさそうだが、節用集の付録を通して当時の社会や生活を知ろうとするとき、一度は、その背後について考慮しておくことが必要であることを示していよう。

また、そのような『都会節用百家通』一件は、当時の節用集が、いかに社会的な存在であったかを如実に示すものともいえよう。そうした点への注意なくしては、近世節用集を当時の社会という文脈のなかに位置づけることは困難であることも教えてくれているのである。

さまざまな点から近世節用集を読み解くことが必要な段階にあると思うが、過去の存在であるだけに、よほどその手法には工夫を凝らさねばならない。が、そのための時間も多くを費やすことはできない。また、これまでの成果をすべて無用のものとして新たな方法をさぐるような営みも効率が悪すぎよう。手法に拘泥する余裕もない現状ではあるが、注意できる点には注意をしておきたいところである。

参考文献

池上英子『美と礼節の絆——日本における交際文化の政治的起源』、NTT出版、二〇〇五年
石山秀和「節用集の出版と普及過程」『立正大学大学院年報』一五号、一九九八年
岡島昭浩「元禄の辞書」、井上敏幸ほか編『元禄文学を学ぶ人のために』、世界思想社、二〇〇一年
柏原司郎「旧亀田文庫蔵『二体節用集（横本）』の版種について」『語学文学』一一号、一九七三年
柏原司郎「近世初期『節用集（横本）』の改板例（上・下）」『野州国文学』一二・一三号、一九七三・七四年
柏原司郎「縮刷本節用集の性格について」『浅野信博士古稀記念国語学論叢』、桜楓社、一九七七年
柏原司郎『近世の国語辞書　節用集の付録』、おうふう、二〇一二年

鍛治宏介「江戸時代教養文化のなかの天皇・公家像」『日本史研究』五七一号、二〇一〇年
木村晟「下学集」、飛田良文ほか編『日本語学研究事典』、明治書院、二〇〇七年
古典研究会編『唐話辞書類集』、汲古書院、一九六九―七七年
佐藤貴裕「近世節用集版権問題通覧――元禄・元文間」『岐阜大学教育学部研究報告 人文科学』四四巻一号、一九九五年
佐藤貴裕「横本『二体節用集』の研究課題」『国語語彙史の研究 二九』、和泉書院、二〇一〇年
佐藤貴裕「近世節用集の典型形成期」『国語語彙史の研究 三〇』、二〇一一年
佐藤貴裕「節用集と近世社会」、金澤裕之・矢島正浩編『近世語研究のパースペクティブ』、笠間書院、二〇一一年
佐藤貴裕「近世節用集の教養書化期」『国語語彙史の研究 三二』、二〇一三年
佐藤貴裕「近世節用集史の俯瞰のために」『近代語研究 一七』、武蔵野書院、二〇一三年
高梨信博「『真草二行節用集』諸版の本文と性格」『早稲田大学大学院文学研究科紀要』四二号（第三分冊）、一九九六年
長沢規矩也編『和刻本類書集成』、汲古書院、一九七六―七七年
長沢規矩也編『和刻本辞書字典集成』、汲古書院、一九八〇―八一年
林望「『江戸時代初期製本書留』（仮題）について」『東横国文学』二一号、一九八四年
福島邦道「雅俗語対訳辞書の発達」『実践女子大学文学部紀要』一二号、一九六九年
蒔田稲城『京阪書籍商史』、出版タイムス社、一九二九年再版
万波寿子「近世後期における公家鑑の出版」『近世文芸』九四号、二〇一一年

宗政五十緒・朝倉治彦編『京都書林仲間記録』、ゆまに書房、一九七七―八〇年
横田冬彦「近世の出版文化と〈日本〉」、酒井直樹編『歴史の描き方　1』、東京大学出版会、二〇〇六年
横山俊夫「日本人必携の辞書であった節用集から現代へのメッセージ」『中央公論』九九巻二号、一九八四年
横山俊夫「日用百科型節用集の使用態様の計量化分析法について」、京都大学人文科学研究所『人文学報』六六号、一九九〇年
山田忠雄「漢和辞典の成立」（付録に「本邦辞書史概説付表」あり）『国語学』三九号、一九五九年
山田忠雄『開版節用集分類目録』（自家版）、一九六一年
湯浅茂雄「江戸時代の辞書」、西崎亨編『日本古辞書を学ぶ人のために』、世界思想社、一九九五年
和田恭幸「近世初期刊本小考」、冨士昭雄編『江戸文学と出版メディア』、笠間書院、二〇〇一年
『江戸時代流通字引大集成』（マイクロフィルム版）、雄松堂書店、一九八八年

5 江戸版からみる一七世紀日本

柏崎順子

江戸時代初期、万治・寛文期（一六五八—七三）の一五年間、江戸において独特の造本様式で仕立てられた「江戸版」と称される本がある。その江戸版独特の造本様式とは題簽《だいせん》角書《つのが》きの飾り枠、漉《す》き返《かえ》しのなかでも特に精製の粗な料紙、京都版が一〇行から一三行前後なのに対し十五、六行前後であること、独特の字風、菱川師宣《もろのぶ》風の挿絵等である。元版である京都のテキストが江戸版となる際には、ほとんど例外なくこの造本における改変がおこなわれているのである。元版のテキストを利用するのが目的であれば、たとえば被《かぶ》せ彫《ぼ》り、即ち印刷した元の本を丁ごとに新たな版木に貼り付けて版下とし、元版とそっくりに板木を作製し摺刷するのが、最も簡便かつ安価に作成する方法なのであるが、江戸版はわざわざ手間をかけて異なる様式で版木を作成したものなのである。このような本が何故、ある限られた時期にのみ作成されたのかに着目し、調査をしてみたところ、当時の出版界の様相の一端が明らかとなってきた。まずはこの江戸版が登場する前後の出版界の様子から話を始めたい。

一　初期出版界における江戸版の展開

出版界の黎明期

江戸時代はその幕開けとほぼ同時に、まず京都において出版が開始された。京都には古くから寺院においてお経を印刷する目的で印刷技術が継承されてきたこと、江戸時代直前にヨーロッパと朝鮮から活字印刷の技術がもたらされ、それを契機として京都で活字印刷が行われていたことなどの潜在的基盤が存することから、京都で出版が開始されたのはごく自然な流れといえよう。出版とは印刷技術を利用してテキストを本として商品化し販売する、営利を目的とした事業のことである。いったい出版事業が成り立つためにはいくつかの条件が必要である。まず印刷の技術が必要なことは言うまでもないが、それだけでは本は作成できない。当然のことながら本となるテキストが必要である。出版が開始された当初は、仏書や古典文学、漢籍、学術書等のテキストが出版されていた。京都は長い間都として文化の中心であった土地柄から、寺院や貴族等のところに存在していた上記のようなテキストを商品化していける環境を有している場所でもあった。このことはまた出版が開始された当初は、こうした既成のテキストに頼らざるを得なかった状況であったことをも示唆していよう。

このような条件が揃っているなか京都で始まった出版は、その開始当初から、点数は多くはないが、仏書や学術書ではない、いわば娯楽に供するような本の開発も行っていた。仮名草子といわれる一群で、古活字版として慶長年間には『薄雪物語』や『犬枕』、寛永年間には『竹斎』や『女訓集』などが出版されていた。古活字版は寛永一〇年前後をもって衰退していく傾向にあるが、以後一〇年ぐらいが活字印刷から整版印刷への過渡期で、正保年間あたりから本格的な整版の時代になるのと軌を一にして仮名草子の出版も増えていくのである。

注意したいのは、この古活字印刷が整版印刷に転換する際、それまで古活字印刷を行っていた書肆が印刷の方法を整版印刷に切り替えて営業したというわけではなく、一般的にはその時期に新たな書肆が登場し、その書肆が整版印刷を行ったということである。このあたりに技術の転換だけではない出版業界の根本的な質的変化を看取することができる。そして整版印刷を始めた新興の書肆が、古活字印刷で始まった仮名草子の内容を継承し、新たに派生していった仮名草子を次々と出版する状況を形成したのである。次いでこれも寛永年間にはすでに始まっていたものの、この時期になって古浄瑠璃の出版も増加してくる。

このようにみてくると、寛永の後半から正保頃までの時期が出版業界が技術の面において、あるいはどのようなコンセプトの本を出版するかという点において、また営業の仕組みにおいてもそれ以前とは異なる段階に入っていく様子を看取できる。

江戸版の様相

江戸における出版は、厳密に言えば、元和年間（一六一五—二四）には元和三年『黄石公三略』を出版する伊藤新兵衛や、「武州江戸」という刊記をもつ『山家義苑』などを出版する書肆等を早い例として、主に漢籍や仏書等を出版する書肆が営業しているが、出版業が軌道に乗るのはやはり万治・寛文あたりからといってよいだろう。より正確にいえば、万治・寛文期あたりに江戸の出版界が新たな展開を始め、延宝（一六七三— ）以降のより本格的な出版を用意したという位置付けができるかと思う。

万治・寛文期になると、それまでは江戸の出版界にみられなかった娯楽に供するような本が出版されるようになる。それがいわゆる江戸版と称される本である。江戸版を出版する書肆は三軒ある。松会《まつえ》と山本九左衛門と本問屋である。ただし、厳密にいえば、鱗形屋《うろこがた》も主に寛文一〇年代に江戸版を出版している。それ以前は江戸の吉原や芝居に題材をとった評判記の類を出版しており、上記の三書肆とは異なるコンセプトで営業をしていた。そうした鱗形屋が出版した評判記は、料紙の質や字風等、江戸版と通底する要素もあるものの、版型やテキストの性格、行数のあり方等が江戸版の造本様式には合致せず、典型的な江戸版とはいい難い。また成立の経緯からいっても、後述するように元版が存在するということが江戸版の造本様式を規定していると考えれば、これら初期の評判記等は江戸版とは区別するべきであると考える。江戸版が生まれる背景には当時の出版界全体の営業の仕組みのようなものが存すると考えられるのであるが、そのような観点からも鱗形屋は三書肆とは別枠で考えるべ

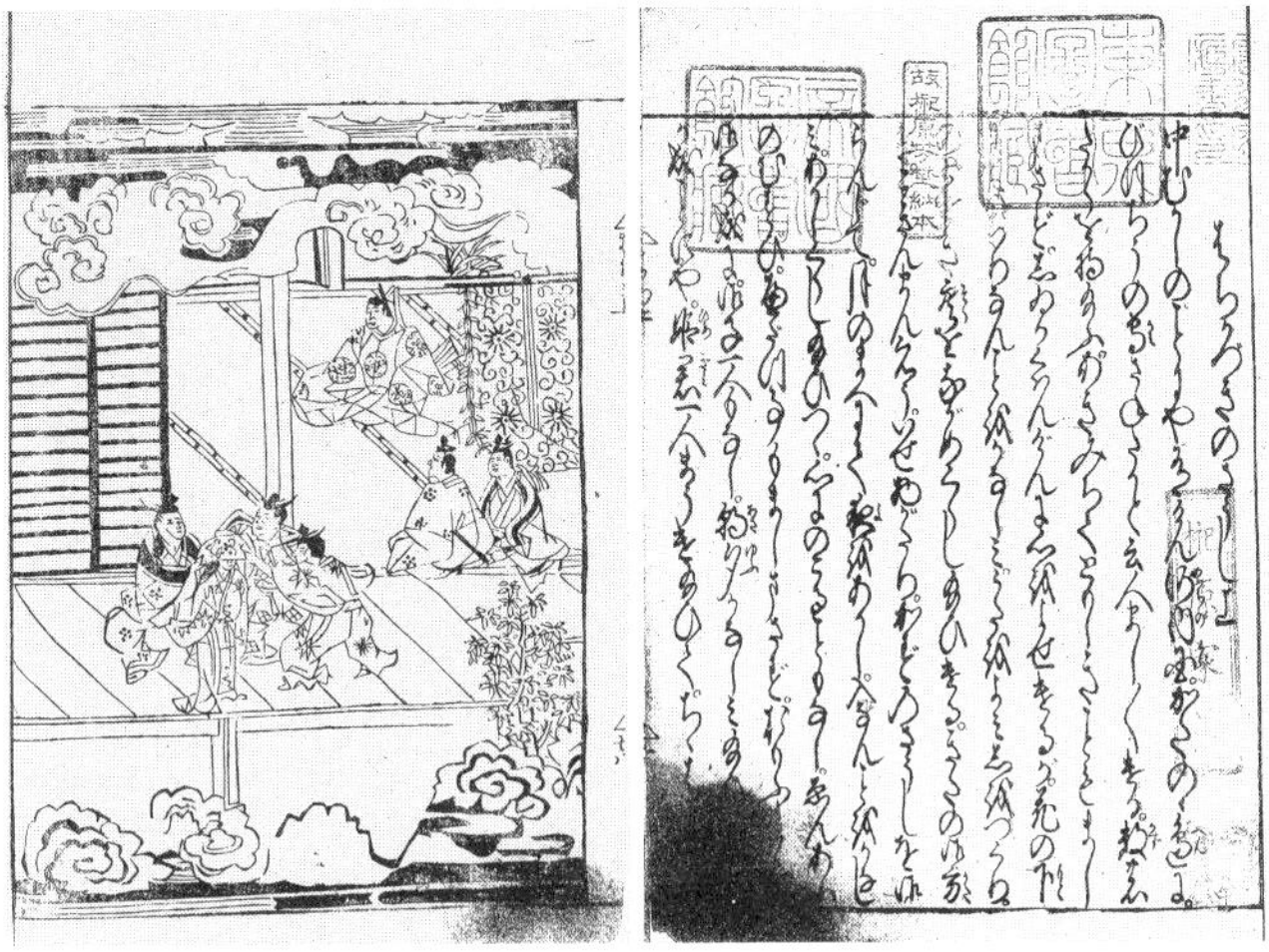

図1　万治2年高橋清兵衛版『はちかづきのさうし』(国立国会図書館所蔵)
13行、京都で出版された丹緑本などに類似する挿絵

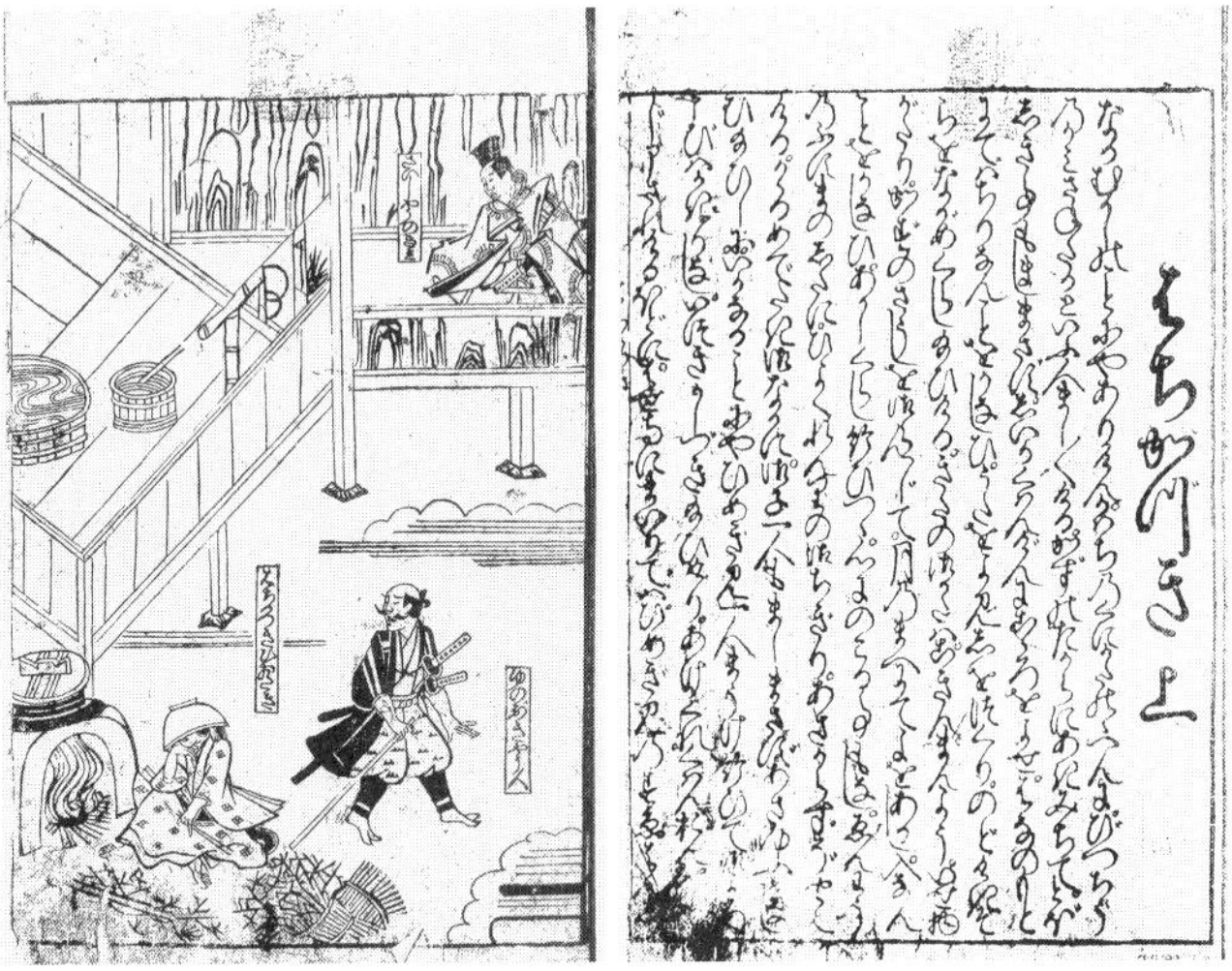

図2　万治2年松会版『はちかつき』(筑波大学附属図書館所蔵)　14行、師宣風の挿絵で、江戸版独特の字風

きであろう。

この三書肆の出版する江戸版を調査したところ、主に松会が基軸となって京都版を元版とするテキストを共有する傾向にあることが判明した。たとえば松会が寛文五年に出版した『うすゆき物語』は、山本九左衛門が寛文四年に出版し、松会が万治二年に出版した『両仮名雑字尽』は、本問屋が寛文七年に出版している。このように江戸版になって以降、江戸の三書肆がテキストを共有する際は、二番目に出版される江戸版は、最初の江戸版の覆刻であることもあるが、行数や挿絵が変化した異なる体裁になることもある。しかし京都版から江戸版になる際は、必ず上記の独特の江戸版様式に作り変えることが行われるのである。こうした現象は、京都が元版であるテキストを三書肆おのおのが独自に入手したのであれば起こりにくい現象といえる。三書肆がひとつのグループとなり、組織的に京都のテキストを共有利用するシステムが存していたと考えるのが穏当であろう（図1・2）。

江戸版を出版する書肆

〈松会〉

江戸版を出版する書肆のなかで、中心的存在といえるのが松会である。初代松会市郎兵衛は、江戸版の出版以前、正保（一六四四―四八）頃から江戸で営業を開始していると考えられる。正保四年『光明真言初心要抄』が最も早い刊記を有する松会版であるが、この本は同年京都中野五郎左衛門版『光明真言初心要抄』の覆刻版である。つまり松会版の刊年は元版の刊年であって、正確な刊年の特定は難しいのであるが、料紙等の様子から明暦（一六五五―五八）以前の出版と考えられる。その他の明暦年間までの刊記を有する松会版は、京都版の求版か覆刻という方法で作成されている。新興の都市であり、文化的に成熟していない江戸で本格的な出版業を始めるためには、テキストは京都の出版物に頼らざるを得ない状況にあったのであろう。それが万治年間になると、それまで行われていた京都版の求版や覆刻版はなくなり、かわりに仮名草子といわれる本を出版するようになる。これがいわゆる江戸版である。厳密にいえば万治元年（一六五八）は改元の年で、いまだ京都版の様式の松会版が出版されているが、万治二年になると未見の本は除いてすべて江戸版様式に変化していることを確認できる。テキストは京都が元版であることは明暦以前の覆刻本と同様でも、わざわざ手間とコストをかけて別の造本に仕立て直しているのである。この万治・寛文年間に松会が出版した江戸版は、現時点で一〇二点を確認している。そのうち未見の三一点以外はすべて江戸版の特徴を備えている。

これが延宝期になると、江戸版の出版は目に見えて減少する。即ち江戸での独特の造本様式で本が作成されることがなくなり、江戸版の出版が始まった万治期以前に松会が行っていたような、京都版を元版とする覆刻や求板が再び主流となる。その内容も『医方大成論』や『画引和玉篇』、『十四経発揮』等、実用的な堅い内容のものであり、万治・寛文期の江戸版が仮名草子であったことと較べ、明らかに営業のコンセプトが変化している。また版型としては中本である謡本や、江戸の情報をもとに作成された『江戸鑑』、あるいは師宣風の挿絵が入った好色本の類が出版されるという新たなテキストの展開が看取される。

貞享年間（一六八四―八七）になると延宝期に起こった状況がいっそう明確なかたちをとる。貞享の始め頃には江戸版がほとんどなくなり、代わって江戸と上方の相合版《あいあいばん》が増加することが指摘されている（市古 二〇〇二）が、こうした相合版に松会は関与せず、その後は『江戸鑑』や『本朝武系当鑑』、『本朝武林系録図鑑』等の、いわゆる『武鑑』の出版を積極的に行い、その他にも江戸由来のテキストを開発し商品化するという傾向が定着していくのである。延宝頃から江戸という新興の都市においても、ようやく独自にテキストを調達できる文化的水準になってきたということでもあろう。

こうした現象から、松会の営業については万治期に一度画期があり、延宝期にまたひとつの大きな画期が存在したと考えられる。その二つの画期に挟まれている時期に江戸版が作成されているのである。しかし、後者の延宝期の画期は、松会が自主的に江戸独自のテキストを開発する方針に切り替えたというよりは、何がしかの理由で江戸版を作成できない状況が生まれ、その結果、まずは従来のような京都版の覆刻や求板を行って急場をしのぎながら、独自のテキストの開発を余儀なくされたということのようである。

〈山本九左衛門〉

山本九左衛門は大伝馬三丁目で営業を開始した書肆で、管見の限りでは寛文四年『三賢一致書』『盲安杖』『うらみのすけ』『あさがほのつゆのみや』『うすゆき物語』『あみだかんきん抄』『二人びくに』七本が早い出版である。この七点を含めて寛文年間に一八点の江戸版を確認できるが、寛文四年『うらみのすけ』、寛文一二年『霧海南針』、寛文一三年『島原軍物語』を除いた一五点に無年記の五点を加えた二〇点が松会とテキストを共有している本である。なかでも寛文期の出版は、ほとんど松会とテキストを共有している。ただし万治年間は松会が先に出版し、寛文年間は山本が先に出版する傾向がある。しかし延宝期になると、江戸版の出版はなくなり、代わりに延宝二年『一心二河白道』や延宝四年『はなひ草大全』などの浄瑠璃の正本を出版しはじめる。この時期に江戸版の出版自体がなくなるので、松会とテキストを共有することもなくなり、これまでのような繫がりはこの延宝期になくなると考えられる（表1）。

〈本問屋〉

本問屋は通油町で営業を開始した書肆で、刊記に「本問屋」とのみ記載する書肆である。万治三年の序文を有する『俳諧画空言』がいまのところ最も早い出版とされている。ただしこの本は正確な刊年が不明で、寛文に入ってからの出版の可能性も考えられるが、いずれにせよ本問屋が本格的に営業を開始するのは、寛文年間からとみてよいであろう。特に寛文一〇年には八点の江戸版を出版している。寛文年間の江戸版の出版は一七点を確認できるが、そのうちの寛文八年『野郎大仏師』『色物語』、寛文一〇年『山中ときは』『古今軍鑑』を除いた一三点に無年記本四点を加えた一七点が松会とテキストを共有している本である。両書肆の出版時期の先後関係は、松会が先行するか同年の出版となっている。延宝期になると延宝五年『家伝預薬集』のようなこれまでとは性格の異なる本を出版したり、延宝六年『吉原恋の道引』『古今役者物語』のように吉原や芝居を題材にした師宣絵本の出版などを始め、山本九左衛門と同様に延宝期から松会とテキストを共有するということはなくなる（表1）。

表1　山本九左衛門と本問屋が他の書肆とテキストを共有している例

山本九左衛門	
寛文四年『三賢一致書』→万治二年 松会	寛文六年『はちかづき』→万治二年 松会→寛文六年 松会→寛文六年 無書肆→無年記 松会（万治二年版とは別版）
寛文四年『盲安杖』→無年記 松会	寛文六年『一休和尚法語』→明暦二年 松会市郎兵衛
寛文四年『うすゆき物語』→寛文五年 松会	寛文六年『廿三問答』→万治二年 松会
寛文四年『あさがほのつゆのみや』→無年記 松会	寛文九年『しだ』→万治二年 松会
寛文四年『かんきん抄』→寛文六年 松会→寛文十年 本問屋	寛文九年『伊勢物語』→万治二年 松会→寛文十年 本問屋→寛文十年 松会
寛文四年『二人びくに』→寛文五年 松会→無年記／松会（寛文五年版とは別版）	寛文九年『新編塵劫記』→万治二年 松会→寛文九年 松会→寛文九年／本問屋
寛文五年『心学五倫書』→寛文五年 松会→寛文七年／松会	

	寛文十年『徒然草』→貞享二年 山形屋市郎右衛門 寛文十年『日本名女物語』→寛文十年 松会 無年記『寛文御紋鑑』(仮称)→寛文九年 松会 無年記『御成敗式目』→万治元年 松会→万治二年 松会
	無年記『生下未分語』→無年記 松会市郎兵衛 無年記『ぶんしょう物語』→寛文十年 松会
本問屋	寛文五年・寛文六年『御成敗式目』→万治元年 松会→万治二年 松会→無年記 山本九左衛門 寛文七年『両仮名雑字尽』→万治二年 松会 寛文八年『身の鏡』→寛文八年 松会 寛文八年『大坂物語』→寛文八年 松会 寛文九年『わださかもり』→寛文五年 松会 寛文九年『楞厳講談破釈』→寛文元年 松会 寛文九年『新編塵劫記』→寛文九年 山本九左衛門板→万治二年 松会→寛文九年 松会 寛文十年『あみだかんきん抄』→寛文四年 山本九左衛門『浄土要文抄』→寛文六年 松会 寛文十年『桜の中将』→寛文十年 松会 寛文十年『釈迦の本地』→寛文七年 松会開板→寛文十年 松会→無年記 松会
	寛文十年『十二人ひめ』→無年記 松会 寛文十年『女鏡秘伝書』→万治二年 松会→寛文十二年 松会 寛文十年『伊勢物語』→万治二年 松会→寛文九年→寛文十年 松会 延宝八年『小倉山百人一首』→無年記 松会 延宝八年『庭訓往来』→万治二年 松会→寛文二年 松会 無年記『あつもり』→無年記 松会 無年記『女鏡秘伝書』→万治二年 松会→寛文十二年 松会 無年記『七ついろは』→明暦四年 松会 無年記『念仏草紙』→無年記 松会衛

以上のように、万治・寛文期の山本九左衛門と本問屋の出版本は、ほとんど松会とテキストを共有していることがわかる。おそらくは松会が京都の元版からテキストを入手する際の窓口となり、そのテキストを山本九左衛門と本問屋が共有していた、と考えられるのである。そして延宝期には三書肆すべてが江戸版の出版を中止し、グループ関係も解消した、ということなのであろう。営業開始時期も三書肆とも万治・寛文期と共通しており、江戸版に関する動向が三書肆で一致していることも、江戸版という現象が組織的な営業戦略の成果として生じている可能性を示唆しているのである。

江戸版を出版する書肆の住所

これら三書肆はまた、近接した場所で営業をしていた可能性が高い。山本九左衛門の住所は大伝馬三丁目、本問屋の住所は通油町であるが、両町は隣接した町である。松会は元禄期に出版される『武鑑』から「長谷川町」と住所を記載するようになるが、万治・寛文期の住所は不明である。長谷川町は大伝馬三丁目と並行する通り二つをはさんだ場所である。元禄期は書肆松会が三四郎と名乗りはじめており、この時期に代替わりをしたと考えられる。この三代目の時期に幕府御用達の御書物師を勤めるようになるなど、営業方針なども大きく転換する時期であり、それに伴い営業の場所が長谷川町に移転した可能性もあるが、いずれにせよ日本橋北側の界隈であったと思われる。このように山本九左衛門と本問屋はもとより、松会もまた両書肆と近接した場所で営業していた可能性が高い。この点が三書肆に共通した属性として注目されるのである。

ところで、こうした江戸版について技術的観点から考えてみると、特徴的な字風や漉き返しのなかでも特に精製の粗な厚手の灰色がかった独特の料紙の使用、師宣風の挿絵の共通性などから、その制作に携わる各工程の職人は同一の人間であったことが考えられるのである。師宣風の挿絵については、この時期の版本に個人の仕事を超えた量の挿絵の存在を認めることができること、その挿絵の技量にばらつきがあることなどから、師宣工房のようなものが存在し、そのような場で挿絵が作成されていたであろうことが指摘されているが、そうであるとすれば、江戸版制作の工程全体が、ひとつの工房で行われていた可能性が高いと考えられる。当時はまだ江戸独自の出版が軌道にのっているとは言い難い状況のなかで、江戸版を作成する各工程の職人が複数存在し、それぞれに注文を受けていたとは考えにくいからである。

以上のような三書肆の連携、それらの書肆が利用する工房の存在ということを考えてくると、京都からテキストを入手するというテキスト調達の方法も含め、万治・寛文期の江戸版の出版は、江戸の出版界における特定の書肆による組織的・戦略的な動向として位置づけられるものであることが明らかとなってきたのである。

江戸版の元版である京都の書肆

ところで江戸版を出版する書肆がひとつのグループとして元版の利用をしていたとすれば、その元版の書肆のほうにも何らかの傾向があってもおかしくあるまい。そこで江戸版の元版を出版する書肆について調査したところ、いくつかの特定の書肆に元版が集中している傾向を看取することができた。以下の五書肆である（表2）。

〈水田甚左衛門〉

水田甚左衛門は寛永年間から四条坊門通東洞院東江入町で営業を確認できる書肆である。水田が松会と関係をもっている明らかな例は、江戸版出版以前である慶安五年（一六五二）の刊記を有する『謡の秘書』を松会が求板している時点から確認できる。料紙から松会求板本も明暦以前の出版と考えられるからである。これ以降、水田が松会の元版となっている本は九点確認することができる。また松会以外の江戸版を出版する書肆、本問屋や山本九左衛門も含めた複数の江戸版の元版になっている例もある。松会とは江戸版が作成されなくなった後も繋がりがあり、密接な関係をうかがわせる書肆である。

〈山本長兵衛〉

山本長兵衛は寛永年間から二条通丁字屋町で観世流の謡本を出版している書肆で、松会版の謡本の元版ともなっている。管見では江戸版の元版になっている例は九点確認できる。山本長兵衛も本問屋や山本九左衛門を含めた複数の江戸版の元版になっている例がある。

〈高橋清兵衛〉

高橋清兵衛は早くは承応三年『弘法大師之御本地』の出版が確認できるが、寛文頃から本格的に出版を開始しているようである。住所は寺町押小路下ル町である。管見では江戸版の元版となっている例は六例である。

〈林甚右衛門〉

林甚右衛門は婦屋甚右衛門のことで、三条通菱屋町で寛永年間から営業を確認できる書肆である。山本九左衛門版単独の元版となっている例も含め、管見では江戸版の元版となっている例は七例である。江戸版が作成されていた万治・寛文期ではないが、元禄一三年刊『和漢田鳥集』には江戸の書肆と記載されており、後年ではあるが江戸に出店を出していたと考えられる書肆である。江戸版の元版であること以外にも、江戸との関係を認めることができる書肆なのである。

〈山田市郎兵衛〉

山田市郎兵衛は、寺町二条上ルで承応年間から寛文年間まで出版活動を確認できる書肆である。明暦四年に一連の御伽草子を出版しており、そのうち管見では六点が松会版の元版になっている。そのうち四点は万治二年、一点は寛文五年に出版されており、もう一点は刊年不明ながら、万治二年と寛文五年の二度、山田市郎兵衛が元版の御伽草子を出版したと考えられる。

以上のように、特定の書肆が元板になっている傾向が存することは明らかであろう。ということは、江戸版という現象は、京都の書肆と江戸の書肆が何らかのかたちで繋がりをもった結果生じているものと考えられる。言い換えれば、京都の書肆の許認を得て江戸版が作成されているということである。

表2　江戸版の元版になっている書肆の出版

水田甚左衛門

- 寛永年間『御大名衆御知行十万石以上附』→明暦四年 松会
- 正保五年『東福聖一国師法語』→明暦二年 松会市郎兵衛
- 慶安五年『謡の秘書』→慶安五年 松会市郎兵衛
- 万治二年『うす雲物語』→寛文七年 松会
- 寛文六年『黒谷法然上人一代記』→寛文六年 松会
- 無年記『両仮名雑字尽』→万治二年 松会→寛文七年 本問屋
- 無年記『二十四孝』→明暦二年 松会市郎兵衛
- 無年記『ぶんしゃうのさうし』→寛文十一年 松会→無年記 山本九左衛門
- 無年記『女仁義物語』→万治二年 松会→寛文四年 松会衛

高橋清兵衛

- 明暦二年『うらみのすけ』→寛文四年 山本九左衛門→寛文四年 松会
- 万治二年『はちかづきのさうし』→寛文六年 松会→寛文六年 山本九左衛門
- 万治四年『ふじの人穴』→万治二年 松会
- 寛文元年『宝物集』→無年記 松会
- 寛文四年『万りやうりのほん』→寛文四年 松会衛
- 寛文十一年『二十四孝』→明暦二年 松会市郎兵衛

山本長兵衛

- 慶安五年『女鏡秘伝書』→万治二年 松会→寛文十二年 松会→無年記／本問屋開板
- 承応二年『三賢一致書』→万治二年 松会→寛文四年 山本九左衛門
- 万治二年『小笠原流躾方百ヶ条』→明暦二年 松会市郎兵衛
- 寛文五年『十四経発揮』→慶安二年 松会→延宝三年 松会

延宝七年『初学文章并万躾方』→承応二年 松会市郎兵衛 延宝八年『謡本』→延宝三年 松会	無年記『うすゆき物語』→寛文四年 山本九左衛門→寛文五年 松会 無年記『局方発揮』→無年記 松会 無年記『万聞書秘伝』→明暦四年 松会
林甚右衛門	
寛永二十年『迷悟問答集』→明暦二年 松会 正保三年『月庵和尚法語』→延宝四年 松会 正保五年『伊勢物語』→万治二年 松会→寛文九年 松会→寛文十年 松会 正保五年『長明道之記』→正保五年 松会	慶安元年『廿三問答』→万治二年 松会→寛文六年 山本九左衛門 慶安三年『一休和尚法語』→明暦二年 松会市郎兵衛→寛文六年 山本九左衛門
山田市郎兵衛	
明暦四年『さごろも』→寛文五年 松会 明暦四年『さるげんじ』→万治二年 松会 明暦四年『天狗の内裏』→万治二年 松会	明暦四年『ふじの人穴』→万治二年 松会 明暦四年『三人ほうし』→万治二年 松会 明暦四年『あさがほのつゆ』→無年記 松会

しかも京都と江戸の双方で特定の書肆間の関係性のなかから作成されているのである。

従来江戸版は、江戸の書肆が京都版のテキストを無断で利用して作成されているとするのが定説であったが、そうではなく、万治・寛文期の江戸と京都の出版界の交流の一端として位置づけることができる現象なのである。この現象は前述のように、京都の出版界が古活字版の時代を終え、新たに整版印刷で営業を開始した新興の書肆が登場したことと無縁ではあるまい。

京都における草創期の書肆は、元来、寺院内でお経などを印刷していた職人が町に出て営業を始めることが多く、そのような背景から京都の寺町に多く輩出していた（渡辺 一九九一）。しかし、江戸版の元版になっている傾向のある書肆の住所をみると、高橋清兵衛と山田市郎兵衛は住所が寺町ながら、水田甚左衛門は四条坊門通東洞院東江入町、山本長兵衛は二条通丁字屋町、林甚右衛門は三条通菱屋町と、寺町とは異なる場所で営業している書肆が散見されることに気づく。寺院から出て寺町で板木屋などと名乗って書肆となっていった者たちの技術は、いわば京都に潜在していた技術である。江戸版の元版を出版している書肆のなかに、寺町以外に居を構えている書肆も存しているのは、これらの書肆がそのような京都に潜在していた出版技術とは異なるところに由来するものである可能性も考えられる。つまり整版印刷が定着していく時期に登場してきた書肆のなかには、何か別の属性を有する存在である可能性があるのではないか、そしてその属性が江戸の出版界に繫がっていく要因なのではないか、と考えられるのである。

先に江戸版という現象は江戸出版界の組織的・戦略的な動向と位置づけたが、その時期が京都出版界においては新興の書肆の定着期であったことを考え合わせれば、京都、あるいは江戸という地域別の問題ではなく、出版界全体が新たな体制になったことに伴い、新たな書肆による新たな営業展開の模索から生まれた現象と位置づけることができそうなのである。

二　古浄瑠璃の展開

それでは同様に娯楽的な出版として行われていた浄瑠璃本の出版はどのような展開をみせているだろうか。時代別に整理し、仮名草子の出版と比較してみたい。

寛永期（一六二四—四五）

現在確認されている限りでは、寛永二年『たかたち』が最も古い浄瑠璃の正本である。いうまでもなく浄瑠璃は語りの芸能であり、口承による文芸と位置づけることができる。したがって浄瑠璃の正本は、太夫が語ったそのテキストがそのまま文字に定着したものと考えがちであるが、実際はそうではないようである。阪口弘之によれば、寛永から正保にかけて正本化（出版）された浄瑠璃は、舞曲の大頭《だいがしら》系諸本、またはそれを承けた寛永頃絵入り整版本に依拠しているという（阪口　一九九四）。どの正本も、浄瑠璃に特有の慣用表現以外は、舞の本の「てにをは」にいたるまでそれら先行本をほとんど忠実に引き移したものであり、浄瑠璃の語りそのものとは異なる場で、明らかにテキストを媒体にその記載本文から作成されたものであるという。また阪口は、浄瑠璃の正本、舞曲整版本等、テキスト上、題材が関連する諸本はむしろ並列の関係にあり、これら諸本が生み出される大もとのテキストが、あるいは挿絵を伴って存在したであろうことを指摘している。これは寛永年間の浄瑠璃をはじめとする、物の本とは異なる新たなコンセプトの本がどのように制作されていたのかという問題を考える上での重要な指摘である。

草子全体の問題として同様の指摘を最初に行ったのは浜田啓介であるが、浜田は京都の絵草紙屋には既成の草子類のテキストや挿絵などの集積があり、さらに草子作りのノウハウも有している場であったとし、草子屋が商品としての本を作り出す仕組みについての仮説を提示したのである（浜田 一九九二）。右の阪口の考察も、浄瑠璃正本の本文について具体的に検討した結果、舞の本や奈良絵本といった当時の周辺ジャンルのテキストとの関係を認めることができ、それらの元となる絵手本の存在の可能性を指摘するなど、浜田説と同様の結論に至っている。寛永期に創業した絵草紙屋とは、具体的には山本九兵衛や鶴屋喜右衛門や太郎左衛門などといった書肆で、これらの書肆は刊記において「上るりや」や「草紙屋」と名のっており、当初からいわゆる物の本ではない、娯楽に供するような本を専門に出版していたことがうかがわれる。これら書肆の名称については、たとえば鶴屋喜右衛門は「上るりや」「草紙屋」の双方とも名のっている。おそらく両名称とも同様の営業内容を有する書肆をさすと考えてよい。こうした書肆たちのところに集積したテキストや挿絵などの材料をもとにしていくつかのジャンルの本が制作されていくような娯楽本制作センターのような場になっていたのが「上るりや」あるいは「草紙屋」であったと考えられるのである。

さらに、書肆の問題について阪口は、明暦頃に江戸で出版された『あたかたかたち』は、寛永二年京都版『たかたち』に直接依拠したものではなく、寛永二年版を飛び越えて大頭系の舞の本に直接依拠していることを指摘し、浄瑠璃正本の出版の問題が、京都の出版だけで閉じている問題ではなく、江戸の書肆も関連しての一連の現象であることを指摘している。このことは、仮名草子において江戸版が作成されるという形で京都と江戸が繋がっていることと同質の現象とみなすことができるのである。物の本以外の娯楽に供するような本の商品開発に努めた書肆たちは、京都と江戸という垣根を越えた大枠のシステムのなかで、本を作成し、出版している可能性があるといえよう。

万治・寛文期(一六五八—七三)

万治年間になると、それまで語り継がれてきたものとは一線を画す、坂田金時を主人公としたいわゆる金平《きんぴら》浄瑠璃といわれる新作物が登場する。すなわち新たな作品をつくる作者が登場するのである。注目すべきは作者が江戸に登場することである。江戸日比谷横町の又右衛門や又左衛門といった書肆が作者岡清兵衛を擁し、浄瑠璃の語り手和泉太夫の正本を出版する。このコンビで作成された正本は、現在一〇本を確認することができる。作者が登場しての新たな作劇法で展開した金平浄瑠璃はまもなく京都でも取り入れられ、正本が出版される。その京都の正本の大部分が江戸の正本の影響をうけて作成されていることが明らかとなっている(阪口 一九九八)。たとえば寛文二年に受領して丹波少掾《たんばのしょうじょう》となった和泉太夫の上洛前後に、和泉太夫関連の正本が続々と出版されているが、それは口頭的に受け入れられた詞文ではなく、江戸正本がテキストとして介在して成っているという。江戸で出版された正本を膨らませたり、省略したりしている方法からは、それが語りの現場から生まれたとは考えにくく、こうした本文改変が書肆サイドで行われているというのである。

これは寛永期に口承としての語りの芸能が正本となる際の書肆の関与と通底する現象といえる。浄瑠璃正本の成立には寛永期以来書肆が主導的に関与し、商品化されていることを知ることができるのである。そしてそのようなテキストの改変をして和泉太夫の正本を出版した京都の中心的書肆が山本九兵衛である。山本九兵衛は寛永期以来、テキストや挿絵が集積するセンターとして、口承とは別次元のところで新たな商品としての本を作成する機能を維持しつづけていた書肆なのである。

ところでこの時期、江戸では、日比谷横町の又右衛門等の他、浄瑠璃を出版する書肆は通油町に集中している。この通油町は同時期、江戸版を出版する書肆本問屋が営業し、通油町に続く大伝馬三丁目では山本九左衛門が営業している。松会は既述のように万治・寛文期の住所は不明であるが、いずれこの界隈と考えられる。ということは万治・寛文期、仮名草子と浄瑠璃という、娯楽に供する新たなジャンルの本を出版する書肆がこの通油町界隈に集中して営業を始めているということなのである。この通油町で出版された浄瑠璃正本には、万治二年吉田屋刊近江太夫正本『源氏の遊《ゆ》らい』、万治三年升屋刊薩摩太夫直政正本『箱根山合戦』、寛文九年升屋刊薩摩小太夫・あぶらや権太夫正本『山名神南合戦』、寛文一一年伊勢屋刊とらや永閑《えいかん》清五郎正本『仙人龍王威勢諍』などがある。つまり日比谷横町の又右衛門や又左衛門から正本を出版する和泉太夫以外の太夫は、通油町で営業するいくつかの書肆から正本を出版しているのである。かつ和泉太夫が通油町の書肆から正本を出版することはない。日比谷横町の又右衛門らは、作者岡清兵衛と和泉太夫のコンビを用意して営業を開始していると考えられるので、又右衛門らが和泉太夫の正本を独占しているのは、当然といえば当然ではあるが、ともかく結果として書肆の営業する場所によって正本を出版する太夫の棲み分けが行われていることになる。その日比谷グループの又右衛門らが出版する和泉太夫の正本が、京都の書肆によって、江戸の正本を元に正本化されている、ということなのである。この際の京都の書肆は山本九兵衛を筆頭とする浄瑠璃本屋である。ということは、この万治・寛文期は、仮名草子においては、江戸の三書肆が出版する江戸版が、京都の特定の書肆の出版する仮名草子を元版とする傾向にあることと同様に、浄瑠璃においては、京都の山本九兵衛を中心とする草子屋と、江戸日比谷の横町のグループが何らかの繋がりを有していた結果として、上洛した和泉太夫の正本が作成された可能性がある。ただ仮名草子である江戸版の場合は、京都のテキストを利用して江戸版が作成されるのに対して、浄瑠璃の場合は江戸に作者が登場して作成された金平浄瑠璃が京都の書肆によって正本化されるという、逆の方向性をもっていることが注目される。万治・寛文という時期の京都と江戸の出版界の関係性は、娯楽に供するような出版物に関してはテキストの提供という点において双方向のものであったといえよう。

延宝・天和期(一六七三―八四)

延宝期になると、京都に宇治加賀掾が登場し、それまで江戸浄瑠璃に影響をうけていた京都の浄瑠璃界は、新たな展開を見せるようになる。加賀掾の芸風は謡曲を取り入れることによって浄瑠璃の品位を高めることに成功し、出版面では、愛好者が浄瑠璃を語る稽古に用いる八行稽古本と、浄瑠璃の特殊な段を抜き出したダイジェスト版である段物集《だんものしゆう》を出版するようになる。この八行稽古本は従来はなかった、音の高低・長短などを示す符号である節博士《ふしはかせ》が付されるようになり、従来の読み物的な正本から実際に語るための稽古本としての機能を有するようになるのである。このことで浄瑠璃正本の商品価値は大きく転換したと考えられるが、注目すべきはこうした加賀掾関連の出版物は山本九兵衛が一手に出版している。九兵衛は浄瑠璃正本の出版に関して、当初より一貫して商品としての本の開発に戦略的に取り組んできた書肆といえよう。

ところで山本九兵衛の創業当初の住所は西洞院長者町で、明暦末年頃に二条通寺町西入北側に移転している。この当初の住所は、江戸版の元版となる京都の書肆の住所が寺町以外であったことと共通しているのである。娯楽に供するような本を出版する書肆が京都で登場してきた場所が、京都の技術に由来する書肆が営業する場所とは異なる場所であることが少なくないという事実は、ジャンルを超えて言えそうである。

以上、浄瑠璃界の動向についてまとめてみた結果、出版と関連しての画期は、江戸版という現象を伴う仮名草子の画期と一致していることが明らかとなった。これは偶然であろうか。こうした現象はそれぞれのジャンル内部からの自発的な変革というよりは、出版界、それも娯楽的なジャンルを開発することに関与した新興の書肆による、地域を超えた出版界全体の大枠のなかで生じている現象という位置づけができるのである。

三　初期出版界と伊勢

以上のような万治・寛文期の出版界に生じている新たに商品としての本を作り出すシステムのようなものは、どのように形成されたのであろうか。この問題を考えるにあたっては「伊勢」がキーワードになると考えている。

松会と伊勢

まず、江戸版を出版する中心的書肆である松会の子孫と考えられる松会久美子氏に最近お目にかかる機会を得た。松会氏の本籍は伊勢で、戸籍で遡れる子孫に松会三四郎という人物を確認することができる。三四郎は書肆松会が三代目以降世襲とし、少なくとも寛政期までは名乗っていたことが確認できる名前である。現在の松会家に、先祖に書肆がいたことを確認できる資料はないが、戸籍で確認できる三四郎という人物の存在から、松会久美子氏が書肆松会の末裔と考えられるのである。松会家には先祖が伊勢商人であったこと、幕府に出入りする商人であったが、何らかの事情で罪を蒙ったという口碑が伝わっている。ちなみに書肆松会は元禄期に暦の販売権を独占しようとして失敗し、手鎖りの刑を受けたことがある。これは松会家の口碑と一致する事実であり、現在の松会氏が書肆松会の末裔である蓋然性を高めるものといえよう。そうであるとすれば、正保の頃に江戸で開業した書肆松会は伊勢出身の可能性が高い。実は江戸初期の出版界について考察を重ねているなかで、これまで伊勢と関わる事象が散見していた事実がある。まず江戸版を出版する書肆の営業していた場所が日本橋の近くの大伝馬町界隈であったことが思い起こされる。この界隈は、江戸初期に伊勢から主に木綿を商う商人が多くやってきて営業を開始した場所である。浄瑠璃を出版する書肆もまた同じく大伝馬町界隈に集中していた。つまり松会を筆頭とする新しいジャンルの本を出版する新興の書肆は、伊勢からやってきたのではないかということでなのである。伊勢は古くから暦を印刷する目的で出版の技術が存していた場所である。その伊勢から江戸初期、建設途上の都市である江戸の日本橋界隈に伊勢商人が続々と入り込んで商売を開始した際、印刷の技術をもった職人たちも一緒にやってきて営業を始めた可能性は高い。その蓋然性を高める次のような資料がある。

洛中大経師三嶋暦の事、大経師権之助、存知すべき旨、往古より勅許を蒙りしところ、その後和州奈良・勢州山田の暦師等、みだりに開板いたし、売買せしめるにつき、板倉周防守、穿鑿を遂げ、叡聞に達するところ、自今以後、暦の儀、権之助の指図に任すべき旨、仰せ出されおわんぬ。然るところ此の度、また勅許の綸旨を望みし事、甚だ以て夷曲の至りなり。これに依り、奈良・山田両所の暦師、重ねて籠舎被りしもの也。然れば即ち暦のこと、先規の如く大経師権之助進退さすべき旨、天気下知件の如し

明暦四年三月十六日

（『諸家文書纂』一四、『明時館叢書』巻三所収）

この資料から明暦四年に奈良と伊勢の暦師《こよみし》が、暦作成の権限を持つ大経師に無断で暦を出版し、籠舎され、その後取締りが厳しくなったことが知られる。暦師たちは暦の印刷、販売による生計の道を断たれ、大きな打撃を蒙ったと考えられる。この処罰の下された明暦四年、即ち万治元年はそれまでの物の本を出版していた書肆とは異なる、いわゆる江戸版を出版する書肆が大伝馬町界隈で営業を始めた、まさにその時期である。暦の出版ができなくなった暦師たちが生計の術を模索して、江戸に出て新たなコンセプトでの出版を開始した可能性は十分に考えられよう。おそらく江戸だけではなく、伊勢の暦師たちは京都へも流入し、そうした職人たちが京都由来の印刷職人の営業する寺町とは異なる場所で営業を始める者も少なくなかった。それが、江戸版の元版となる書肆や浄瑠璃本屋たちであった可能性が高い。

他にも、明暦四年松会版『三社託宣抄』は、元版を京都に見出すことができず、慶安三年（一六五〇）勢州山田松本清房版『三社託宣抄』が元版と考えられること、延宝年間以降、松会が求板したり相合版を出したりする京都の新興の書肆西村市郎右衛門は、元禄年間（一六八八―一七〇四）に伊勢山田の書肆藤原長兵衛と五本の相合版を出版していることなど、松会と伊勢との関係は直接的、間接的に散見されるのである。

ということは、江戸版が作成される背景に存すると考えられる、江戸と京都の大枠で機能している本を商品化するシステムのようなものは、伊勢商人のネットワークのなかから生まれていると考えられるのである。そのように考えれば、元禄七年、松会は仙台の書肆山村市右衛門と『十四経晬子《じゅうしけいぼうし》』を相合で出版するが、一見唐突なこの繋がりも仙台は伊勢商人が東北方面の営業の拠点にしていた場所であることを考えれば、納得のいく事象になる。万治・寛文期の出版界の様相は、京都と江戸に伊勢を加えての枠組みで、営業の仕組みが存したと考えられるのである。

浄瑠璃と伊勢

伊勢はまた、古浄瑠璃とも関係の深い場所である。寛永二一年（一六四四）には伊勢嶋宮内《いせしまくない》が伊勢間の山で太夫元、勧進元を勤め興行を行っていることが確認できる（『閑際随筆』）。その後宮内は江戸を経由して浄瑠璃界が低迷気味であった京都に上り、一世を風靡することになる。また延宝期、京都の浄瑠璃界が江戸からの影響を受けていた時期から脱皮、新たな時代の到来を促した紀州和歌山宇治出身の太夫宇治加賀掾は、当初、伊勢で興行していたが、後に上京して「伊勢嶋宮内名代」と銘打って興行を行っている。それぞれの時期の浄瑠璃界をリードした太夫が伊勢出身なのである。伊勢は説経の起源として「もとは門ぜつきやうとて、伊勢乞食さゝらすりて、いひさまよひしを、大坂与七郎はじめてあやつりにしたりしより、世にひろまりもてあそびぬ」（元禄五年刊『日本好色名所鑑』）などとする説もあり、語りの芸能と関係の深い場所と考えられる。既述のように、古活字版を出版していた書肆に代わって登場する新興の書肆のなかに伊勢出身の書肆が少なくなかったとすれば、こうした地元に存した芸能に注目し、商品開発に利用することは十分考えられることである。また伊勢嶋宮内が上京した際、「江戸伊勢嶋宮内」と明記して京都で正本を出版したのは山本九兵衛であり、以後宮内の諸本のほとんどは山本九兵衛が出版している。さらに、加賀掾の正本はこれまでの読物風のものとは異なる、節博士を付した正本や段物集を出版し、浄瑠璃を稽古する人々の実用に供するような本に発展するが、加賀掾と提携してこのような新たな商品を開発、出版したのがやはり山本九兵衛であった。九兵衛が伊勢の太夫と密接に関わっていることは明らかであろう。ここに浄瑠璃界と書肆山本九兵衛と伊勢の関係をみることができるのである。さらに九兵衛は既述のように上京した和泉太夫の正本の出版というかたちで江戸とも繋がっている形跡があった。また伊勢嶋宮内の山本九兵衛版正本は「江戸伊勢嶋宮内」とうたっての出版であった。仮名草子出版の動向と同様に、浄瑠璃本の出版においても京都・江戸・伊勢の関係が存しているようなのである。後年柳亭種彦の『用捨箱』(天保一二年刊)に、江戸馬喰町の絵草紙屋西村屋与八が、春ごとに浄瑠璃の正本を印刷して仙台へ送っているという記載があるが、このことなども何故仙台なのかという問題には、浄瑠璃と伊勢・江戸・仙台の関係性から生じた事象として説明できることになる。

以上みてきたように、初期出版界において印刷技術が整版に移行した時期、その技術を伴って登場してきた書肆が出版した浄瑠璃の正本や仮名草子は、新たな商品開発の中から生まれてきたものであった。寛永期、京都に山本九兵衛に代表されるような娯楽に供するような本を出版する書肆が登場するが、そこには本来、テキストや挿絵が集積する何らかの仕組みがあり、そうしたセンターの役割を果たしていた場から浄瑠璃本のみならず舞の本や奈良絵本、仮名草子といった諸ジャンルのテキストや挿絵が製造され、本が作られていったと考えられる。それは、これらのジャンルが題材を共有していること、浄瑠璃と仮名草子の展開の画期が、どちらも万治期と延宝期にあるという一致をみせることからもうかがえる。そして当初は京都で醸成されていた、娯楽に供するような本を商品化するシステムは、万治期になると京都と江戸というスケールで機能していたようである。こうした展開の一端として江戸版というものが作成されたのであろう。つまり地域やジャンルを超えたスケールの営業の仕組みが存在し、そのなかで生じていた動向と考えられるのである。そして、このような地域を超えた営業の仕組みを可能にしているのが、各地に商売上のネットワークをもっている伊勢商人であったと考えられる。しかし延宝期になると、何らかの理由でそのシステムは崩壊する。ここから江戸の出版界は独自の商品開発を模索せざるを得なくなる。そうした状況のなかから江戸が独自に開発した草紙類、即ち地本が生まれていくことになるのである。

参考文献

市古夏生「二都板・三都板の発生とその意味」『近世初期文学と出版文化』、若草書房、一九九八年

柏崎順子「松会三四郎」『言語文化』三二巻、一橋大学語学研究室、一九九五年

柏崎順子「江戸版考」『一橋論叢』一三四巻四号、日本評論社、二〇〇五年
柏崎順子「江戸版　其二」『人文・自然研究』一号、一橋大学大学教育研究開発センター、二〇〇七年
柏崎順子「松会三四郎　其二」『言語文化』四五巻、一橋大学語学研究室、二〇〇八年
柏崎順子『増補松会版書目』、日本書誌学大系、青裳堂、二〇〇九年
柏崎順子「江戸版考　其三」『人文・自然研究』四号、一橋大学大学教育研究開発センター、二〇一〇年
柏崎順子「鱗形屋」『言語文化』四七巻、一橋大学語学研究室、二〇一〇年
柏崎順子「初期出版界と伊勢」『人文・自然研究』六号、一橋大学大学教育研究開発センター、二〇一二年
阪口弘之「操浄瑠璃の語り――口承と書承」『伝承文学研究』四二巻、一九九四年
阪口弘之「金平浄瑠璃の東西交流」『岩波講座　歌舞伎・文楽』第七巻、岩波書店、一九九八年
塩村耕「元禄末年以前の江戸出版元と出版物一覧」『近世前期文学研究――伝記・書誌・出版』、若草書房、一九九八年
浜田啓介「草子屋仮説」『江戸文学』八号、ぺりかん社、一九九二年
渡辺守邦「近世初期の出版と文学」『新日本古典文学大系　仮名草子集』、岩波書店、一九九一年

6 領内出版物——治世と書籍

山本英二

一　メディアとしての領内出版物

領内出版物

領内出版物とは、江戸時代の幕府ないし藩が、領内を統治するために出版した書籍のことである。

現在の私たちは、国政レベルの重要な法案は、テレビや新聞などのメディアを通じて、立案・審議過程を知ることができる。そして法令が制定されると、マスメディアを通じてだけでなく、『官報』によって広く公示され、インターネット上でも公開される。

ところがメディアの発達していない江戸時代にあっては、法令の伝達は、口頭と文書による方法が主流を占めた。幕藩制国家段階には、個別人身掌握などはありえず、人々はイエに帰属しながら、村や町などの中間団体を介して支配・編成されていた。近世の村には、原則として支配身分である武士は居住しない。だから被支配身分の者たちだけで構成される村は、年貢の賦課・徴収の実務や法令伝達などを村の責任でおこなった。これを村請制《むらうけせい》と呼んでいる。

法令の場合、キリシタン禁制や徒党の禁止といった人民全体にかかわる事柄は高札《こうさつ》を掲げて広く周知した。いっぽう日常的な触書《ふれがき》などの伝達には廻状《かいじょう》を利用した。廻状というのは、村から村へと回覧形式で事務連絡をおこなうもので、廻状を受け取った村役人は、逐一《ちくいち》書き留め、村の寄合《よりあい》などの節目ごとに一般の百姓たちに口頭で申し聞かせたのである。

この廻状という伝達方式は、中間団体を通じて支配する近世に即したものだが、伝達には時間を要し、しかも手書きゆえのまちがいの可能性がつきまとう。そこで近世において著しく発達した整版、つまり木版で法令を印刷して伝達すれば問題は解決するように思われるが、そう簡単には実現しなかった。

なぜなら木版は、本屋が営利目的におこなう商売であり、厳粛な法の伝達にはなじまないとする観念が支配的だったからである。百姓の遵守事項を書き連ねた五人組帳前書が、名主・庄屋によって村の寄合の時に読み聞かされたように、身分社会における法の伝達や教諭は、寄合の場で村役人が読み聞かせるという象徴儀礼があって、はじめて意味を持つ。印刷物の配布だけでは法の権威は保てず、荘厳化《そうごんか》も果たされない。しかし一八世紀末から一九世紀に入ると、法令を印刷することで伝達しようとする考え方が登場する。その好例が「慶安御触書《けいあんおふれがき》」である。

教科書と「慶安御触書」

「慶安御触書」といえば、慶安二年（一六四九）二月二六日、三代将軍徳川家光の時に、百姓の日常生活を規制するために発令された三二ヶ条の村落法令として知られている。しかし現在では、慶安二年の幕府法令としては疑わしく、教科書からは姿を消しつつある。

高校日本史教科書では最大のシェアを誇る山川出版社の二〇一三年新課程版『詳説日本史B』では、すでに本文から「慶安御触書」は姿を消し、寛永一九年（一六四二）の農村法令に差し替えられ、註に次のように記されるだけである。

> 一六四一―四二（寛永一八―一九）年の大飢饉のあと村々へ出された法令にみられるように、日常の労働や暮らしにまで細ごまと指示を加えている（註1）。
>
> （註1）このような法令としては、一六四九（慶安二）年に幕府が出したとされる「慶安の触書」が有名であるが、その存在には疑問も出されている。

しかしその一方で、実教出版の二〇一三年新課程版『日本史B』では、欄外に史料を掲げたうえで、本文で次のように記載している。

百姓向けの教諭書である「慶安の触書」(註3)は、江戸後期、各地の領主によって採用され、百姓の経営安定のために利用された(註4)。

(註3)早起きの励行や酒・茶を買って飲むことの禁止、肥料の作り方その他を列挙したもので、一六四九(慶安二)年、幕府による発令という形をとっているが、現在ではその事実が疑問視されている。

(註4)美濃国岩村藩では、「慶安の触書」を木版刷りにして領内に配布した。なお、このような教諭書や百姓の遵守事項をまとめたものは、幕藩領主が理想とする百姓像を提示したもので、かならずしも百姓の実態を示すものではない。

これによると「慶安御触書」は、百姓の経営安定を目的に近世後期に採用されたもので、美濃国岩村藩が木版刷りにして領内に配布した教諭書ということになる。註には内容を簡単に紹介しつつ、幕法としては疑問視されていると記述している。

「慶安御触書」の疑惑

ではなぜ「慶安御触書」は、これほど有名にもかかわらず、疑わしいのか。それはいまだかつて慶安二年に江戸幕府が発令したはずの現物を、誰も見たことがないからである。これが否定説の最大の根拠である。

また内容的にも、①成立年代不詳の『条令拾遺《じょうれいしゅうい》』に収録されるだけで、正徳年間（一七一一―一六）以前とされる『御当家令条《ごとうけれいじょう》』や江戸幕府の公式法令集である『御触書寛保集成《おふれがきかんぽうしゅうせい》』に採録されていない、②「慶安御触書」を踏襲した慶安二年以降の五人組帳前書や法令が存在しない、③農民の日常生活に関する網羅的触書にもかかわらず、近世初期の法令に欠かせないキリシタン禁制などについての条文が見当たらない、④「慶安御触書」が近世後期の農政や地方関係の著書や記録に引用された形跡がない、⑤名主・庄屋の衣類制限に触れていないことや慶安年間に「商い心」を要求するのは時代にそぐわない、などの疑問点がある（榎本 一九五九）。

さらにさかのぼると、帝国大学文科大学教授を務めた内藤耻叟《ないとうちそう》は、一八九三年（明治二六）刊行の『徳川十五代史』第四編・慶安二年二月二六日条において、「郷村ニ令ス」と「慶安御触書」に言及しながらも、「此令文尤長文ニシテ、文中イブカシキコトモアレバ、今ハ之ヲ刪《ケズ》ル」と疑念を表明している。そして内藤耻叟旧蔵『碧海淵璣《へきかいえんき》』（東京都公文書館所蔵）に木版本の美濃国岩村藩版「慶安御触書」と「町法被仰渡書《ちょうほうおおせわたされしょ》」が綴じ込まれており、御触書については「此触書ハ幕府ゟ出たるにはあらず、領主のふれ書なるべし」と書き込みを加えている。

このように「慶安御触書」は、今から一二〇年以上昔の明治時代から疑問点が指摘されてきた。にもかかわらず幕府法令であるとみなされつづけてきたのは、これほど有名なものであるなら、いつか、どこかで発見されるだろうと楽観視されていたことにある。だが戦後歴史学が進展し、自治体史編纂などで古文書調査が進んでも、一向に「慶安御触書」は発見されなかった。だがその一方で、幕府法令でなければ一体何であるかという対案が提示されることもなかった。そのため「慶安御触書」は疑わしいながらも、長らく江戸時代の村落法令の代表でありつづけた。

二　一七世紀——地域教諭書から藩法へ

地域教諭書「百姓身持之事」

しかし甲斐国から信濃国では、いわゆる「慶安御触書」と類似した教諭書と藩法が存在していた(山本　一九九九・二〇〇二)。類似の教諭書というのは「百姓身持之事《ひやくしようみもちのこと》」である。これは現在のところ、①信濃国佐久《さく》郡牧布施《まきぶせ》村土屋家旧蔵本(市川　一九五五)と②甲斐国巨摩《こま》郡百々《どうど》村秋山家本(『山梨県史　資料編一三　近世六上　全県』)が確認できる。①は、すでに原本は失われており、活字本でしか見ることはできないが、寛文五年(一六六五)二月一四日の年記に「勧農御触書」と仮題されていて、全部で三五ヶ条ある。②は、唯一の原本であるが年記はなく、一部書写漏れがあるため三一ヶ条からなる。条文数については、一八世紀以降に貸本もしくは手習い本として流布した武蔵国埼玉郡八条領立堀《たてのぼり》村佐藤家旧蔵本「百姓身持式目」三六ヶ条(東京大学経済学部図書館文書室所蔵)を参照すると、もともとは三六ヶ条だったと推定される。

この寛文五年「百姓身持之事」三六ヶ条は、いわゆる「慶安御触書」三二ヶ条と比較すると、条文数が多いだけではなく、内容的にも違いが目立つ。それは下人を七、八人も一〇人も使役するような大経営の百姓を想定する条項がいくつかあることである。またその内容も説諭的な色彩が強く、法令というよりは地域的な教諭書だと考えたほうがよい。

甲府藩法「百姓身持之覚書」

この地域的教諭書「百姓身持之事」を基礎にして、条文数と内容を変更し藩法として発令されたのが元禄一〇年(一六九七)甲斐国巨摩郡江原《えばら》村内藤家本「百姓身持之覚書」三二ヶ条(『山梨県史 資料編一三 近世六上 全県』)である。発令したのは、当時甲斐国を支配していた甲府藩で、藩主は甲府宰相綱豊《つなとよ》(のちの六代将軍徳川家宣)である。この「百姓身持之覚書」は、条文数・内容ともに、いわゆる「慶安御触書」と同じである。唯一異なるのは、次の奥書である。

一、此書付、名主替り目之時分、年番之名主宅江、大小之惣百姓呼集メ、幾度も為読聞可申者也、

元禄十丁丑年八月

藤帯刀内

河合［六郎］左衛門(印影)

江原村名主中

これによると、年番名主の交代時に、名主宅へ惣百姓を呼び集め、「百姓身持之覚書」を何度も読み聞かせたことがわかる。差出人の「藤帯刀」は甲府藩家臣の藤枝帯刀方教《たてわきかたのり》、河合六郎左衛門は藤枝氏の代官である。

いわゆる「慶安御触書」の正体が、じつは寛文五年の地域教諭書「百姓身持之事」を源流とする元禄一〇年の甲府藩法「百姓身持之覚書」だったとすると、内容的に甲信地方の地域性と元禄という時代性を反映していることが読み取れる。たとえば村役人呼称である。名主・組頭が多用され、一部に長百姓《おとなひやくしょう》が登場する。一般に名主・組頭は東日本で、庄屋・年寄は西日本で使用される。だが長百姓は、主に甲斐国から信濃国佐久地方で多く確認でき、それはそのまま甲府藩領の支配地域と重なる。また百姓代が登場しないことから、一七世紀を下ることはない。

また年貢の請求書を「差紙《さしがみ》」と表記するのも、甲斐国から信濃国佐久地方では一七世紀に広く確認できる。年貢の請求書は、東日本であれば「可納割附《おさむべきわりつけ》」、西日本であれば「免状《めんじょう》」が一般的である。このほかにも「いもの落葉」「鍬の先掛《さきがけ》」など、時代性と地域性をうかがわせる条項は数多い。

商い心の変更

興味深いのは「商い心」の条項である。もともと寛文五年にさかのぼる「百姓身持之事」では、次のような条項だった。

一、商心も有之而、身上持上候様ニ可仕候、其子細ハ、年貢之ためニ雑穀売候ニも、商心なく候へハ人にぬかるゝものニ候、付り、遠商せんよりハ、冬田ニ水をかけよと古ら世語にも申伝候、冬田へ水をかけ候へハ、地肥稲かふもくさり、其年之作能物ニ候事、

ところが元禄一〇年「百姓身持之覚書」では、次のように変更されている。

一、少ハ商心も有之而、身上持上ヶ候様ニ可仕候、其子細ハ、年貢のために雑穀を売候ニも、商心なく候へハ人にぬかるゝものに候事、

この条項は、もともとは年貢納入のために、商業に関する知識の重要性を説いたものだが、付帯条項で遠隔地商業に手を出すくらいなら、冬田に水を張って翌年の収穫量を増やすほうがよいと勧奨していた。ところが元禄年間に藩法化されるにあたって、付帯条項が削除され、一般的な商業知識の推奨へと変わっている。かつて「慶安御触書」が慶安二年の幕府法令であれば、一七世紀前半の村落において商品経済の一般的展開を求めるのは早すぎるとして否定説の根拠となっていた。しかし寛文期の消極的な規定から元禄期の一般的な規定への改訂ならば、時代状況には適合的である。

三　一八世紀──書写本の流布

民間への流布

では元禄一〇年の甲府藩法「百姓身持之覚書」が、なぜ今日慶安二年の幕府法令「慶安御触書」と誤認されるようになったのか。結論を急ぐ前に、一八世紀の「百姓身持之事」「百姓身持之覚書」の流布の様子をながめておきたい（図1）。

「百姓身持之覚書」は、元禄一〇年に甲府藩で発令されたのち、関連する書写本は約半世紀ほど姿を消している。それが一八世紀後半、宝暦─天明期になると突然、全国各地で流布しはじめる。流布のパターンは、①貸本もしくは手習い本として民間に出回る場合と、②諸藩が領内に流布させる場合がある。

①のパターンは、天明二年（一七八二）正月吉祥日付け甲斐国巨摩郡亀沢村「百姓身持書」二五ヶ条（『山梨県史　資料編一三　近世六上　全県』）、明和九年（一七七二）武蔵国埼玉郡立堀村「百姓身持式目」三六ヶ条である。前者の亀沢村「百姓身持書」は、元禄一〇年「百姓身持之覚書」系統の書写本で、条文数が足りないのは、写し忘れのせいである。これには裏表紙に「持主　虎次郎」という所蔵者のものと思われる書き込みがある。後者の立堀村「百姓身持式目」は、寛文五年「百姓身持之事」系統

図1 「百姓身持之覚書」流布系統図

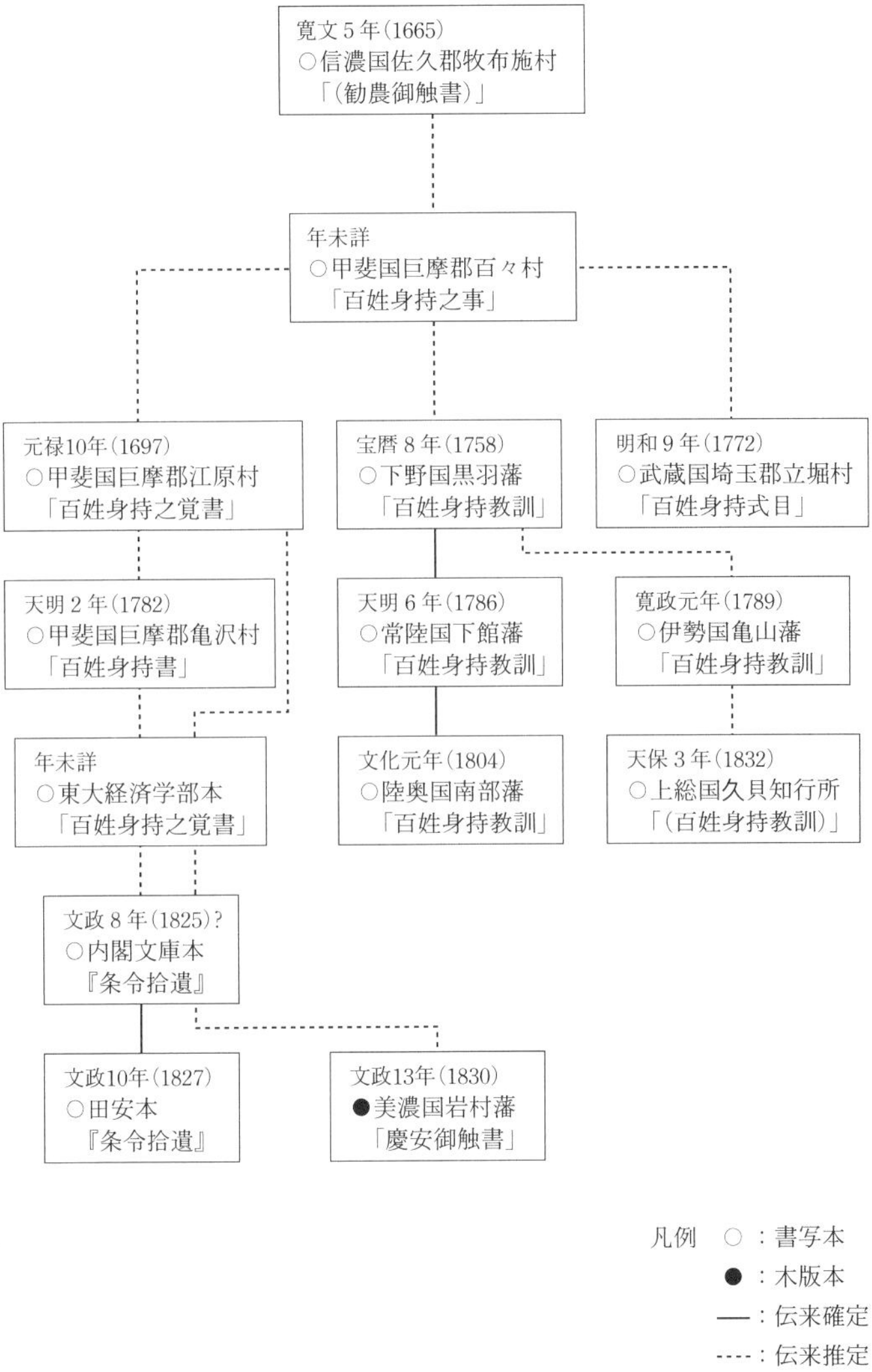

の書写本で、表紙の裏に「此本何方へ参り候とも、早々御返シ可申候、以上、／此主佐藤多七」と書き込まれている。どちらにも持ち主の署名があることから公文書ではなく、民間に伝来したことがわかる。民間への流布は、必要があって書写されたのだから確実な伝来であるが、その入手経路を具体的に知ることは困難である。

諸藩による領内配布

その点、②の諸藩による領内配布は事情が明確である。宝暦八年（一七五八）、下野国黒羽藩《くろばね》（大関家一万八千石）が「百姓身《ひやくしようみ》持教訓《もちきようくん》」一八ヶ条を領内に配布している。この「百姓身持教訓」は、一八ヶ条のうち、下人の使役方法や名主の心得方など五ヶ条分を一部改訂しながら「百姓身持之事」から引用している。甲斐国から遠く離れた下野国黒羽藩に「百姓身持之事」がどのようにして伝来したのか、それは残念ながらわからない。しかし当時の家老鈴木《すずき》武《ぶ》助正長《すけまさなが》が領内配布に関わっていたことは重要である。

鈴木武助は、明和五年（一七六八）から寛政一〇年（一七九八）まで三一年間にわたって同藩の家老を務め、農政や産業振興に心を砕いた。とりわけ天明の大飢饉に際しては領内に餓死者を出さなかったことで知られている。武助は為蝶軒《いちようけん》と号し、学問や著述に努めた人物でもある。彼は文化二年（一八〇五）、天明の大飢饉の記憶が薄れていくのを危惧して救荒書『農民懲誡篇《のうみんちようかいへん》』を執筆し、ひらがなを付して読みやすくした木版本として刊行する計画を立てたが、翌三年（一八〇六）正月、江戸の須《す》原屋《はらや》伊《い》八《はち》から見積もりを取りながらも、正月二九日に死去したため出版を果たせなかった。しかし書写本が出回り、文化五年（一八〇八）には水戸藩の郡奉行小宮山楓軒《こみやまふうけん》の目に留まっている。そして文化九年（一八一二）、武助七回忌に際して武助の子正喜《まさよし》が、黒羽藩士長坂政右衛門の勧めで出版したのが最初で、このとき『農喩《のうゆ》』と改題されて刊行された。そして文政八年（一八二五）に水戸藩の漢学者秋山盛恭《あきやませいきょう》が重刻すると、これが全国各地に広く普及する（山本 二〇〇九）。

黒羽藩農村教諭書「百姓身持教訓」と鈴木武助『農喩』は、わかりやすく民衆全体に直接語りかけるスタイルであり、一九世紀前半以降における領内出版物の先駆的な役割を果たしたと評価できる。

この「百姓身持教訓」は、「百姓身持心得覚」などとも呼ばれ、天明六年（一七八六）には常陸国下《しも》館《だて》藩、文化元年（一八〇四）には陸奥国南部藩でも採用されている。このほか下総国結城藩下野国飛地、河内国丹南《たんなん》藩下野国足利郡飛地、上野国館林藩領、近江国などでも書写本が確認されている。

亀山藩本「百姓身持教訓」

また最近では、伊勢国亀山藩領でも採用されていたことが判明した。三重県立図書館には「百姓身持教訓」（内題「百性之身持心得之覚」）が架蔵されている。その奥書は、次のようなものである。

右者《は》、加納遠江守様御領分江被仰付《おほせつけられ》候由、格別之儀ニ付《つき》写遺し候、他国之儀与《と》存候者悪敷《あしく》候、銘々重代之村々家事ニ候、一統為相守度《あひまもらせたき》事ニ候、左候ハ、大庄屋又者村々庄屋人別写し、ケ様《かやう》

之本意ニ常々為相守度事ニ候、依之、相渡遣候、以上、
右御書付、此度従御上〔おかみより〕各方江御貸シ被為成下候ニ付御写取、村々江御廻シ被下、則写取、末々迄得与〔とくと〕為読聞セ、折々読聞可申と難有奉存候、為其如斯印形仕候処、依而如件〔よつてくだんのごとし〕、

寛政元年　　八野村庄屋

酉六月　　四郎太印

〔以下一〇ヶ村一三名略〕

寛政元年（一七八九）六月、亀山藩では、加納遠江守領（伊勢国八田藩一万石）で発令されたと伝える「百姓身持教訓」を入手し、他国のものとはいえ大切に存じ、大庄屋と庄屋を通じて写し取らせ、これを村々に貸与してさらに写し取らせて、読み聞かせることとしたのである。ここに連印しているのは伊勢国鈴鹿《すずか》・河曲《かわわ》郡の村々の庄屋である。亀山藩は六万石の譜代藩で、藩主は石川日向守総博《ふさひろ》である。石川家は、延享元年（一七四四）三月、備中国松山から伊勢国亀山へ転封し、明治維新を迎えている。また文中の加納家は、八代将軍徳川吉宗に仕えた紀州系幕臣で、加納久通《ひさみち》が将軍吉宗の御側《おそば》御用取次《ごようとりつぎ》を務めたことから立身出世し、享保一一年（一七二六）一月、伊勢国員弁《いなべ》・三重・多気《たき》郡および上総国長柄《ながら》郡、下総国相馬郡に合わせて一万石を支配する大名となり、伊勢国東阿倉川《ひがしあくらがわ》に陣屋を置いた。加納遠江守が、実際に「百姓身持教訓」を発令したかどうかは不明だが、上総国で同人に仮託された「百姓身持教訓」が確認できる（後述）。

四　一九世紀——木版本の登場

美濃国岩村藩版「慶安御触書」

一八世紀までは「百姓身持……」のタイトルで、もっぱら書写本としてゆっくりとだが確実に流布していた法令・教諭書は、一九世紀に入ると木版本となって爆発的に出回るようになる。そのきっかけが文政一三年（一八三〇）三月付けの美濃国岩村藩版「慶安御触書」である。岩村藩は大給松平《おぎゅうまつだいら》の分家で、三万石の譜代小藩である。大給松平家は、もと石川を名乗り、初代乗政《のりまさ》の時に万石以上となった。天和三年（一六八三）、信濃国小諸《こもろ》城主二万石に加増され、元禄一五年（一七〇二）、二代乗紀《のりただ》の時に美濃国岩村に転封している。そして享保二〇年（一七三五）に三万石に再加増され、廃藩置県に至っている。

『甲子夜話　続編』巻四七・文政一三年八月八日条には、以下の記述が見える（松浦静山『甲子夜話　続編』第四巻、平凡社東洋文庫）。

八月八日、林子［林述斎］訪はる。話中に曰ふ。岩村侯［松平乗美］の家に慶安二年二月、公儀より普《あまね》く民間に令ありし小冊あり。その下情に通貫する見つべし。岩村侯未だ年若なるに因り、某《それがし》実家の故を以て窃《ひそか》にその政事を助く。廼《すなはち》この遺令あるを知て、今復領中の民間に布く。戸毎に頒《わか》つが為に、上梓《じょうし》してこれを与ふと。林子帰てその冊を贈り示す。即茲《ここ》に其冊を摸出す。

これによると、文政一三年八月八日、幕府学問所総裁林述斎《はやしじゅつさい》は、もと肥前国平戸藩主松浦《まつら》静山《せいざん》を訪れた。述斎は、岩村藩に伝わる慶安二年二月の民間に命令した小冊子があり、その内容に感心したことから、木版印刷にして領内に配布することとしたという。述斎はもともと岩村藩主松平乗蘊《のりもり》の第三子で熊蔵乗衡《のりひら》といったが、寛政五年（一七九三）、大学頭《だいがくのかみ》林信敬《はやしのぶたか》の養子となった。岩村藩が述斎の実家であることから、「慶安御触書」の出版を仕掛けたと考えられる。そして岩村藩版の刊行に際して、「百姓身持之覚書」は「慶安御触書」と改題されたのだろう。ちなみに元禄一〇年、甲府藩が「百姓身持之覚書」を領内に通達したとき、大給松平家は同じ信濃国佐久郡を支配する小諸城主であった。それゆえに「百姓身持之覚書」が岩村藩に伝来した可能性が高い。

岩村藩版『六諭衍義大意』と『農喩』

岩村藩では、文政一三年七月から八月にかけて「慶安御触書」が領内に配布されている。その後文政一三年一一月から翌天保二年二月にかけて『六諭衍義大意《りくゆえんぎたいい》』が、やや遅れて天保二年一一月から翌三年にかけて『農喩』がそれぞれ木版印刷され、領内に配布されている。

『六諭衍義大意』は、父母への孝順、長上《ちょうじょう》の尊敬《そんきょう》など六つの徳目を説いた教訓書で、もとは中国・

明朝の洪武《こうぶ》帝が欽定したものが、清朝の順治《じゅんち》帝によって一六五二年に『六諭』として頒布されている。やがて解説を付して『六諭衍義』となり、琉球を経て日本に伝来し、江戸幕府に献上された。これが八代将軍徳川吉宗の目に留まり、荻生徂徠《おぎゅうそらい》が訓点を施し、さらに室鳩巣《むろきゅうそう》が漢字と平仮名交じりの平易な文体に改め、享保七年（一七二二）、『六諭衍義大意』として出版されたものである。そして江戸南町奉行大岡忠相《おおおかただすけ》が、江戸の寺子屋の師匠に下賜するなど、一八世紀以降、広く世間に普及した。『農喩』は、文政八年、水戸藩秋山盛恭によって刊行されたものを底本としている。

このように岩村藩では、「慶安御触書」『六諭衍義大意』『農喩』を三位一体にして、木版印刷で領内に配布することによって民衆教化の手段とした。文政九年（一八二六）、藩主となった松平乗美《のりよし》は、年寄丹羽瀬清左衛門《にわぜせいざえもん》の主導のもと藩政改革に乗り出した。改革には師範として儒者の佐藤一斎《さとういっさい》も関与し、そして幕府学問所総裁の林述斎が藩主を後見した。丹羽瀬と一斎は、述斎の門人でもあり、なかでも佐藤一斎は、述斎の没後、幕府学問所、すなわち昌平黌《しょうへいこう》に出仕した人物である。岩村藩の藩政改革は、領内出版物を見る限りにおいては、さながら林述斎による民衆教諭の実験室のごとき様相を呈していた。

岩村藩版の書誌

岩村藩で出版された「慶安御触書」『六諭衍義大意』『農喩』には、その刊記に共通点がある。まず岩村藩版「慶安御触書」は、「村々へ頒《わか》ち与《あた》ふるにハ数多《あまた》書写《しょしゃ》すべけれバ。おのづから誤字《あやまりぢ》脱字《ぬけぢ》もあらんことを恐《〔おそ〕》れて板《〔いた〕》に刻《〔きざ〕》むもの也。」と結ばれた跋文《ばつぶん》が特徴である。刊記は「文政十三庚寅年三月」、日下には「岩村地方役所」と刻まれた朱印が捺されている。また誤字や脱字を避けるために、法令を木版印刷にして配布するというのは、当時としては画期的なことである。

岩村藩版『六諭衍義大意』では、「御領内のものとも常《つね》々読習《よみなら》ふて。御趣意をよく〳〵会得いたし。取失《とりうしな》ふへからす候。故《ゆえ》に今《いま》御触書に引続きて板《いた》に刻ミ。頒《わか》ち行《おこな》ふもの也。」と跋文に記し、「文政十三年庚寅五月」の刊記があり、同じく日下には「岩村地方役所」の朱印が捺されている。この朱印は「慶安御触書」のものと同文・同寸（二・九センチ×六・三センチ）である。岩村藩版『農喩』では、「天保二辛卯六月」の刊記と日下に「岩村地方役所」の朱印が捺されている。ただし朱印は、前二者と比べるとほぼ同寸であるが、少し書体が太い。

また装丁を見ると、三つの木版本は、ともに美濃紙を用いて、表紙の中央に外題《げだい》を直《じか》に刷り込み、綴じ目は二つ目綴じで、包背装《ほうはいそう》で背表紙を包み込んでいる。そして綴じ目の部分には、「成教於国」という朱印を表側に二つ、裏側に一つ捺している。この装丁は、美濃国岩村藩領内において現地で実際に配布されたことが確認できるものだけに共通する。ちなみに松浦静山が林述斎から見せられた「慶安御触書」も同じ装丁である。

村々での利用実態

それでは岩村藩領内に配布・伝達された「慶安御触書」類は、実際にはどのように利用されたのだろうか。これについては、広岡新田の庄屋が書写した天保四年（一八三三）五月「御国産御趣意請書覚」（『岩村藩丹羽瀬清左衛門の藩政改革　天保騒動　史料篇』）によって知ることができる。

一、慶安御解（触）書を始メ、追々被下置《くだしおかれ》候御書物幷御存意書、農業手透《てすき》ニ者《は》折々御百性（姓）共江為読聞《よみきかせ》、
手習仕候子供江者手本ニ認差遣、難有　御書物之趣能々《よくよく》為呑込可申候、村々役人共ゟ茂《よりも》、是
又為読聞候様相談可仕候事、
但、農業全書村々ニ而一弐部宛程相調置、前顕之通為読聞可申候事、

これは口上書の冒頭の一節で、「慶安御触書」をはじめとする書物は、藩政改革の趣意を記した存意書とともに、村役人を通じて農業の手透きの折々に百姓に読み聞かせられたことがわかる。また手習いをする子供には手本として利用され、またあわせて宮崎安貞《みやざきやすさだ》『農業全書』を村ごとに一、二部常備し、同様に読み聞かせたことも知られる。これは『農喩』第一〇条で「農業全書」を読むべきことが推奨されていることに対応する。

五　全国へ流布する領内出版物

天保の飢饉と民心掌握

文政一三—天保二年（一八三〇—三一）、岩村藩が領内出版物「慶安御触書」『六諭衍義大意』『農喩』を三点セットにして配布すると、幕府学問所総裁林述斎の学問的権威も手伝って瞬く間に全国へと普及する（図2）。「慶安御触書」は、同じ文政一三年（天保元・一八三〇）には肥後国熊本藩と上野国沼田藩が採用し、以後、天保三年上総国久貝《くがい》知行所、同四年遠江国掛川藩、同五年出羽国米沢藩・信濃国千村預所《あずかりしょ》、同六年越後国椎谷《しいや》藩飛地、同八年備中国成羽《なりわ》知行所・信濃国岩村田藩、同九年関東代官山本大膳《だいぜん》、同一一年遠江国浜松藩・筑前国秋月藩（採用を検討）、同一二年信濃国中之条代官所大原左近、嘉永元・三年（一八四八・五〇）三河国吉田藩といった具合で、東日本の中小藩や代官、旗本が目につく。また採用は不明だが伝来を確認できるものは、常陸国水戸藩と旗本古山善吉《ふるやまぜんきち》がある。御触書を書写本で流布させたケース（沼田藩・久貝知行所・千村預所・中之条代官所・岩村田藩）もあれば、岩村藩版をそのまま利用したもの（椎谷藩）、岩村藩版を版下にして被《かぶ》せ彫りにしたもの（米沢藩、図3）、新たに版を起こしたもの（成羽知行所・山本大膳・吉田藩）とさまざまである。

なかでも遠江国掛川藩では、まず天保三年に『農喩』を、ついで翌四年には「慶安御触書」と『六

図２　「慶安御触書」流布系統図

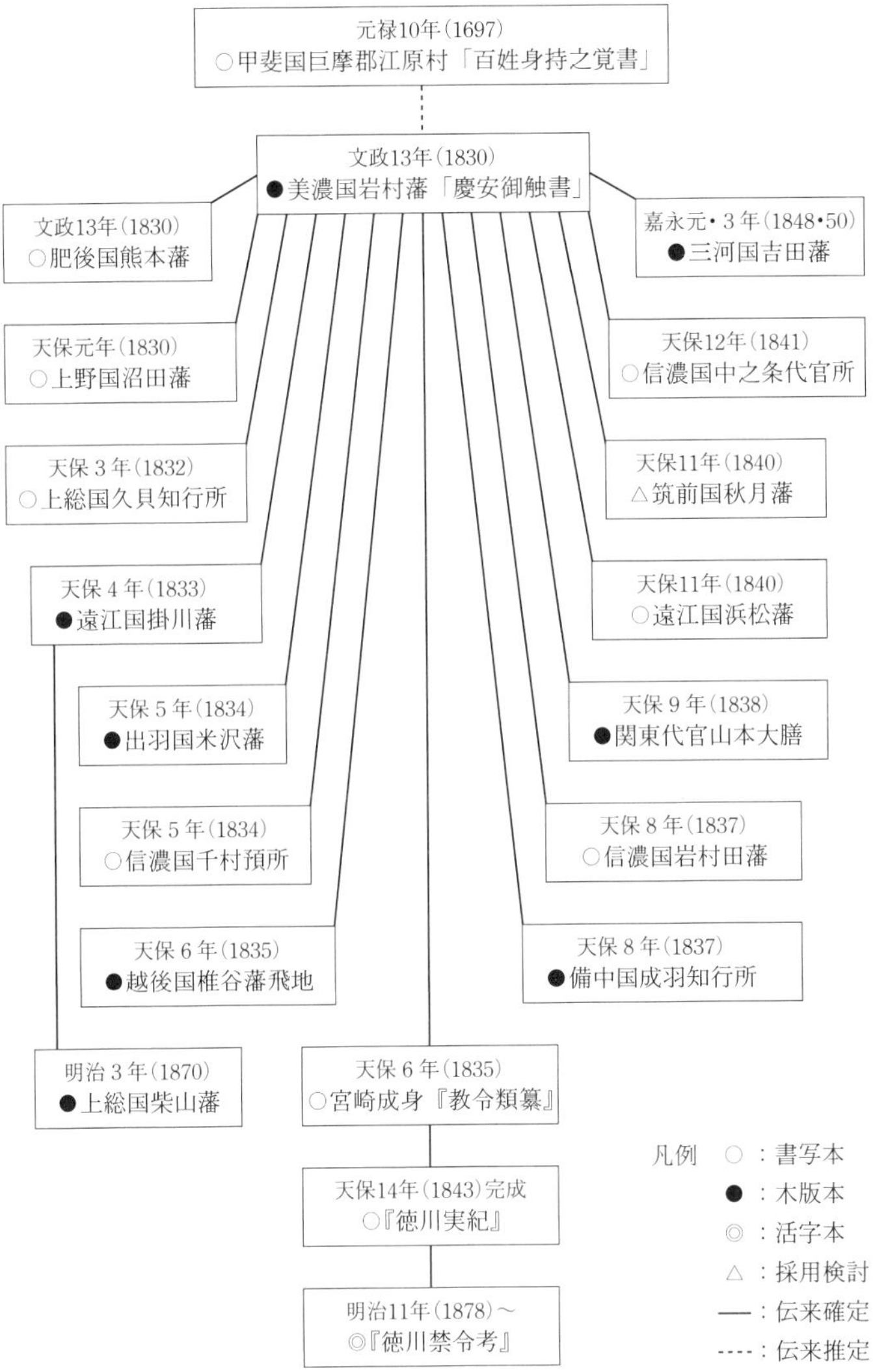

諭衍義大意』を出版し領内に配っている。三点セットによる配布方式は、岩村藩の手法に最も忠実である。これは同藩の藩校教授を務めた松崎慊堂《まつざきこうどう》が林述斎の門人であり、佐藤一斎とも同学だったことによる。

「慶安御触書」と『六諭衍義大意』の二つをセットにして採用したのは、越後国椎谷藩飛地（天保六年）、成羽知行所（天保八年）と山本大膳（天保九年）、浜松藩（天保一一年）、吉田藩（嘉永元・三年）である。また筑前国秋月藩では、天保六年に岩村藩版『農喩』を領内に配布したのち、同一一年に「慶安御触書」の採用を試みた（山本 二〇〇八）。

「慶安御触書」が陸続と採用された天保期は、天保四年から七年にかけて全国的な飢饉（天保の大飢饉）となり、同七年には一国規模に拡大した甲州天保一揆（郡内騒動）や三河国加茂郡一揆、同八年に大塩平八郎の乱が発生するなど、幕藩制国家の矛盾が深刻化した時期である。そこで離反しつつある民心を掌握するため、あるべき理想の村落像を一七世紀半ばの慶安年間に求める「慶安御触書」が、『六諭衍義大意』や飢饉ガイドマニュアル『農喩』とともに採用されたのである。

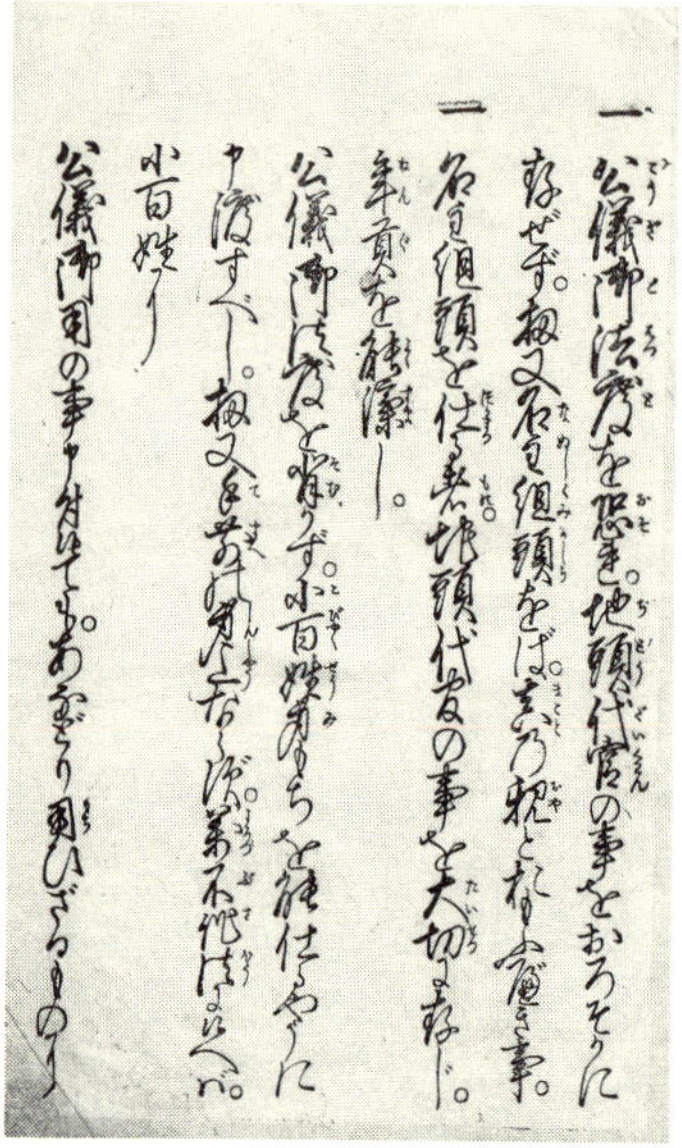

図3　米沢藩版「慶安御触書」。岩村藩版の被せ彫りによる

熊本藩本「慶安御触書」

以下では、新たに確認できた「慶安御触書」について紹介しておく。熊本藩領に「慶安御触書」が伝来していることは、これまでにも知られていた(神崎 一九九四、『熊本県史料集成一〇 肥後藩の農民生活』)。だがそれが熊本藩領内に配布されたものかどうかは判然としていなかった。しかし今回、「慶安御触状 忠孝解」(筆者蔵)と題する書写本を確認することができた。これは「深川手永五海村内野中与申所水車屋江」と書いた反故紙に柿渋を塗った表紙が付いている。また末尾には、「嘉永三庚戌初秋中澣写/川口氏/惟義(印)/家蔵」と記されている。手永《てなが》は熊本藩細川家五四万石の広域行政区で、深川手永は肥後国菊池郡に所在している。この史料の表題は「慶安御触状」、条文は全部で三二ヶ条あり、跋文も岩村藩版「慶安御触書」のものと同じである。興味深いのは、刊記と奥書(図4)である。

文政十三庚寅年

三月

(「岩村地方役所」印影)

右御触書、文政十三年十二月、御郡代衆より御渡ニ相成候を写置もの也、

これによると、文政一三年(天保元・一八三〇)一二月、郡代衆を通じて岩村藩版「慶安御触書」が、

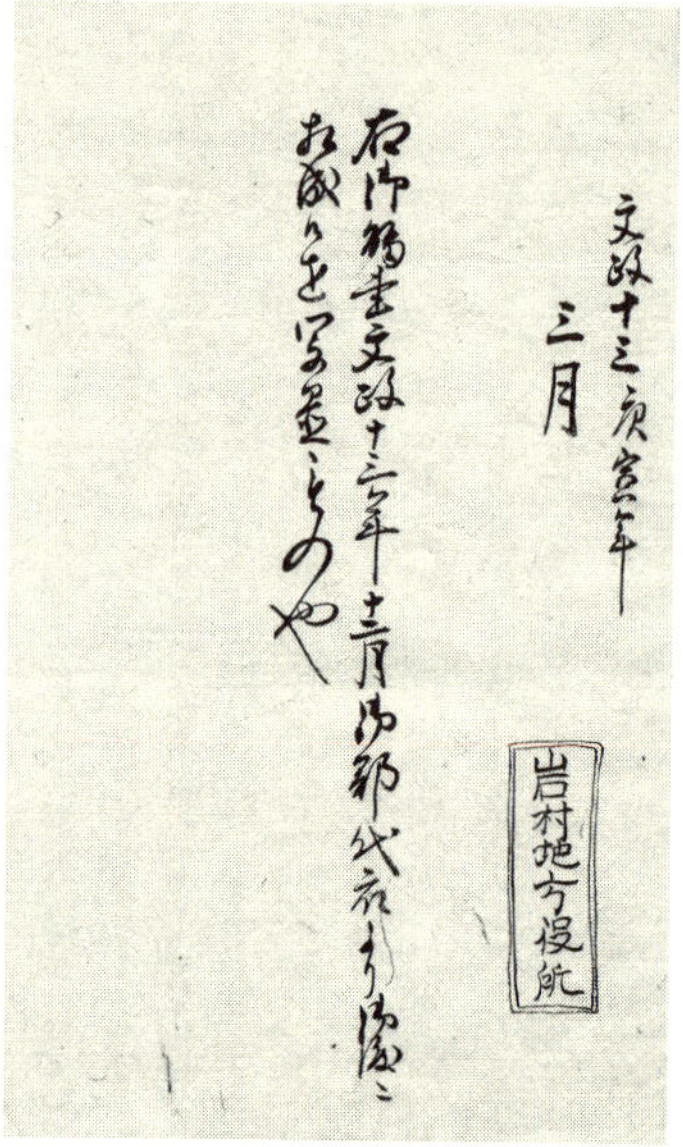

図4　熊本藩本「慶安御触書」。刊記・奥書

おそらくは手永の惣庄屋に渡され、それを川口惟義《かわぐちただよし》が書写したと考えられる。文政一三年一二月というのは、岩村藩版の流布としては、管見ではもっとも早い。しかも西日本の国持外様大名である熊本藩というのは、東日本の中小の譜代大名や代官、旗本が採用したケースとは趣を異《こと》にする。なお一緒に合冊されている「忠孝解《ちゆうこうかい》」は、百姓に忠孝を説いた長文の教諭書であるが、「慶安御触書」と一緒に配布されたものかどうかはわからない。

久貝知行所本「慶安御触書」「百姓身持教訓」

故国学院大学教授大谷貞夫氏のご教示によると、上総国夷隅《いすみ》郡の旗本久貝知行所でも「慶安御触書」が確認できた（夷隅町史編さん室収集・吉原美行家文書）。

「（封筒裏書）天保三辰年五月六日　上総国夷隅郡作田村／吉原金十郎　」

「（表紙）元録（禄）十一年寅八月

慶安二年

大猷院様御治世慶（安・脱）二年農民江御触書

久貝惣左衛門知行所

上総国伊保庄作田村

名主　金十郎　」

［本文三二ヶ条省略］

慶安二年丑二月廿六日

右者、慶安二年普く触示され候御書付ニ候、何方ニ而も嘸《さぞ》難有可奉恐伏《おそれふしたてまつるべき》事ニ候得共《さうらへども》、年月隔て候へバ、今は知る人もまれなり、かゝる難有　御恵ミの御趣意なれは、此たひ自分知行所地方直下《ぢかたなおしくだ》され候上者、ふたゝひ申諭し候間、当村之庄屋・組頭ゟ小百姓迄、この旨を以、朝夕怠りなく面々能々身をもち、農業精を出し候ハヽ、此末たとひ年柄よからぬ時ありとも、年貢滞ことなく、家族も寒餓には至るましく候、

右之趣、我等知行所の民たるもの、此書付之旨、能々心得べき事肝要たるべきもの也、

元録（禄）十一寅年十二月　　久惣左衛門（花押影）

用役

長谷川孫助（花押影）

長坂四郎兵衛（花押影）

この久貝知行所本「慶安御触書」は、年記によると、元禄の地方直《じかたなお》しの直後、元禄一一年（一六九八）八月ないし一二月に伝達されたことになっている。だがその跋文は、岩村藩版のものを流用しており、年代は仮託されたものである。旗本久貝家は元禄一〇年以降家禄九〇〇石となった書院番士《しょいんばんし》の家柄で、作田村では一六一石九斗三升七合を知行している。この作田村は村高九一九石四斗四升七合、久貝家のほかに細井・鳥居・安藤・永田家が知行する相給村落《あいきゅう》である。

この触書は、同筆の元禄一一年「作田村旧記」や享保一〇年（一七二五）御触書など七冊とともに「天保三辰年五月六日」と年記のある封筒に収納されていることから、天保三年（一八三二）に作成されたと見るのが妥当である。この時期の当主は書院番久貝又三郎正陳《まさつら》である。さらにこの触書とセットで確認された享保一〇年教訓書は次のようなものである。

「（表紙）
　享保十年三月日
有徳院様御治世享保十年農民江御触書
　　　　久貝惣左衛門知行所
　　　　上総国夷隅郡作田村
　　　　　　名主　金十郎　」

有徳院様御治世民家御教訓書

天地の変は、はかりかたき事ニ而、明年にも五穀皆無の凶年有間敷ものニもなく、かんはつ・長雨・大風・大雨其外寒暑不順の天変ニて〔後略〕

三月

右御教諭書、各領分知行之百姓江合点いたし候様可被触旨、依　仰執達如件、

享保十一《ママ》年三月　　　　加納遠江守

この加納遠江守教訓書は、「百姓身持教訓」と全く同文である。つまり久貝知行所では、元禄一一年に仮託した「百姓身持之覚書」、いわゆる「慶安御触書」と享保一〇年に仮託した「百姓身持教訓」を一緒に配布したことになる。

じつはさきに紹介した伊勢国亀山藩本「百姓身持教訓」は、加納遠江守の発令とされるものであった。とすれば実際に加納遠江守が「百姓身持教訓」を利用した可能性も出てくる。さらにこの教訓書には、つづけて享保一〇年三月、江戸南町奉行大岡越前守忠相と御側御用取次加納遠江守久通の発令に仮託された飢饉の心得も添えられている。このように江戸近郊の旗本相給村落においても、「慶安御触書」および「百姓身持教訓」が採用されていたことが確認できるのである。

古山善吉と「慶安御触書」

筑波大学図書館所蔵昌平坂学問所関係文書には、岩村藩年寄丹羽瀬清左衛門に宛てた佐藤担（一斎）

書状が残されている。

「（封書・ウワ書）丹羽瀬老台　担
　　要緊」

「（端裏書）江侯君　担」

拝啓、秋晴御佳寧奉拝賀候、然者《しかれば》、

　慶安　百五部

　六諭　三十部

右古山善吉様御所望《ごしよまう》御座候、其実者御代官衆之内甚御感服ニ而、御代官所一村江一部つゝも被遣越之、依而者新摺ニ致し、岩村地方役所之朱印ハ押不申候様被成度《なされたく》候、跋文ハ其儘《そのまま》付キ候而よろし、尤残板摺手間料事、遠慮無之被仰越度候、拙古山へ能々断置キ、右御触面上木之義ハ、同等致し候ニハ無之候得共、数多ニ而誤字落字之為メニ刻リ申候訳与《わけと》緩々申述置、古山篤《とく》ト心得被居候間、何も気遣無之候、一体ハ先達而祭酒公ゟ古山へ御贈り物ニ相成候事有之、其後拙へも御所望ニ而五六部上ケ申事ニ御座候、是ハ後々逐々所望有之哉与被存《これあるやとぞんぜられ》候、　慶安大朝之御趣意今ニ及て行ハれ申候義、為　国家欣聳不少奉存候、右早々御頼申候、以上、

　八月晦

尚以、摺手間料一部ニツキ何程を御記し被下候様仕度候、以上、

これによると佐藤一斎は、丹羽瀬清左衛門へ対し岩村藩版「慶安御触書」一〇五部と『六諭衍義大意』三〇部を、古山善吉に有償頒布することを依頼している。そもそもは「祭酒公《さいしゅ》」＝林述斎が古山に同書を贈ったことに端を発し、さらに古山の希望で一斎が五、六部を進呈し、さらに追加で実費注文となった。その際、跋文はそのままで「岩村地方役所」の朱印は捺さないことが条件であった。古山は、「代官衆」がはなはだ感服したことから一村に一部ずつ配布するために依頼したのだという。

この書状の上限は、岩村藩版『六諭衍義大意』が刊行された文政一三年（一八三〇）、下限は古山善吉が死去した天保八年（一八三七）と推定される。ちなみに丹羽瀬清左衛門は天保一〇年（一八三九）二月四日に死去している。古山は天保七年（一八三六）九月、水戸藩秋山盛恭版『農喩』を代官の元同役たちに宣伝している（山本 二〇〇九）から、あるいは天保七年のことと考えられる。事実、関東代官山本大膳版「慶安御触書」の出版が天保九年（一八三八）、信濃国中之条代官大原左近による「慶安御触書」配布が同一二年（一八四一）のことであり、幕府代官への普及は、古山善吉が結節点となっている。

古山善吉は、評定所留役から文政元—四年（一八一八—二一）、信濃国中野代官に転じ、文政四—七年（一八二一—二四）まで陸奥国川俣《かわまた》代官、文政七—九年（一八二四—二六）下野国真岡《もおか》代官を歴任した後、峯寿院《ほうじゆいん》（一一代将軍徳川家斉八女・水戸徳川斉脩簾中《なりのぶれんちゅう》）御用人となった人物である。寛政五年（一七九三）一二月五日、林述斎の初期門人となった中之口番《なかのくちばん》「古山専吉」があり（揖斐ほか 一九九四）、この

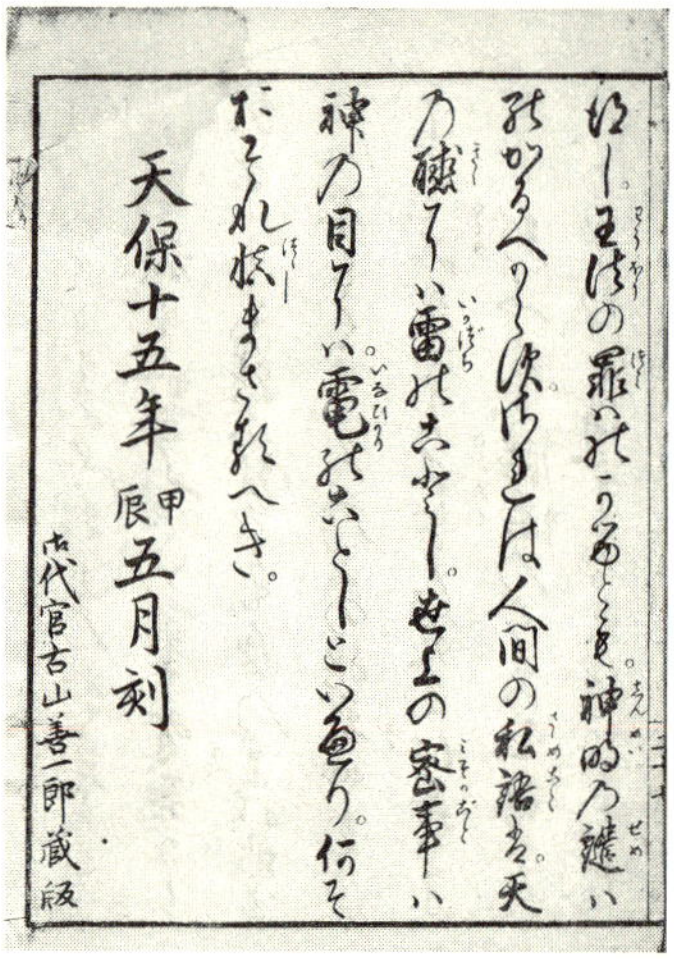

図5　古山善一郎版『六諭衍義大意』刊記

「専吉」＝善吉であれば、林家周辺の人物ということになる。

善吉の死後、その子善一郎は、天保一三年（一八四二）五月、本丸広敷番頭《ひろしきばんがしら》から常陸国上郷《かみごう》代官に転じ、弘化四年（一八四七）には豊後国日田《ひた》の西国筋郡代、安政五年（一八五八）新潟奉行に昇進している。古山善一郎は、天保一五年（一八四四）五月付けの『六諭衍義大意』を新たに蔵版している（図5）。佐藤一斎書状では、「慶安御触書」が一〇五部、『六諭衍義大意』が三〇部と部数に開きがある。あるいは常陸国上郷代官所では、岩村藩版「慶安御触書」と自らが蔵版した『六諭衍義大意』をセットにして管内に配布した可能性がある。

ともかく林述斎の周辺では、その人的ネットワークを介して、「慶安御触書」などが贈られたり、時には有償頒布されたりして広まっていった。木版印刷は、統治手段としての迅速性・正確性のみならず、流通面での優位性が確認できるのである。

岩村田藩本「慶安御触書」と『六諭衍義大意』

長野県佐久市岩村田《いわむらだ》の篠澤《ささざわ》家には、天保八年（一八三七）に信濃国岩村田藩領に流布した「慶安御

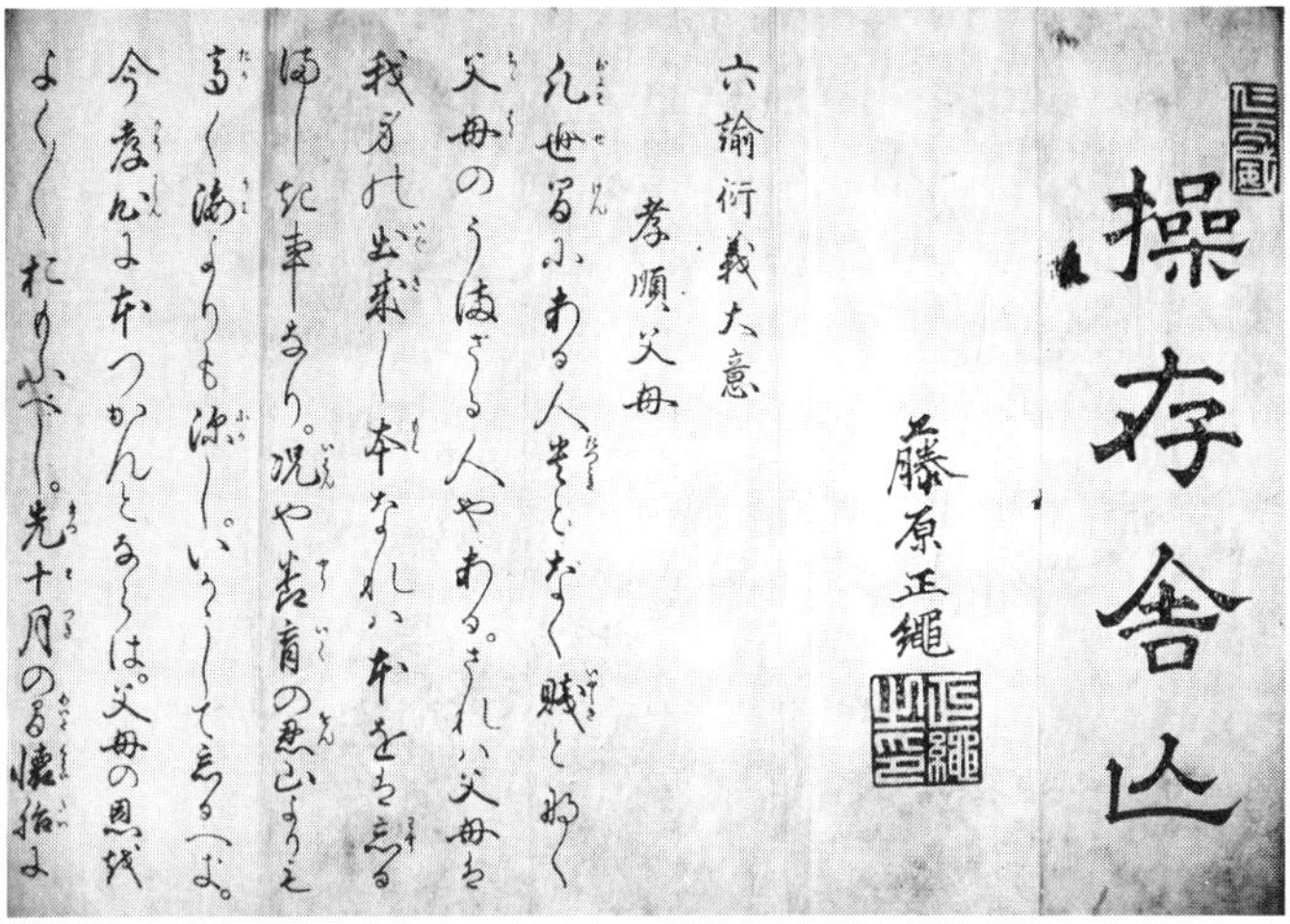
操存舍亡
藤原正縄
六諭衍義大意
孝順父母

図6　岩村田藩版『六諭衍義大意』

触書」が所蔵されている。この御触書には、美濃国岩村藩版の跋文を備え、末尾には「天保八丁酉年」の年記がある。このことから天保八年に岩村藩版を忠実に書写したことがわかる。篠澤家は中山道岩村田宿の村役人家で、岩村田藩の割元《わりもと》、いわゆる大庄屋を務めていた。

また同家には、嘉永六年（一八五三）の岩村田藩版『六諭衍義大意』も残されている。この岩村田藩版は唯一の折帖の体裁で知られている（図6）。題字に「操存舍亡」、「藤原正縄」の印記、「仁而威」の引首印がある。そして「岩村田臣越智崧《おちすう》」の跋文が付いている。また岩村田藩版の版木も、岩村田藩内藤家の菩提寺である岩村田の西念寺に保存されている。この『六諭衍義大意』は、天保一三年（一八四二）京都の勝田知郷《かったともさと》により出版された三冊本の系統である。

ここで興味深いのは、当時の岩村田藩主内藤正縄《まさつな》である。正縄は、先代の藩主正国《まさくに》の養子に迎えられた人物で、実父は肥前国唐津藩主水野忠光《ただあきら》である。同腹の兄には、天保改革を主導した老中水野忠邦《ただくに》（遠江国浜松藩主）がいる。また異母弟には、越後国椎谷藩主堀直哉《なおちか》がいる。じつは岩村田藩で『六諭衍義大意』を出版し、領内に「慶安御触書」が流通していたのと同様に、浜松藩でも天保一一年（一八四〇）に「慶安御触書」と『六諭衍義大意』が配布されている（神崎 二〇〇二）。また椎谷藩は、天保六年（一八三五）正月、藩主堀之敏《ゆきとし》（直哉の子）によって「慶安御触書」『六諭衍義大意』が配布されている。水野忠邦兄弟とその甥が、そろって「慶安御触書」を採用させたわけである。これは藩主の血縁関係を媒介とする縁辺のネットワークによる領内出版物の流布・伝播を示す好例である。

木版印刷から活版印刷へ

「慶安御触書」が武家蔵版として印刷され、爆発的に広まるようになると、江戸の本屋がそれに目を付けた。天保一五年（一八四四）八月、江戸南伝馬町一丁目の本屋（頂恩堂《ちょうおんどう》）又助は、「慶安御触書」と「町法被仰渡書」の出版許可を願い出た。しかし江戸北町奉行所の判断は「板行無用《はんこう》」、写本は没収となった（『大日本近世史料　市中取締類集二十一　書物錦絵之部四』第二六九件）。人心掌握の手段となった「慶安御触書」は、一転して書肆の営利販売を禁じられるものとなった。法令を営利目的では濫用させない幕府の矜持である。

やがて「慶安御触書」は明治時代になると、司法省が活版印刷した『徳川禁令考』に収録され、今日、近世史研究の基本文献となる。そして「慶安御触書」は戦後、江戸時代の百姓を日常的に規制した代表法令として日本史教科書に掲載されるようになる。活字化された文字に人々は暗黙のうちに信頼を寄せる。それが教科書であればなおさらである。しかしネット社会を迎えた二一世紀、幕府法「慶安御触書」の存在は否定された。これもまた今という時代を象徴しているといえるのである。

参考文献

市川雄一郎『佐久地方江戸時代の農村生活』、市川雄一郎先生遺稿刊行会、一九五五年
揖斐高・坂本陽美・林伸子・本多美奈子「林家門人録『升堂記』(都立中央図書館本)の翻刻と索引」『成蹊人文研究』二号、一九九四年
榎本宗次「「慶安御触書」考」『歴史評論』一〇六号、一九五九年
神崎直美「「慶安御触書」再考」『古文書研究』三九号、一九九四年
神崎直美「浜松藩主水野忠邦の領内施策――「慶安御触書」と「六諭衍義大意」の頒布について」『地域文化学会会報』八号、二〇〇二年
松浦静山『甲子夜話 続編』第四巻、平凡社東洋文庫、一九八〇年
山本英二『慶安御触書成立試論』、日本エディタースクール出版部、一九九九年
山本英二『慶安の触書は出されたか』、山川出版社、二〇〇二年
山本英二「秋月藩版「農喩」と慶安御触書」『古文書研究』六六号、二〇〇八年

山本英二「「農喩」に関する基礎的考察」『書物・出版と社会変容』六号、二〇〇九年
『岩村藩丹羽瀬清左衛門の藩政改革 天保騒動 史料篇』、岩村町教育委員会、二〇〇三年
『熊本県史料集成一〇 肥後藩の農民生活』、熊本女子大学郷土文化研究所、日本談義社、一九五五年
『大日本近世史料 市中取締類集二十一 書物錦絵之部四』、東京大学史料編纂所編纂、東京大学出版会、一九九四年
『山梨県史 資料編一三 近世六上 全県』、山梨県、二〇〇四年

7 何を藩版として認めるのか——蔵版の意味するもの

高橋明彦

藩版《はんぱん》とは何か。何を藩版として認めることができるか。

それは単純で明白なように思われる。町版、官版、寺社版、個人蔵版などの出版諸形態に対して、藩版という形態がある。すなわち、諸藩による出版物が藩版である。まず、藩の範囲は明白である。幕初より始まり廃藩置県で消滅した。ついで、出版もまた明白であろう。版本と写本の区別がつかない書誌学者はいないし、出版が何であるか分からない研究者もいない。このような判明な定義と概念を携えて、一点ごと個別に出版物にあたっていけば、それが藩版であるか否かは解明できるだろう。もし、不分明な場合があったとしても、それは刊記や蔵版記がないために（これは藩版によく見られる第一の特色である。後述）分からないだけであり、霧が晴れたり光が差したりすれば姿を現すように、藩庁資料などの助けにもあずかって、いずれ分かるはずだと考えられている。あるいは、最終的に不分明なままであったとしても、それが藩版であるか否かは本質的には定まっているとも考えられている。キツネかタヌキか分からない動物が発見されたとして、DNAを調べればどのような系統でどちらに近いのかが判明する。しかし、DNA鑑定といった手法がなかった時代でも、もしそれを行うことができればキツネかタヌキかは確定可能だったと考えられているように、藩版であるかどうかもまた本質的に一意に定まると考えられているだろう。実際、私もそう思ってきた。

以下、この問題を最終的な標的に据えて、藩版の概要、そしてその実態に即して、現在のそしてこれまでの藩版研究の実際について見ていこうと思う。あらかじめ結論めいたことを記しておくならば、藩版は予想に反して意外に複雑であり、実にケースバイケースで多様である。多様であることは、江戸時代の出版の豊かさの表れであるかもしれないし、また逆に、大成功したモデルがない場合にはさまざまなケースが乱立するということを意味しているのかもしれない。

一　藩版の多様性

松本藩版の場合

藩版に関するややこしい定義や概念については後に改めて検討することとして、まずは具体的に藩版の様相、特にその多様性を見るために、典型的ともいえるような松本藩の例を見ることにしよう。

なお、松本藩版は、後掲の東条琴台《とうじょうきんだい》や笠井助治《かさいすけじ》による藩版研究の俎上にこれまで一切上がってこなかった例であり、今日最先端の研究成果である。さて、藩版は東条琴台の言によれば幕初よりあったようだが、それが藩版として認められるようになるのは近世の出版物にきちんと刊記が付くようになる享保期以降であり、またそれが盛んに行われるのは全国に藩校が次々と作られはじめる寛政期からである。松本藩版もそんな時期に起こった。点数は決して多くないが、その分かえって多様性が目立つのである。ただし、それは藩版か否か判断が難しいものもふくむスリリングな多様性である。

まず、最初にあげるのは寛政五年（一七九三）序刊の『幼学』である。二巻一冊、藩儒・木沢大淵《きざわだいえん》（文龍とも。号は天童）の著作である。刊記も蔵版記もなく、典型的な藩版のようにも見えるが、むしろ個人蔵版（藩儒版）とも見えるだろう。本書は木活字版であるが、これは近世中期の活字版印刷の流行においても比較的早い例である。この印刷の経緯については、泉豊洲《いずみぼうしゅう》が記した本書序文によって、松本藩校・崇教館に活字があり、それを用いて印刷したものであることが知られる。「是レ此ノ冊子、何ゾ其ノ用ヲ大ニセザランヤ。文龍遂ニ泮ノ活字ニ印シテ、之ヲ請フ者ニ授クト云フ」（原漢文。「泮」は学舎・学館のこと）とある。というわけで、藩校で藩校の活字を用いて印刷したのだから、藩版と称するに文句はないだろう。とはいえ、この序文がなかったら、本書は藩儒版と言うべきものと見なされるのではないだろうか。実際、藩校の活字を使って作った藩儒版（個人蔵版）の可能性もなくはない。こうした出版物を藩版として認めるかどうかが、藩版研究における最大の問題なのである。

ついで、文政元年（一八一八）に『大学白文』が整版印刷で刊行されている。刊記があり、「文政元年戊寅冬新鐫／信濃国松本／彫工　岩本平蔵　蔵刻／論語白文　続刻」（後表紙見返）とある。岩本平蔵は松本の版木師・印判師であり、俳書等の書籍の彫板に関わったことが知られている。「蔵刻」とはあまり聞き慣れない言葉だが、蔵版と同じような意であろう。つまり、岩本平蔵という印刷職人による出版なのである。常識的には松本の地方版・町版であり、これを藩版とはふつう言わない。しかし、その判断を少し躊躇させるのは、本書の版木が他の藩版書の版木とともに松本市立博物館に遺蔵されているという事実があるからである。この書は推測するに、町版として残された版木が買い上げられたかして藩のものとなったのである。

以上、松本藩版の起源たるべきこの二例について、今言うべきことは、『幼学』と『大学白文』とは単純な意味における藩版ではない。ないが、全く除外するのも躊躇される、ということである。

ついで、天保元年（一八三〇）刊の『弘裕斎撰語』がある。これは文句なく純然たる藩版である。第六代藩主松平光行の著書であり、松本藩版を代表する出版物として有名なものである。著書とは言っても、先人の名言を抜き書きしたにすぎないが（先掲『幼学』も抄録書である）、このように抄出し書写する行為は近代以前の典型的な読書行為の一つであり、またこうしたものも著作として成立しうるのだ。大本二二巻五冊、木活字版である。

また、木活字版の四書五経等が刊行されている。『大学』『中庸』『論語』『孟子』『尚書正文』『孝経』などがそれで、刊行年代は必ずしも特定できないが、藩庁資料を参看して、およそ天保一二年（一八四一）あたりの刊行であろうと推測できる。いずれも無刊記であるが、『尚書正文』（大本二冊）

には題簽に「尚書正文　崇教館蔵　天（地）」と在り、これを蔵版記と認めることができる。他の『孝経』『大学』等の現存本には蔵版記を認めることはできないが、それはみな中本程度の大きさで、かつ共表紙の簡素な装丁であるせいだろう。

こうした四書五経等については、さらに時代が下った慶応四年（一八六八）に、整版の四書集註が作られた。ただし、これらは現存本が確認できず、版木が残るのみである。版木は、『大学章句』『中庸章句』だけだが、松本市立博物館にほぼ完備して（『中庸章句』に一丁分の欠損がある）遺蔵されている。『大学章句』の見返には「雍正原本／四書集註／松本訓点　崇教館蔵板」とあり、蔵版記が明記されているが、刊記はどうであろうか。通常、四書集註の類に刊記が付く場合、最終巻たる『孟子』の巻末に付すことが多い。『孟子』の彫板に達する前に途絶したために無刊記だとも考えられるし、当初から無刊記で計画された可能性もある。残念ながら、刊記が付くべき書籍なのか無刊記なのかは分からない。

また、同時期かと思われる頃の、同じような教科書の出版物として、『白鹿洞書院掲示《はくろくどう》』がある。半紙本程度の大きさで全五丁。現存本はいずれも無刊記であり、第五丁の版木が一枚、同館に遺蔵されている。

最後に、長沼流軍学書の出版があげられる。まずは天保一二年（一八四一）跋刊の『澹斎《たんさい》長沼先生行状』（大本一冊、木活字印刷）がそれである。これもまた無刊記であり、蔵版記もない。

天保一五年（一八四四）跋刊の活字版『兵要録』がある。長沼澹斎の著作である。無刊記、大本二二巻五冊、木活字印刷。松本藩儒・多湖安元《たごあんげん》による跋文に「是ニ於イテ、藩命トシテ安元等ニ此書ヲ校訂セシメ、［中略］校訂既ニ成リ、活版ニ為シ、以テ藩士ニ頒ツ」（原漢文）とある。そして、この書は安政元年（一八五四）に『校刻兵要録』として整版で刊行されなおす。柱刻《ちゅうこく》の象鼻《ぞうび》には「崇教館蔵版」と蔵版記があり、巻末には三都の書肆の名前を列記した刊記が付されている。すなわち、「嘉永七年甲寅／官許彫刻」（七冊目末丁ウラ。なお、官許とは、幕府でなく藩府の許可を意味しているだろう）、「書肆　京都三条通升屋町　出雲寺文次郎／同寺町通松原下ル　勝村治右衛門／大坂心斎橋通北久太郎町　河内屋喜兵衛／同安堂寺町　秋田屋太右衛門／江戸日本橋通壱丁目　須原屋茂兵衛／同本町通横山町壱丁目　出雲寺万次郎／同芝神明前　岡田屋嘉七」（七冊目後表紙見返）。また、この刊記を備えないものもあるが、こちらは市販せず、蔵版主たる藩が領内に限定して頒布したものと考えられる。因みに、この二様が同時に存在するあり方は、藩版によくあるものである。後に示す、刊記と蔵版記の関係でいう（B）と（C）との二様である。

松本藩版の特徴

以上が、現在までの調査でわかる松本藩版のすべてである。

先に述べたように松本藩版は点数もさほど多くないし大部な図書もない。つまり、事業の規模はさほど大きいものではない。しかし、およそ藩版に見出しうる特徴のさまざまを兼ね備えたバラエティに富んだものとなっており、この点がかえって松本藩版の大きな特徴と言って良いであろう。

まずは、本の内容の多彩さである。好学好事の藩主の著作を出版するというのが藩版書の一般的な特徴の一つである（『弘裕斎撰語』）。また、藩校の教科書として四書五経その他の経典を出版するのも基本的特徴である。その他、藩に関係した学者の著述を出版するのもそうである。松本藩の場合、『幼学』、『澹斎長沼先生行状』および『兵要録』（活版・整版）がそれにあたる。

また、出版主体も多様である。藩版とは藩の失費により出版される書物のことを指すが、厳密に言えば、この場合の「藩」には、藩主、藩庁、藩校、藩臣・藩儒など、いくらか位相の異なる立場があるだろう。

印刷形態もまた多様である。活字版も整版も用いられ、また同じ本でどちらでも印刷されたものがある。ただし、その場合でも微妙な違いがみられる。『兵要録』は、まず活字版で印刷し、その結果をもとにして整版を作ったのであろう。こうした連動したあり方に対して、四書五経のほうは、天保年間に活字版印刷がなされ慶応年間には整版印刷がなされているのだが、両者の間に積み重ねの因果関係はなく、それぞれの需要に応じて独立して印刷が行われたのであろう。活字版の速効性・経済性と、整版の耐久性・美麗さとを天秤にかけて、それぞれの場合に応じて活用しているように思われる。

また、彫板・摺刷・造本の一連の作業を書肆にゆだねる場合と、藩が自前で行う場合とがあるが、松本藩版の場合には、活字版は自前で行い、整版は書肆にあつらえているようである。もう少し大規模に藩版事業を行っている藩のうちには、新発田藩版などがそうであるように自前で彫り師を抱える等して、彫板や摺刷を行う例もある。

この他、松本藩版の場合、地元に版木が遺蔵されているのも、藩版によく見られる特徴である。版木はふだん書肆に預けておくのだが、そのあいだ書肆が蔵版主に無断で印刷販売せぬよう、版木のうち数枚だけを蔵版主が保存しておく制度がある。これを「留め板《いた》」というが、松本藩版の『中庸章句』版木のうちには墨書等で「留板」と記されたものがある。これはすなわち、版木を書肆に委ねて彫板し預けたあかしである。

一般的な定義と特徴

以上の多様性を一般化しつつ藩版全体に踏みこんでいくことにしよう。まず、中野三敏執筆にかかる『日本古典籍書誌学辞典』の「藩版」が簡潔明晰なので、これを読み、今見た松本藩版も例にしつつ考えるとわかりやすいはずである。以下がその全文である(番号は高橋)。

藩版 (1)諸藩の藩主や藩校の出費によって刊行された出版物。(2)費用は藩が負担するが、実際の出版に関する作業や実務は、多くはその藩と関わりのある書肆が行うのが通例だが、中には藩士や一般人を技術者として養成して行う場合もある。(3)おおむね好学・好事の藩主自身の著作や藩儒もしくはそれに準ずる学者等の著述を刊行する。(4)享保以前は書物のどこにもその旨を表記せず、奥付なども付けないものが多いが、享保以後は見返しや奥付に「○○藩蔵版」といった蔵版記や印記を以て示す例が多くなる。(5)また、初めは藩版として刊行しておいて、後にはその板木を製作者である版元に下げ渡して、その店の刊行物として、奥付にもその書肆名を表して売り出す例も少なくない。（6）したがって、元禄頃までの藩版は、それが藩版であるかどうかを判断することがかなり困難な場合が多い。東条琴台編『諸藩蔵版書目筆記』には、そのような例が多数記載される。

（1）は本稿冒頭でも述べたように、最も単純明解な藩版の定義である。ただし、藩主、藩校、藩臣・藩儒など、著者・出版主体・蔵版主もまた多様である。藩臣・藩儒版は、松本版の『幼学』のように、個人蔵版であり、藩版とは別だと考える立場が普通であり、本来ならば厳密に区別すべきだし、タヌキとキツネとを区別するごとく、区別が可能だとも思われている。しかし、個人に対して藩から補助金が出ている場合もあるだろうし、そういう事例はどう扱うか、やっかいである。これは大きな問題として後述したい。（2）は、実際の彫板・摺刷・造本の作業実務を書肆が行う例と、藩自前で行う例とがあることを述べている。松本藩の場合、活字の組みは藩校内で行っており、整版は書肆に委《ゆだ》ねていた。一般に、書肆が藩版に関わる場合、自らを「製本所」「製本販売所」「製本取次所」などと名乗ることが多い。（3）は著者について触れた箇所である。藩主は問題ないが、藩臣・藩儒をどう扱うかがむつかしいのは（1）で述べたばかりである。また、そのジャンルとして、この記事では藩校内で使用する四書五経などの教科書類について触れていないが、たぶん藩版で最も量的に多い（タイトル数も摺版部数も）のは、藩校の教科書類であろう。本記述は好学好事の大名や学者文人を重視する傾向があるのに対し、後掲の笠井氏のそれは藩校の教育に重点を置く傾向がある。しかし、いずれの傾向もともに藩版の特徴である。（4）の無刊記について、享保以後と享保以前とに分けているのは、この時期に近世出版に関する大きな変化があったからである。すなわち、享保七年の江戸の町触れ（出版条例）のことである。このことと、刊記や蔵版記の書誌学的問題とは大きく関係がある。（5）はいわゆる下賜版のことである。これも実際に即して見ることが必要である。なお、（6）は、（4）と（5）の二つを受けての結論である。

二　藩版の三つの特徴

かつて一〇年ほどまえに藩版の特徴を、無刊記、重版・類版の規制外、町版との提携という三点においてまとめたことがある。これらをふまえて、いまいちど刊記と蔵版記との関係の問題として捉え直してみようと思う。これは、今日的な藩版研究の課題といえるかもしれない。以下、まずはこの三点に関して簡略におさらいしておく。

無刊記

刊記は、出版年月日、出版地、出版者で一セットである。ただし、どれかが欠けても刊記である。

なお、書誌学的には、刊記と奥付とを区別する場合もあるが、ここでは特に区別しないで論をすすめる（私は、刊記とは内容的な側面からなされた用語であり、奥付は部位から来た用語だと考えている。つまり、奥付に刊記がある、というごとく）。

出版において、そもそも、刊記はあってもなくてもよいものだったのだろう。不特定多数の集まりで発言するとき、名乗って身分を明かすか否か、そのメリットはケースバイケースである。発言内容にプライオリティが発生する場合や逆に責任を負わされる場合には、名乗る必要があるだろう。近世出版史において有名な享保七年（一七二二）の町触れ以後の書物には、これが一般化した。その条目のうち「一、何の書物によらず此以後新板之物、作者幷に板元実名、奥書《おくがき》に為致可申候事」にある「奥書」（刊記）がこれである。

これに対して、藩版には刊記が付かないものが多い。刊記は、書肆が仲間を結成し、出版権をまもるために明記したもので、それによって重版・類版を禁止するという制度的な保障の要素となっている。市販する権利の確保のため、版木に名前を載せるのである。ゆえに、藩版は、市販しないとなれば、または武家の営為であるぶん、明記すべき必然性がないのである。

具体的にこのことを見ておこう。かつて私が遺蔵版木も含めて悉皆的に調査した新発田藩版に関しては、ほとんどが無刊記である。ただし、そのうちでも『白鹿洞学規《はくろくどうがっき》集注《しっちゅう》』は、例外的に刊記と思しきものがある。終丁裏に「天保十五年甲辰春三月　芝田（ママ）　浜崎喜助智治　謹刻」とある。この浜崎喜助は新発田藩内において半ば召し抱えの業者として活動していたことが知られている人物であるが、

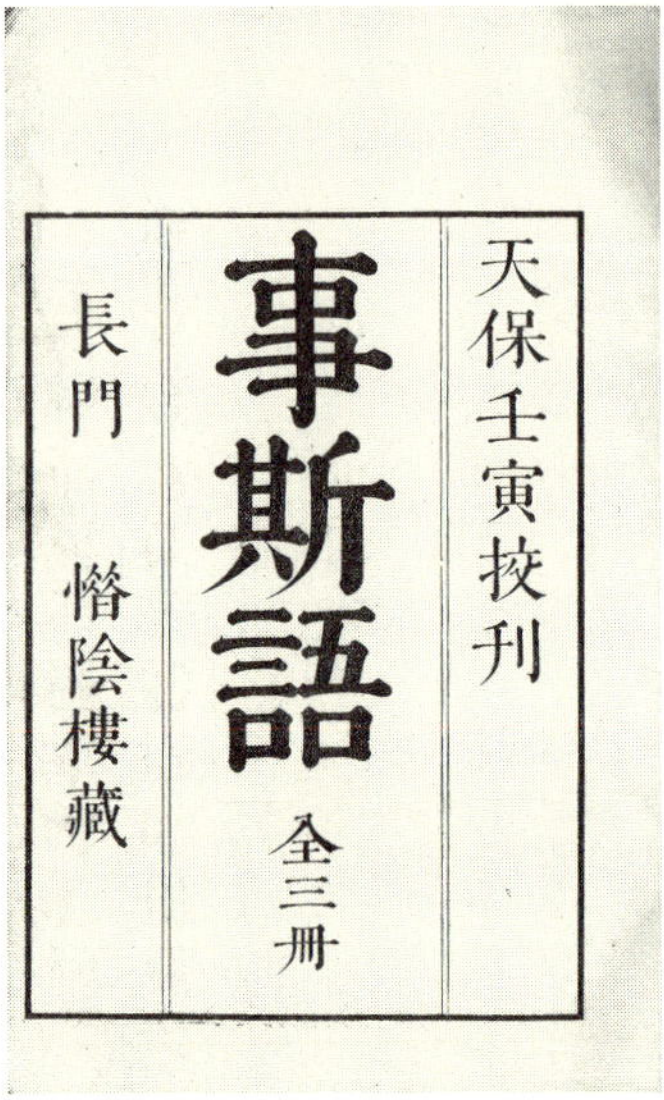

図1　長州藩版・毛利斉広著『事斯語』第1冊、扉オモテ（架蔵本）

しかし、この部分は享保七年の触書きに言う「奥書」（刊記）、すなわち彫板者の責任と権利を保障する証拠ではなく、たんにいつ誰が彫ったかという記録に過ぎない。このほか他藩の例においても、後に触れる「製本所」として記される書肆名もまた、触書きに言う刊記（奥書）ではない。それらは、市販に供するための保障として記載されるのである。なお、この市販に関しては、蒔田稲城『京阪書籍商史』（一〇八頁、三二一頁）や、それを敷衍した宗政五十緒『京都書林仲間記録』第六巻（四四頁）などがこれを明解に位置づけている。藩版に限らないが、市販を目的としない場合、享保七年の触書きに言う「奥書（刊記）」は必要ないのである。

以下、こうした例を含めて書肆の連名を「刊記」と呼ぶが、意味の違いがあることを自覚した上でのことである。

もう一例、無刊記本を挙げておこう。蔵本朋依が近年、藩庁資料によってその出版の実態を明らかにした、長州藩版『事斯語《じしご》』（大本三冊）で、蔵本（二〇〇八）によれば、調査したすべての本で本書は無刊記だそうである。図1はその扉であるが、左に位置する「長門　惜陰楼蔵」の楼号は蔵版記であるが、誰の楼号なのか不明だそうである。おそらく、その死を惜しんでの楼号であろうが、裏付ける資料が見出せないのである。これは後述するが、刊記と蔵版記の関係において蔵版記しかない例である。本書は藩儒山県太華《やまがたたいか》らが校訂した先代藩主毛利斉広の遺稿であり、当然いい加減な蔵版記を付すはずはなかろう。が、人が知らないような雅号が据わっているだけで十分なのだ。武士（殿様）の営為（慈悲）としての藩版においては保護すべき権益など特にないからである。なお、本書も抄録書である。

重版・類版の規制外

刊記を明記する目的の一つは、重版・類版の駆逐にあった。逆に、藩版が無刊記でいられるのは、その重版・類版禁止の規制外にあったことのあかしでもある。

たとえば、新発田藩版の『近思録』は町版の『近思録』の覆刻（被《かぶ》せ彫《ぼ》り）である。町版の『近思録』は幾種類も存在するが、新発田藩版と同じ大本・九行一六字のものは、江戸前期刊行の井上清兵衛版を嚆矢として、幕末まで武村市兵衛・同佐兵衛版、藤村治右衛門版、菱屋孫兵衛版などがあり、これら町版は正規の手続きで板株が移動してきたと考えてよいだろう。しかし新発田藩版は、それらを底本として覆刻を行っている。もちろん本屋仲間への断りなしにであろう。

これはひとり新発田藩版だけのことではない。鹿児島藩版『近思録』もまた、町版からの覆刻である。新発田藩版と鹿児島藩版どうしも直接の関係はなく、それぞれが別個に無断で町版から覆刻をしていたと思われる例である。もう一つ鹿児島藩版から例をあげると、鹿児島藩版『箋註蒙求』（三巻三冊）は見返に「明治辛未年新鐫／標題　箋註蒙求読本／鹿児島藩蔵板」と記すが、これも河内屋茂兵衛他三都十肆版『箋註蒙求』からの覆刻である。『箋註蒙求』は岡白駒《おかはっく》の著作で初版は明和四年（一七六七）であり、町版においては明治期に入ってもなお幾版も彫られてきた需要の高い本であったが、これらも正規の手続きで板株が移動してきている。

あるいは、嘉点の『小学』（倭版小学と呼ばれる）には、これを安永九年（一七八〇）に覆刻した新発田藩版があるほか、田辺藩明倫館版、会津藩日新館版の覆刻がある。

こうした覆刻は、和刻本漢籍に限ってならば、長沢規矩也『和刻本漢籍分類目録　増補補正版』から拾うことができる（実際の数はさらに多いだろうが、同書以上の研究もまたまとまって報告はされていない）。そもそも和刻本は、唐本を無断で覆刻してきたのである。経済圏がグローバル化（全体化・一体化）したときこれは問題視されるが、互いが異なる地域社会として存在している場合にそれは大きな問題にはならない。その意味で、武家の世界と町人の世界とは、日本（和刻本）と中国（唐本）ほどの隔たりがある別世界だということが分かる。

ここで重要なのは、覆刻本を「鹿児島藩蔵板」と称する『箋註蒙求』など、町版において期待される「蔵版」の持つ意味を無視していることである。常識的に、われわれは、蔵版は町版の権益保護の圏内にあるとまず思い込んでいるが、実は、このようにその外側にあってただ単に「蔵版」を唱えているだけの出版物があるのだ。見返に記された蔵版記のうちには、何らの実効性への期待を持たぬ、名ばかりの蔵版記もまた存在しているのである。なぜなら、ただ本を出版できればよいのであって、制度や法令に守ってもらわねばならないほどの何物をも持っていないからである。町版と藩版とでは刊記の意味が違うように、蔵版もまたその意味するところ、果たす機能は違っているのである。

このことに加えて、刊記と蔵版記との関係を、次に進む前に今一度確認しておこう。言うまでもないが、刊記と蔵版記とは違うものである。刊記は出版者を表し、蔵版記は蔵版主を表している。もちろん、書肆が蔵版主である場合など、これが一致していることもある。しかし、書肆以外が蔵版主の場合には、刊記に記された名前と蔵版主とは異なる。

さて、書籍において刊記と蔵版記との関係には次の四つの組み合わせがあるはずである。この区別と区別のパターンを理解しておこう。すなわち、

（A）刊記しかないもの。普通の町版はこれである。

（B）蔵版記しかないもの。藩版や個人蔵版などの非町版はこれである。

（C）町版の刊記と、それとは別の蔵版記を併載するもの。町版と連携した藩版や個人蔵版はこれである。

（D）刊記も蔵版記もないもの。享保七年以前の書籍か、あるいは非町版のうち新発田藩版などがこれである。

以上の四つのうち、（A）は普通の町版であるが、藩版には（A）以外の三つのパターンがあるとふつうは考えられる。

そして、ある書物において、(B)と(C)の二様が並存的に存在する場合はさておき、すべてが(B)であるような場合(たとえば『事斯語』)、その「蔵版」の意味するものは、先程から言うように町版のそれとは違うと思われる。

このことを踏まえて、次へ進もう。

町版との提携

藩版は、町版のルールを無視している一方で、町版と提携もしている。先程見た中野の記述でいえば、(2)の「実際の出版に関する作業や実務は、多くはその藩と関わりのある書肆が行うのが通例」という場合、および(5)の「初めは藩版として刊行しておいて、後にはその板木を製作者である版元に下げ渡して、その店の刊行物として、奥付にもその書肆名を表して売り出す例」である。順番に見ていこう。

まず(2)であるが、これの多くは、藩版であることを明示する蔵版記を刻した上で、書肆が刊記に自らを「製本所」「製本販売所」「製本取次所」などとして名乗るものが典型である。すなわち、先に見た刊記と蔵版記の関係(C)である。ただし、(B)の刊記を欠き、蔵版記しかない藩版も多い。

具体的に示しておこう。加賀藩版『四書朱子本義匯参《かいざん》』(大本、四七巻四二冊、天保七年刊)は、一冊目の扉に「天保丙申翻刻/金壇王罕皆輯/四書朱子本/義匯参〈敦復堂/原本〉」と摺り、そのウラ丁に「金沢梓行」という大きな印を捺印する(蔵版印である)。刊記はない(金沢大学附属図書館駒井文

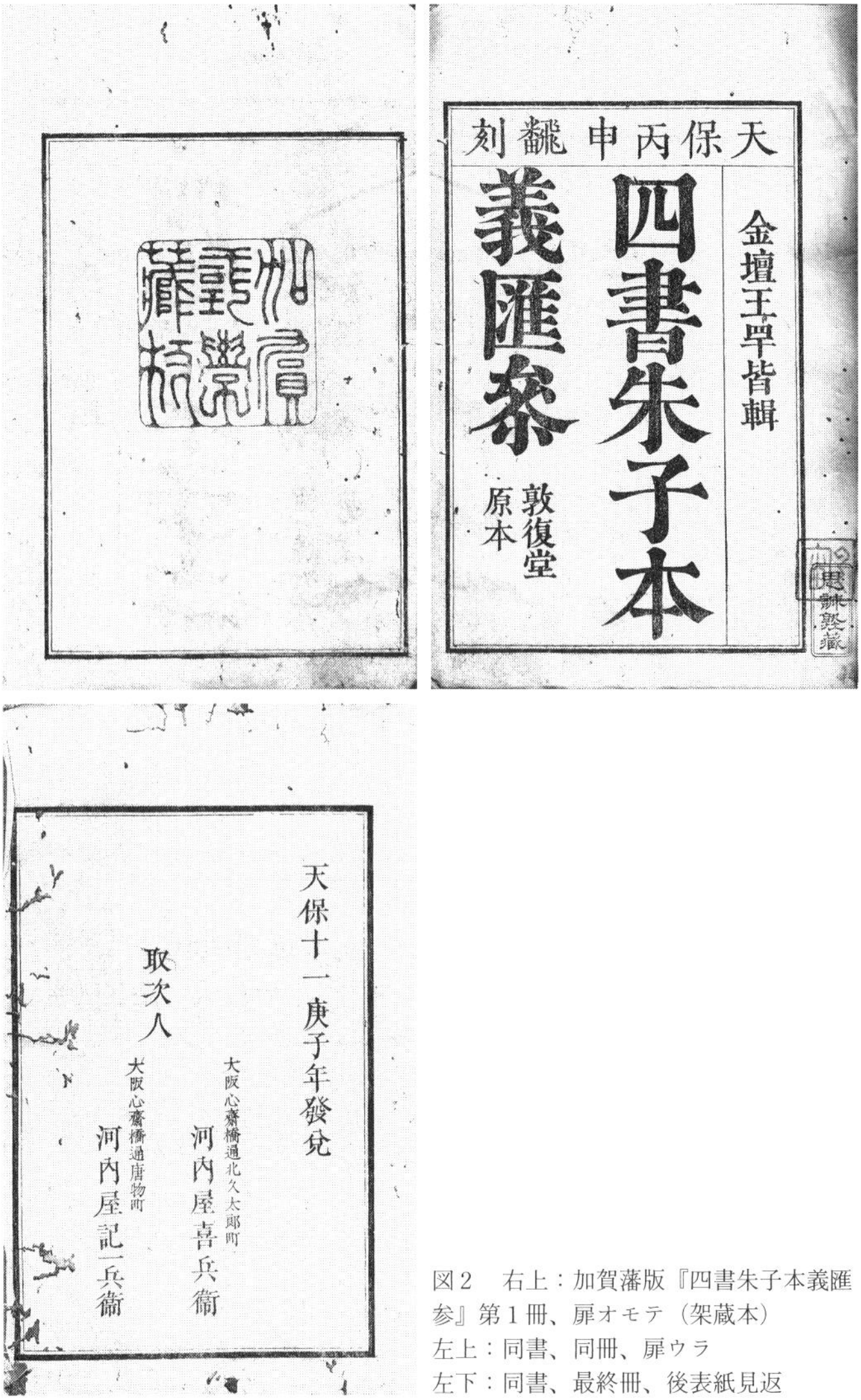

図2　右上：加賀藩版『四書朱子本義匯参』第1冊、扉オモテ（架蔵本）
左上：同書、同冊、扉ウラ
左下：同書、最終冊、後表紙見返

庫本）。同じく無刊記ながら、扉ウラ丁の蔵版印が「加賀国学蔵梓」という印文を持つものがある（石川県立図書館饒石文庫）。また、石川県立図書館饒石文庫本と扉が同じで、最終冊後表紙見返に刊記として「天保十一庚子年発兌／取次人　大坂心斎橋通北久太郎町　河内屋喜兵衛／大坂心斎橋通唐物町河内屋記一兵衛」とするものがある（架蔵本（図2）、信州大学附属図書館多湖文庫本）。

前二者は（B）であるが、後一者は（C）である。大坂の河内屋が製本所として彫板・摺刷・造本一切を取り仕切り、かつ市販も引き受けているのである。

同じパターンは、会津藩版『四書訓蒙輯疏』でも見られる。

（B）架蔵本（半紙本、巻首一巻本文二九巻二九冊）は、見返に「（魁星印）嘉永元年戊申鐫／四書訓蒙輯疏／（蔵版印・会津藩蔵版）」と蔵版印を持つが、無刊記である。

これに対して、

（C）金沢市立図書館雅堂文庫本（大本、巻首一巻一冊、本文二九巻二九冊、合三〇冊）は、見返は同じだが、書肆の刊記を持つ。「書肆／京都三条通升屋　出雲寺文次郎／同寺町通松原下ル　勝村治右衛門／大坂心斎橋通北久太郎町　河内屋喜兵衛／同安堂寺町　秋田屋太右衛門／江戸日本橋通壱丁目須原屋茂兵衛／同本町通横山町壱丁目　出雲寺万次郎／同芝神明前　岡田屋嘉七」（最終冊後表紙見返・全面）。

この刊記には、別の版もある。

小千谷市立図書館本（半紙本、巻首一巻二九巻二七冊。一七、二八冊目が欠巻）の刊記は「尾州名古屋

美濃屋代助／西京　田中治兵衛／仝　柳原喜兵衛／大阪　小谷卯八／仝　前川善兵衛／函館　魁文社／越後長岡　上田屋治八／羽後秋田　本間金之助／東京　別所平七／仝　山中市兵衛／陸前仙台同支店／出版人　斎藤八四郎　岩代国会津若松」（終冊後表紙見返・全面）であり、また見返にはもはや「会津藩蔵版」という蔵版印は捺印されていない。

もちろん三版とも同版であり、前付けの順序に小異はあるがみな同じものである。

（C）のパターンをもう一例見ておこう。福山藩誠之館蔵版の『重訂小学纂注』（全四冊）の一冊目見返と四冊目後表紙見返の刊記である。見返には蔵版記が「福山誠之館蔵板」とあり、刊記には「福山誠之館蔵版／製本所　江戸下谷池端仲町　岡村屋庄助／大阪心斎橋通唐物町　河内屋吉兵衛」とある。なお、本書には見返に「福山藩嵗寒堂蔵板」という蔵版記を持ち、次のような刊記を持つ別版があり、こちらのほうが先のものである（覆刻の底本）。「福山藩嵗寒堂蔵版／江戸発行書舗／新乗物町鶴屋金助／池端仲町岡村庄助／本石町十軒店英平吉／嵯峨樵歌一冊／薇山三観帰省詩嚢合刻二冊　三書既刊行」（最終冊後表紙見返・全面）。嵗寒堂は、校点者・北条霞亭の堂号である。つまり、個人蔵版の権利が後に買い上げられたかして藩版になっているのである。

以上、刊記と蔵版記の関係における（B）と（C）の例、しかも二様が並存する場合を見た。

中野氏の言う（5）の例は、上述の（2）の例も含むが、もっと昔の場合をも想定したものである。それは享保年間以前の例である。東条琴台の『諸藩蔵版書目筆記』には「藩の失費にて上木出来して、後には版木を書肆へ下されしこと」を「世間一様の風習」とした上で、その例をあげているが、中野

（一九九五）はこのことについて、次のように述べている。

例えば黒田藩の場合、前記の『諸藩蔵版書目筆記』では貝原益軒の著述などは大半が藩版として出されたものだが、実際に現存する板本について確かめると、殆どが小川柳枝軒や村上平楽寺、永田調兵衛、吉野屋権兵衛といった京都の大書肆の奥付のものであり、藩の蔵版印や蔵版記は見当らない。即ち江戸前期には藩版であることを証するための蔵版記や蔵版印は用いられないのが通例であったらしい。（二〇〇頁）

これは、刊記と蔵版記の関係でいう（A）の例である。町版の刊記しかないのに、それも藩版だというのである。つまり、この例になると、それが藩版であるか否かは、もはや書誌学的には解明不能だということにならないだろうか。琴台のような事情通でないと分からない事柄であるか、逆に、こうした例はいっそ藩版から排除してしまうべきか。この書誌学に対するニヒリズムについては、最後にもう一度考えることにして、以上の三つの特徴から分かることをまとめておこう。

すなわち、刊記（奥書）の記載義務や、それが保障する重版・類版の禁止など、三都の町人・株仲間組織が勝ち取ってきた権利というものは、まさに町人の論理のうちにあり、またうちにしかなく、武家の論理で動いている藩版には必ずしも通用しない。刊記のみならず、蔵版という概念もまた、時と場合によっては藩版には通用しない。刊記と蔵版記の関係においても、刊記だけしかない（A）のパターンにあってさえ藩版はありうる、ということが分かった。

三　二つの藩版研究

笠井助治と藩版の自明性

今後の藩版研究のあり方を考え、これまでの研究を反省すべく、笠井助治の研究を振り返っておこうと思う。近世藩校の総合的研究で知られる笠井氏は、その研究過程で、藩版についても最大級の研究成果を残している。『近世藩校に於ける出版書の研究』である。同書には一二五藩のおよそ八三〇著作が藩版としてリストアップされており、藩ごとの個別的な研究では部分的に乗り越えられているものの、総合的なリストとしては今日に至ってもこの五〇年前の成果を超えるものがない。

普通であればこの成果を見て、藩版の研究は既に終わっており、さまざまな課題はもはや達成されていると考えるだろう。しかし、そうではない。そのリストには漏れがあり、また藩版でないものが混ざっている、等々の理由をあげることはできるが、そういうことは研究における常態であって、重大な欠点と言うべきではない。問題は、タヌキとキツネを区別できないでいること自体ではなくて、その区別の基準をどう立ててよいか分からないにもかかわらず、そのことに気づいていないかのようなふりをしているところにある。もちろん、区別が難しいこと自体は笠井は気づいている。とうぜん実感している。藩版の定義や概説にあたる部分も含めて、引用してみよう(番号は高橋)。

一般に朝廷の出版書を勅版、幕府の出版書を官版と称しているのに対し、大名及び藩府、並びに藩命或いはその援助による出版物を藩版と言っている。この藩版は天明・寛政・享和期の藩校設立の最盛期から最も多く現われ、一藩文教の中枢的機能をもつ藩校内に開版所・開版方が置かれて開版事業が行なわれ、その蔵版にも藩校名義を附したものが多い。従って、そうした意味では藩校版と称してもよい。しかし、これら諸藩の出版書が、果して藩版・藩校版であるや否やの書誌学上の判定は、いたってむずかしい。(1)初め藩の蔵版にかかるものも、後に板木を書肆に譲り渡したものも多く、(2)また最初から出版を書肆に委任して、書肆の名義で開版せしめたもの、(3)藩府蔵版の名義をことさらに秘したもの、(4)儒者等に命じて撰著刊行せしめたもの、或は(5)大名・藩府が出版費を給与または援助したもの等、多種多彩で一様ではない。(二頁)

(1)から(5)まで、その区別の難しさを並べているが、これは構造的に理解されたものではない。そして、一著ごと具体的に書誌を採っていかねばならないにもかかわらず、これだけ網羅的・悉皆的な調査をしておきながら、そうしたアプローチを全くしていないのである。笠井は、藩版か否かの判定が難しいと言いながらも、そうした問題など存在しないかのごとく、きちんとした藩版のリストを無垢なままに提示している。

リストに先だって書かれた論文（近世出版史を概観し、各藩の特徴的な出版書を概説する論文）においてもまた、藩版は自明な概念であるかのごとくふるまい、それが孕むさまざまな問題点は全く隠されている。増減こそあるが安定した藩版という領域が存在しているかのごとくなのである。藩版を町版の営為に一元化しようとする研究があるとすれば、それとは違って、笠井の研究は藩校の営為に一元化しようとするものである。たとえば、次のようにも記されている。

幕府の編輯出版事業が、寛政以後は昌平校で行われたように、諸藩に於ても、藩校設置の後は、諸書の編輯・出版の事業は、専ら藩校で行われるを常とした。水戸藩のように、早くから彰考館の如き編輯刊行の施設を特設したところは別として、諸藩の学校では、その学内に編纂局・開版所・印行所、或は蔵版局などの名称のもとに、編輯・出版機関を常置、或はその都度設けていたところが多い。藩府或は藩（大名）の援助によって出版した書物を藩版と称しているが、その多くが藩校名義で開版され、明倫堂蔵版・学習館蔵版・養賢堂蔵版・稽古館蔵版・有造館蔵版となっているものが多い。そこでこれらを藩校版と名づけることにする。（四二頁）

つまり、笠井氏が行った区別は、藩版と藩校版の区別である。それはもちろん前進である。藩版を藩校版と呼びかえるのは、笠井氏の研究目標（藩校の研究）からは許される見方である。しかし、この記述からは、あたかも藩校蔵版とはすべての藩校で編纂作業に加えて彫板・摺刷・造本が行われたものであるかのごとくに思われてしまう。が、そうではなく、書肆がそうした実務作業を行うがゆえに「蔵版」という言葉が使われているのである。さらに、藩版と藩校版の区別は、刊記と蔵版記の具体的な記載をデータとして示した上でなされるべき書誌学的到達を不可欠としているはずである。しかし、続く論文とリストにおいて、その区別を具体的に示そうという努力はまったく払われておらず、結論だけがランダムに記されるので、笠井に続く者たちは、また一から書誌を採らなければならない。因みに、これは到底一人でなし得る仕事ではないので、大勢の人がこうした書誌調査に参加してほしいと願うものである。

今後、藩版の研究がやらねばならない事柄は、こうした地道な調査であろうと思われる。これと同時に、たとえば蔵本朋依が長州藩版に関して調査発見したような、藩庁資料の発掘と藩版の実態とのすりあわせなども期待される領域である。

東条琴台の『諸藩蔵版書目筆記』

刊記と同じく、蔵版の概念もまた、町版と藩版とでは違っていた。藩版における蔵版概念は、町版のそれをつねにはみ出している。この問題を掘り下げてみよう。さきほどそのままにしておいた(A)町版の刊記しかないのに藩版である例に、どう対処すべきかという問題にも関係するはずである。

藩版に関する研究としてほんらい最初に掲げるべきは、東条琴台の『諸藩蔵版書目筆記』(四巻四冊）である。天保年間（一八三〇―四四）の成立かと思われ、その凡例には「家塾に彫刻す」とも記してあって、出版する予定であったが、『国書総目録』を見る限り写本しかないので、刊行されずに終わったと思われる。はやく『解題叢書』（広谷国書刊行会、大正一四年刊）に翻刻され、知られた資料でもある。これが重要なのは、歴史的な価値があるといった消極的な意味からでなく、現在の藩版研究の立場からみても十分に有益な視点を提供しているからである。

まず、その概要を示しておこう。御三家からはじめて総数で八一の諸家の藩版書のリストにして、著作数でいえばおよそ四二〇ほどを掲げている。また、リストとして掲げられた著作についてのさまざまな情報が加味されている。笠井もまた、このリストを増補してきたのである。

冒頭に付された「凡例」には、この書をものした理由が述べてある。昨年の秋七月、「諸藩蔵版の挙あるべし」と幕府よりの下命をうけて前後して四つの大名家から、何を出版すべきか問い合わせがあったという。この「諸藩蔵版の挙」については、藩版研究の大きなトピックでもあり、天保一三年（一八四二）六月に発せられたものである。これを受け取った一〇万石以上の諸大名は、どのような著書を「蔵版」すべきか考えたのであろう。東条琴台にも前後して四家からの問い合わせがあったのである。因みに、この「諸藩蔵版の挙」については、笠井の説明が簡潔的確である。

藩版・藩校版の中には、幕府の文教政策に内応して開版事業を起した書もある。早くは新井白石、次いで松平定信などは、全国諸藩に対し書籍刊行の奨励意見を持っていたようであるが、直接幕命をもって諸藩に出版奨励を令したのは天保十三年六月である。十万石以上の諸藩に、大部の書の全国的計画出版をさせるという文教政策によるものであるが、間接的には、諸藩の財力をそぐ一面でもあるかに考えられる。天保十三年六月、諸藩に出版奨励の旨、大目附へ達せられたが、その令達を見ると、

一、文学之儀は当時格別御世話被為在、追々官版も被仰付候処、諸家蔵版に至り候ては僅数十部に不過哉に候。一体大身の輩は心掛次第大部之書一・二部宛も蔵板いたし、普く後来にも相伝候様有之度事に候。此段十万石以上の面々へ急度可被相達候

（七五—七六頁）

とある。

この挙において、琴台は、既刊書や他家の蔵版書との重複を避けるべきだと強く考えて、そのリストを冊子にして献上した。その後さらに削補を施し本書を成したと記している。「是までに諸家にてすでに彫刻ありしものは、譬えば校正等精核に非ずとも、それはさし置、重複のなきやうに致すが簡要にあるべくと心附き」と凡例に見える。

さて、私が問題としたいのは、書名にも採られた「蔵版」という言葉である。凡例には引き続いて、一つ書きで五項目が記してあるが、そのうち次の二つが「蔵版」を問題にしており注目される。〈　〉は割注。

一、慶長元和の比より寛文延宝の間まで、活字版にて儒書医書を刷りしこと少からず、また津軽家などにて山鹿素行が著述を彫刻ありしなど、今の蔵版なれども、当時蔵版の名目なし。元禄のはじめ柳沢家にて晋書以下の五史を彫刻ありしを、其頃も神田の蔵版と世人唱へしよし、細井広沢が深川居随筆に見えたり〈今按に、其頃柳沢家の邸は神田橋うちに有りしゆゑなり〉、さすれば坊刻にあらざるものは、皆これを記して、各藩の先君儒教を重じ、文士を敬ひ給ふ一斑を、世の人にしらしむるのみ。

一、蔵版の名目は、水府彰考館にて編修ありし新編鎌倉志、参考保元平治物語など、そのころの先鞭なるべし。皆貞享元禄の中にあり。正徳享保にいたりては蔵版の唱へ比々として起こりぬ。それより已然、紀府にて那波道円が明備録、永田善斎が膾余雑録を彫刻して、京師の書肆へ命じて発販ありし例多し。また、蔵版の名目はなけれども、右様の藩の失費にて上木出来して、後には版木を書肆へ下されしこと、世間一様の風習なりしゆゑ、其後には版木、書肆の有となるとも、其はじめは藩にて出来せしもの悉く是を其藩へ記す。

幕初、慶長・元和より寛文・延宝の頃、つまり整版印刷が定着する前の古活字版の時代には、津軽家をはじめ、活字版の藩版があったという。それは、今でいう「蔵版」に相当するが、当時そういう「名目」はなかった。また、元禄に至って柳沢家による出版の例もあるので（松会版の『晋書』『南斉書』『宋書』『陳書』『梁書』のこと）、それは「蔵版」と呼ばれている。それゆえ、「坊刻《ぼうこく》」（書肆による出版。

町版）以外のものはみなここに記載する、というのである。坊刻以外はみな藩版扱いするというのは、一見ずさんな分類のようにも見えるだろう。

また、藩版が蔵版を名乗ったのは水戸彰考館の『新編鎌倉志』（貞享二年）、『参考保元物語』『参考平治物語』（元禄六年）などが早い例だという。正徳・享保年間に「蔵版」ということを言うようになったというのは、おそらく享保七年の町触れによる影響が大きいのであろう。それ以前も含め、藩の失費にて彫刻させ後に書肆へ下賜する例が世間一様の風となったので、現在では書肆の蔵版であっても当初は藩版であったものはこのリストに載せる、という。

蔵版の二つの概念

『諸藩蔵版書目筆記』が特徴的なのは、この「蔵版」という概念にこだわっている点である。本稿において既に見てきたように、藩版で言う蔵版は、本来的な「蔵版」の概念と同じではなかった。蔵版記は、もうしわけ程度の、実体がない、制度的な裏付けのないものだとさえ言える。

しかし、町版においてそれはきちんと定義され、実効力もあった。既に知られているように「蔵版」という概念は、今日、「板株を所有し出版する権利を有すること」（『日本古典籍書誌学辞典』「蔵版」、鈴木俊幸執筆）を意味し、その権利を有する者は、一般の書肆はもとより、書肆以外の諸藩、寺院、学校・私塾、一般人（武士・町人）などにも及ぶもののはずであった。

大坂本屋仲間記録『上組済帳標目』のうち享保一二年（一七二七）正月に役所より「開板重板類板

蔵板之訳御尋被為成」た問いに対して、江戸十軒店行事から答えた文書から、蔵版の説明を見ておこう。四つ目である。

一、開板と申候儀ハ、東医方鑑六喩衍義、又ハ古来ヨリ無之《これなき》書物、新板ニ彫立申を開板と申候、
一、類板と申候儀ハ、たとへハ東医方鑑廿五冊先年被為《おほせつけなさるる》仰付板行出来申候、右之書物之内肝要之処を書抜、少冊ニ致、或者外題を相応ニ付替、板行仕候得者《さふらへば》、先板東医方鑑之類板ニテ先板之難儀ニ罷成申候、
一、重板と申儀ハ、たとへハ東医方鑑をその儘ニて又外ニ板行仕候へハ、先板之重板ニて御座候、又ハ細字或ハ小本ニ致、板行致候義、重板ニて御座候、
一、蔵板と申儀ハ、或ハ寺板又ハ素人板ニも御座候、尤右之類売本ニ出候義も御座候、又ハ什物ニ納置候儀も御座候、

これは事例を掲げているだけで、定義というほどのものではないが、ニュアンスは分からなくもない。書肆による商業出版（町版）のものはもとより、書肆以外による寺社や一般人（個人）なども蔵版に含まれるのであろう。官版はさておくが、藩儒版はもちろん、藩版（藩校版）もこれに含まれるだろう。そして、そのようにして作られた蔵版書は、市販される場合もあれば、寺の什物のごとく市販されない場合（市販しないことを宣言する場合）もあるのだろう。

蔵版主が書肆以外の場合、書肆が製本取次所を称して事業をマネージメント（支配）するのであり、「蔵版」とはすなわち、刊記（奥書）がそうであったように、本来的には町版の概念・機能なのである。書誌学・文献学の立場から藩版を研究するのであれば、「蔵版」というからには、蔵版主体がだれなのか、明確にすべきだし、明確にできるはずだし、たとえ人智が及ばず不可能であっても、本来的にそれは一意に定まっている、と考えられている。

そして、琴台自身もまたそういう立場にたっている。学者とはそういうものだ。この件に関しては、『諸藩蔵版書目筆記』巻一にも次のようにある。長いがこれを読んでみよう。

> 因に云、或人此稿を見て難詰せしは、侯家の蔵版のみにあらず、まゝには其藩の陪臣の蔵版も混雑してあれば、概して諸藩とは称しがたし。第一に福山藩の蔵版は全く小学纂註のみにして、韓非翼毳、呂氏春秋は侯家の蔵版にあらざれば刪《けづ》りて然るべしとなり。僕その言に随ひ刪去もすべきなれども、既に稿本も人々伝写して、今更刪落するとも駟《し》も舌に及ばず。且、そのむかし韓非翼毳を著せし太田善斎《ママ》は、僕が知識の人にして、既に侯家にても出費を賜り、彫刻あるべき積りなりしが、侯家事故多くしてその儘にて打捨ありしゆゐ、一己の力にて活字版として、僅かに三百部を刷りしなりと物語りしを聞きしゆゐ、風と記しおきしなり。其他右に類せしも十中に一二はあるべけれども、多くは侯家にては儒臣記室の職にありしもの、享保の頃には文集遺稿の類を、その君侯よりして彫刻ありて、一時の文学の賁光ともなりしなれば、其藩中にても世上へ知られ

んを欲せしこと、断りなしとも謂がたければ刪落するに忍びず、旧稿を存せしなり。僕また諸藩陪臣蔵版書目筆記十二巻を草す、いまだ全くならず、その外近世名家著述目録六巻を著はす。これは書估玉巌堂にて彫刻するに、今に全く出来せず。

すなわち、藩版と藩臣版とを区別すべきという意見は他人からもあり、自らもそのとおりだと半ば納得もしているが、半ばこれを拒否もしている。拒否の理由は、既に本書が伝写されているからという消極的な理由を掲げてはいるが、太田全斎『韓非子翼毳《よくぜい》』の例は、微妙な事情を表してもいる。全斎当人からの証言として、大名家よりの出資を仰いでいた（実現はしなかったが）というのである。その他、個人の文集や遺稿であっても、藩主の力で出版して世に広められたものもあり、藩版のあり方を考えた時、それらを削去することはできないだろうと思ったとも述べているのである。

また、琴台は、迷いながらも、陪臣の書目『諸藩陪臣蔵版書目筆記』を編纂中であり、名家の著述目録も計画し玉巌堂（和泉屋金右衛門）から刊行予定であるが、いまだできていないと言っている。つまり、藩版と藩儒版とを区別したいと思いながら区別しきれず、『諸藩蔵版書目筆記』を書いたわけである。

藩版と藩儒版の区別

藩版を構造的に理解したいと望む者ならば、藩版と藩儒版（個人蔵版）とを区別したいと思うものである。実際、可能な限り両者は区別すべきであるし、できそうに私も思う。

琴台自身が、「因に云ふ。紀府は伊藤蘭嵎、祇園南海、崖熊野、川合春川、榊原篁洲、高瀬松庵等をはじめとして名儒尤も多ければ、藩臣の蔵版還て府よりも多しと、其儒臣遠藤克輔、僕に語りぬ。僕また諸藩陪臣蔵版書目筆記を編著せんとするは是が為なり」とも述べており、遠藤克輔（号は古愚）もまた、藩版と藩儒版とが別であることを強調している。

その他、たとえば、加賀藩版とされてきた『韓非子解詁全書』は初版で「半千塾蔵版」という蔵版記があり、これは作者・津田鳳卿《ほうけい》の個人蔵版である。紀州藩の『偽書説』、『六経略説』なども同様である。水戸藩版として認知されてきた『豈好弁《がいこうべん》』、『閑聖漫録』、『及門遺範』などの和泉屋金右衛門から出版されている諸著も、藩版というよりは個人蔵版であろう。では、やはり松本藩版の『幼学』もそうだろうか。そして、守山藩における平野金華の著作『金華稿刪』、『劉向新序』なども、藩版というよりは個人蔵版である。

しかし、この区別にも、おのずと限界というものがある。そして、琴台はそのことにも気づいており、それを隠蔽することなく、それと格闘している。たとえば『諸藩蔵版書目筆記』に藩版としてリストされている『劉向新序』は、平野金華の訓点によって享保二〇年に江戸の錦山堂植村藤三郎から刊行されている。刊記は「東都　金華平玄仲訓点／享保二十歳〈丁／卯〉二月吉旦／江戸書舗　錦山堂　植村藤三郎梓行／晏子春秋／李于鱗明詩選　嗣出」（終冊巻一〇第二〇丁ゥ・全面）であり、架蔵本には「京師書肆植村玉枝軒蔵板書目録　仏書目録別ニ有／［中略］／堀川通高辻上ル　植村藤右衛門」（全二百三十有著、全四丁）という蔵版目録まで付されている。『割印帳』にも二度にわたって記載されているが（享保一八年九月、享保二〇年三月）、そこには蔵版主が誰だとも書いていない。普通に判断するならこれは植村の蔵版書つまり町版であろう。しかし、『諸藩蔵版書目筆記』はこれを藩版としているのである。

あるいは、北条霞亭『重訂小学纂註』は、前掲引用文のうちに「第一に福山藩の蔵版は小学纂註のみにして」とあった。同書は先に見たように、藩版になる前には北条霞亭の個人蔵版だった。琴台がそのことまで知っていたかどうかは分からないが、現在はもはや藩版であるのだから、その引用文は間違いではない。ただし、そうなれば『小学纂註』のみならずリストに掲げたすべての福山藩版は個人蔵版だったのである。しかし、幕初に藩版であったがいまでは全くその痕跡さえ見いだせないもの、つまり刊記と蔵版記の関係（A）に相当するものと同じように、こうした個人蔵版書もまた、同じような、藩版の見えない刻印が押されているかの如くなのである。すなわち、藩版と藩儒版との区別にも限界はあるのだ。

これは、書誌学的に見ているだけでは分からないことがらである。琴台のように事情に通じているがゆえに知り得たことを、幸運と考えるか、逆に書誌学的には到達不能な事象を見つけてしまった不運と考えるか。

不運と考える書誌学者は、対処の仕方として、そういうものを藩版として認めないという立場をとることが可能だろう。科研費助成金を使った研究書を官版とは見なさないように、あくまで町版に即した蔵版概念を墨守するのである。

しかし、東条琴台に見えているのは、単なる書誌学的な証左ではない。琴台は実質としての藩版を見て、それを問題にしているのである。

蔵版とは町版の論理であり、制度的には享保七年以後に成立したものである。それに対して、東条琴台の言う「蔵版」は、それ以前からある自然法的な出版主体を意味している。出版物は、制度や法令に守られて存在するのではなく、単に印刷されて実在するのである。幕初から在る藩版は、町版以前、制度や法令以前の（ただし、権現様以後の）実在なのである。それはタヌキとキツネの区別以前の存在なのである。東条琴台が見て迷い格闘しているのは、そういう対象である。

蔵版の実質と形式

本稿冒頭で触れたテーマを振り返って、むすびとしておこう。藩版という概念は、ほんとうに単純で自明なのか。

藩版という時の「藩」は、出版の主体を意味している。藩主、藩校、藩儒などがそれに当たる。蔵版主であることと費用を出したということとは区別が難しい。藩版の「版」には、形式的な版と実質的な版とがある。形式的な版とは町版によって制度化された蔵版についての版である。実質的な版とは写本に対比される版、つまり印刷されたという事実である。町版が権益確保のために築き上げてきたさまざまなルールは、形式的な蔵版である。制度や法令によるものである。しかし、形式に先だって、実質的な出版がいつも行われている。制度に守られていなくても、出版はなされる。学者たる琴台が見ていたものは、制度による明白な分類を期待しつつも、実質的に存在する出版書というものである。それは、キツネとタヌキの間に、どちらかに寄せられることなく、そのまま実在している。間にいるその存在は、学問的にはまるで妖怪のように見えるだろう。しかし、それこそが実在（人間の営為としての出版）なのだ。書物は、書誌学者や近世法学者が期待する原理を実現するために出版されているわけでない。

玉巖堂は、近世末期の藩版の中心にいた書肆である。自身は水戸藩と強い関係を持っていたのだろうが、東条琴台と藩版をめぐる関係を持ち、情報を提供し共有していただろう。これは私の楽しい推測にすぎないが、琴台と玉巖堂とは一緒に互いに情報を照らし合わせながら、藩儒版と藩版（藩主・藩校版）との区別をあれこれ議論しただろう。それは学者としても好事家としても幸福なひとときだろう。しかし、そのうちに分からなくなってしまって、区別自体が不可能でもあり、無意味でもあることに気づいたはずである。

ただし、あまりニヒリスティックに論文を終えるのはよしておこう。本稿が確認したことは、可能な限り、藩版と個人蔵版（陪臣版）とを区別しなければならないということである。そのためには、やはり一から書誌を取り直し、刊記と蔵版記の関係を明記する必要がある。刊記を精確に写し取り、蔵版記はその文言と部位を精確に記述する。こうした書誌学的アプローチを行い、データを公開し共有していくことからしか藩版研究は再開しないだろう。

参考文献

市古夏生『近世初期文学と出版文化』、若草書房、一九九八年
鹿児島大学附属図書館『玉里文庫等善本図録』、鹿児島大学附属図書館編、一九九七年
笠井助治『近世藩校に於ける出版書の研究』、吉川弘文館、一九六二年
柏崎順子『増補 松会版書目』、青裳堂書店、二〇〇九年
蔵本朋依「長州藩の出版事業のはじまり」『江戸文学』三九号、ぺりかん社、二〇〇八年
岸本真実「近世木活字版概観」『ビブリア』八七号、天理図書館、一九八六年
高橋明彦「新発田藩版とその原版」『江戸文学』一六号、ぺりかん社、一九九六年
高橋明彦「新発田藩版とその版木」『金沢美術工芸大学紀要』一九九九年
高橋明彦「近世出版機構における藩版の問題」『日本文学』二〇〇二年四月号
高橋明彦「松本藩版とその版木」、鈴木俊幸・山本英二編『信州松本崇教館と多湖文庫』、新典社、二〇一五年
多治比郁夫・中野三敏『近世活字版目録』、青裳堂書店、一九九〇年
中野三敏『書誌学談義 江戸の板本』、岩波書店、一九九五年
長沢規矩也『和刻本漢籍分類目録』、汲古書院、一九八六年
丹羽謙治「幕末薩摩の出版」、延広真治編『江戸の文事』、ぺりかん社、二〇〇〇年
蒔田稲城『京阪書籍商史』、臨川書店、一九八二年／原著、一九二九年
宗政五十緒『京都書林仲間記録』第六巻、ゆまに書房、一九八〇年
『日本古典籍書誌学辞典』、岩波書店、一九九九年

8 草双紙論

鈴木俊幸

かつて「草双紙論」と題した文章を書いたことがある（鈴木 一九九五）。今となっては、言わずもがなの常識に属することや考察の至らなかったことなど少なくなく、多々修正を要するものとなってしまった。ちょっと手を入れて再挑戦。

一 享受の実際

絵解き

鏑木清方に「草双紙」という随筆がある。

いつのことだか解らない、遠い遠い思ひ出の中に、さうたんと広くはない、ささ濁りのした池のほとりにある小さな家の古びた畳の上で、草双紙をめくつて、綺麗なお若衆が大きな蝶々の上に乗つて、長い文を繰り広げてゐるのや、まつくらな闇の中で人の善ささうな年寄の侍が、鉄砲の弾にあたつて刀を抜きかけながら苦しんでゐるのなどを、片手を畳についたままで、水色の附紐を下げた幼児が凝つと見入つてゐる。

『高砂』の姥が切下げになつたやうな白髪の老女が、傍で一々絵解をしてきかせてゐる。

そのをさな子は私で、老女は私の大伯母なのである。

（『鏑木清方文集』二、以下同）

という書き出しで昭和一一年（一九三六）に書かれたこの文章は始まる。幼児と草双紙との間にそれを絵解きする大人が介在する。この「絵解き」という言葉はこの随筆の随所に登場する。幼児の草双紙享受には欠くことのできない要素のようである。

明治の中頃に育つた者までが、草双紙に特殊な懐かしさを持つ最後のものであつたらう。それから後の人は、偶々《たまたま》江戸文学に何か関心をもつにしたところで帝国文庫以来の活字本での交渉になる。世にも読みにくい仮名文字の原本で読むやうな変りものはまずなからう。もともと草双紙は絵を見る方が主であつて、文は謂はば絵解に過ぎない。種彦の『田舎源氏』などはさう云ひ切るのは妥当ではあるまいが、それにしてからが、作者が画工を頼りにしたことなみなみならぬことは充分に窺へる。今はさうした詮議立てをするのは差控へるが、江戸末期の家庭に、今の雑誌屋から新刊書の届くのを待ち兼ねる気持と全く同じく、結綿《ゆいわた》に結つた娘が黄八丈の膝の上に、版の匂ひの高い新版を繰り拡げる。幼い私に絵ときをしてくれた大伯母にも、昔はさうした悦びを持つてゐたことであらう。だから藤波由縁之丞も、尾形周馬弘行も、大友の息女白縫姫も、大伯母にとつては、江戸以来の古い懐しいなじみであつたのだ。

池水の濁りも錦絵のふるびのやうに、その時見てゐた草双紙の中の人も、絵解する人、それを聴く児も、今はただ遠い時代の霞のなかに、もののあいろも一つになつて、濃き淡きも弁へぬほどに世は古《ふ》りた。

という一節でこの文章は結ばれるが、「絵解き」という行為の、草双紙の鑑賞に必須の要素であることを、このような鑑賞方法が草双紙を体験した世代の者の減少とともに忘れられていく様とともに納得させてくれる貴重な証言である。

「文は謂はば絵解きに過ぎない」という文言について一言加えておく。この場合、「文」とは書入れのことである。画面と書入れとの整合関係を読者に案内するために、あるいは、錯綜した筋を整理するために、草双紙の書入れ中に、枠で囲んで「これよりこゝの画ときまへとおなじよのはなし」(『明《あけ》鴉墨画廼裲襠《がらすすみえのうちかけ》』二編上第七丁裏)、「だい二へん下のまきふたひら半のゐとき」(同、三編上第三丁裏)、「これより下の巻二丁おいてつぎのゑとき」（同、三編上第一〇丁裏）などの囲みの記事がよく見受けられる。後半期の合巻に例は多い。この場合、「ゑとき」とは書入れとほぼ同義となる。筋の展開を文章で表現してあるものは、あくまでも「絵解き」、絵を解説するものであり、すなわち絵に従属する要素なのである。

赤本の書入れがはなはだ疎略なものであることは誰でも確認できよう。いくら書入れを読んでも、筋がつながらないことなど普通のことである。それでいいのである。書入れなど無視して、絵を見せながら自己流の話を子どもにしてやって大いに可、書入れはあくまで絵解きの補助である。

同じ文章の別の箇所に、「祖母にもよく絵解をしてもらつたが、大伯母は本を読むことと、話しをすることがとりわけ好きだつたので、おさな子のきまつて訊たがる「なぜ、なぜ」といふ質問をうるさがらずによくきかせてくれた」という一節もある。絵解きとは、対話をしながらゆっくりと子どもの理解の歩調に合わせて一つの絵本を鑑賞する行為である。また、絵本は、ある種の玩具同様、絵解きという行為を通じて心を通わせ合うための媒体であったとも言えようか。

『柳多留』第一〇編（安永四年＝一七七五刊）に「草ぞうしおうばつぶさに申上」という句があるが、これも絵解きの場面を想定して句に仕立てたものであろう。主家の子どもに乳母が他愛ない草双紙を畏まって絵解きしている滑稽な図を想像すべきである。

草双紙において書入れは絵解きをする者にとっての介助者ともなる。その介助に頼ることができない事情があると、絵解きは次のような結果となる。

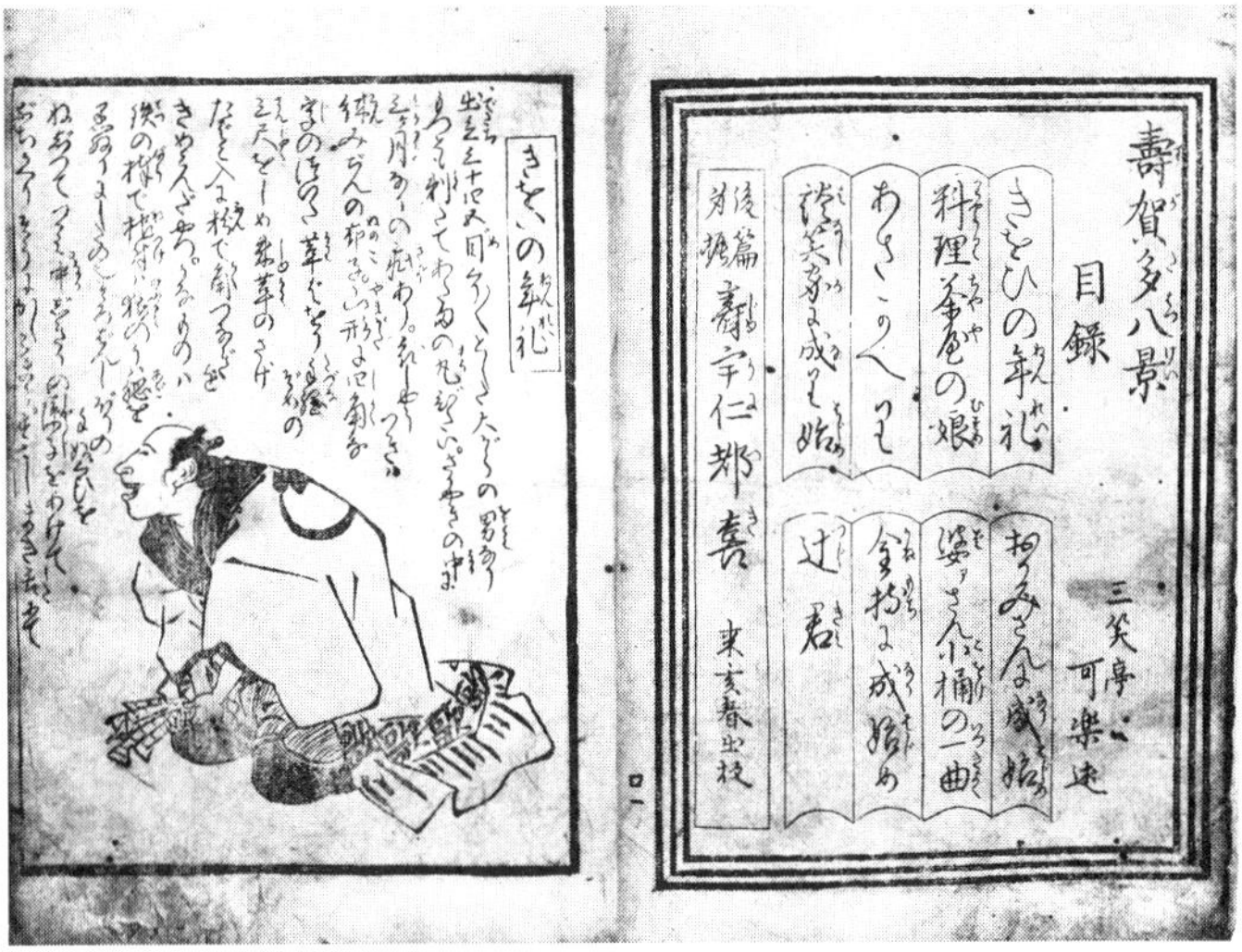

図１　『身振噺寿賀多八景』「きをいの年札」

［前略］イヤ、おじやうさんにもおとし玉をあげましやう。御らうじまし。此くさ双紙《そうし》は豊国《とよくに》か画《かい》たので御ざります。おぢいかよんでおめにかけましやうね。此、ソレ、大の字があの字をくどいております所《とこ》へ久の字がかゝゑつてきておゝさ《（ママ）》にはぢをかゝせますから。そこで大の字めがこいつをねはに思《おも》つて。それごろうじましこちらをあけると田甫《たんぼ》で大の字が久の字を切《きり》ころしてにげますと。其跡《そのあと》へうなぎといふ字かかけつけてすてきとくやしがります。ネエ、もし旦那《だんな》、コリヤア、うなぎと申す字でござりますネ。ヘエ、奴《やっこ》と申字かね。それでもすわ町のうなぎ屋ののれんに。こんな字が書てござります。［以下略］

これは、文化一一年（一八一四）刊『身《み》振《ぶり》噺《ばなし》寿賀《すが》多八景《たはっけい》』所収「きをいの年礼」という落咄《おとしばなし》の一節である。文字どおり「絵解き」するしか草紙に接する術を持たないほとんど無筆の人間が登場する咄で、いささか極端な例ではある。しかし、「おじやうさん」の不満の声も聞こえてはこないし、これはこれで用は足りているといえなくもない。登場人物の衣装に名前の一文字を円で囲んだものが描かれているが、これを名壺と称する。これまた絵解きという行為に便利な仕掛けであった（図1）。

絵本形式の幼童向けの草紙は、その発生当初から、第三者が鑑賞に介在する「絵解き」という方法によって享受されることを前提としており、それは幕末になっても、そして、明治になっても、この様式が健在である限り変わることはなかった。

絵解きをする第三者がいない場合、草双紙の鑑賞は左のようになろう。

> 然るに合巻ものゝ方に至ると、是はぼくひとりでは無く、多数の読者は皆同様であつたらうと思ふのだが、貸本四五編を借入れるや否や、先づその挿画を順々に目を透して、事件の変遷や巻中人物の浮沈消長等を、腹の中に納めた後ち、徐ろに本文に取掛つて、自分の予想を確めて行くといふ読み方で、例へば一度通過した名所を、今度は案内者の説明付きで再遊すると同様、そこに何とも言へぬ興味が湧いて、此先はどうなるかお先真ッ暗に読んで行く読み本とは、其面白さは比べ物にならぬのであつた。是れがぼく自身の幼い時に於ける草双紙に就ての感想で、当時は無論読み本の理解者ではなくして、適切なる草双紙の嗜好者であつたのだ　（野崎　一九二七）

書入れは、自らの内なる仮想の「案内者」に絵解きをさせるよすがとなる。

寛政元年（一七八九）蔦屋重三郎刊、山東京伝作の黄表紙に『飛脚屋忠兵衛仮宅居梅川奇《き》事中洲《じもなかず》話《わ》』がある。第一丁裏・二丁表から第三丁裏・四丁表までの三場面の画面は、「冥途の飛脚」の話を描く。そして、その絵に付された書入れは、それらの画面を鑑賞する者たちの声をもって構成されている。すなわち、草双紙の鑑賞の実際を虚構しているのである。

第一丁裏・二丁表の書入れは次のごとし。

「どれ見せな、乙な本だの、此屏風の内にいるいゝ男は、高麗屋に似ていて忠の字が付いているから、大方、飛脚屋の忠兵衛さ。こちらの女郎は浜村屋といふもので、梅といふ字が付いているからたしかに梅川さ。はやくそのつぎをあけな

「そんならこの敵役はさしづめ中の嶋の八右衛門でござりやせう。色男の紙入を盗んで中の印判をせしめ、うまい〳〵といふ顔《かほ》をしておりやす。にくらしひね。

「これみな、此女郎はいつそいやらしくしているはな。

「此色男はいつも御口へまいる小間物屋に似ておりやす。

名壺を頼りに画中の人物が誰かを読み解き、時に自由に脱線しながら、梅川・忠兵衛の話を思い出

して画面から筋を紡ぎ出していく鑑賞の仕方がよくわかる。どうやら設定は武家屋敷、屋敷女中たち打ち寄ってのにぎやかな鑑賞風景である。

第二丁裏・三丁表を見てみよう。

「まちなせへ、こゝは暖簾に「かめや」と書《か》いてあるから忠兵衛がうちさ。捕り手が大ぜい来てこつちらに米がたんと積《つ》んである。こいつはなんだかわかりやせん。

「みんなとつた〳〵といふが、大六てんか、感応寺《かんのうじ》かの。

絵を読むのは難しい。時に迷子になりながら、また、ふざけて富くじのことにこじつけたりなど脱線したりしながらも、こうでもあろうかとあれこれ推理するところに草双紙の楽しさがあるようである。

第三丁裏・四丁表は、お馴染みの道行《みちゆき》を描いた中に次の二つの科白が書入れられている。

「どつこい、こゝは梅川と忠兵衛が道行だ。こいつは富本《とみもと》の浄瑠璃《じやうるり》で誰《だれ》も知《し》つているところだ。

「廿日あまりに四十両つかひはたして二分残《のこ》る金もかすむや初瀬山《はつせやま》、とはよく書《か》いたもんくさ。

この浄瑠璃《じやうるり》は豊前《ぶぜん》がよく語《かた》りましたよ。この時分《じぶん》からみると高麗屋《かうらいや》もめつきりと年《とし》がよりました。

これさ、もし、お嬢《じやう》さん、そんねへに唾《つば》を付ておあけあそばすと、あとがおつかひものになりませぬ。ちやつとおよし〳〵。

難なく読み解ける絵にほっとして興ずる様子が書入れから読み取れる。彼女たちは、正月市中を回る草双紙売り（後述）を招き入れて、その商品である草双紙を眺めて興じているのである。この場面の二つ目の科白が、商品が損なわれるのを案じている草双紙売りのものなのである。

盛時の黄表紙の絵解きについてはそれ以前の草双紙とも、また合巻とも異なった側面を持ち合わせているようである。右の『奇事中洲話』の例がきわめて絵解きに意識的であることがその何よりの証拠である。作り手の側において、絵解きを草双紙一流の表現方法として先鋭に意識したものが黄表紙という文芸であったといっても過言ではない。草双紙という文芸がもともと幼童向けのものであったがゆえに本来的に備わるこの絵解きという鑑賞方法と機能とをことさら作為的に、それゆえ最大限に利用して、一種判じ絵的な知的趣向を凝らし、享受者がその絵を読み解く遊びの文芸に仕立て上げたのが、既存の草双紙のパロディとして成立した黄表紙という戯作であった。

玩具として

半紙四つ切りの料紙に摺り出した草双紙がある。版型が普通の草双紙の半分であるほかは、合巻とほぼ同様の様式を備えている。これについては、拙稿「豆合巻小考」（鈴木 二〇〇六）に、やや詳しく論じたことがある。また加藤康子編『幕末明治 豆本集成』に多数収められているので、こちらも

図2　豆合巻

参照していただけると幸いである（図2）。
天保六年新版草双紙付載鶴屋喜右衛門新板目録に、

御手遊び袋入小絵ざうし
種彦聞書　貞秀画
むかし噺火たきばゞァ　二冊
昔ばなしきちちやんとん〳〵　三冊
むかし話浦島ぢゞい　三冊
茶番のいろは　二冊

と見える。「御手遊び袋入小絵ざうし」と銘打たれているが、制作側でも玩具めいたところを売りどころとしているし、実際こういった書型の草双紙に接して、何よりも強く感じるのはその玩具的要素である。樋口二葉「浮世絵師の修業時代」（一九二七）

に次のような記事がある。

三期に入つて一奮発すると、そろ〳〵半紙四ッ切ほどの玩具の小本をかくやうになる。其小本といふは、桃太郎や猿蟹合戦のやうなもので、下図をつけるには、あちらの本こちらの本から、其場にはまりさうな図を選んで、寄木細工でもするやうに寄せ集めの絵で、五枚の一冊に纏める。

「玩具の小本」であり、玩具絵と同列に並ぶのである。この類のものは、幕末に向かうにしたがって多種類発行されていくようであるが、玩具絵同様、もっぱら修業途中、三流所の絵師の仕事になる。絵組みの趣向が先行作品の剽窃《ひょうせつ》じみたものになるのも当然で、また、彫板・仕立てともに精緻ではないものが多い。まさに子どもの翫弄物、消耗品として粗製濫造されるたぐいのもののようである。盛んに発行されたと思《おぼ》しいのに遺品の僅少なのも、この想像を裏付ける。

ところで、この書型の草双紙に備わる玩具的要素であるが、これはもともと草双紙そのものに多かれ少なかれ備わっているものであった。それが、この書型をとることによって鮮明に表出されているわけである。

『江府風俗志』には、「子供の手遊は、浅草、堺町、芝神明抔《など》多き所にて、一枚絵双紙はりこ人形土人形等也、一枚絵は丈長厚紙にて、多く武者絵、彩色砂箔置、黒き所は漆絵とて黒光也、芝居役者の絵は稀なる事也、本も赤本とて金平地獄廻り、鼠嫁入、花咲ぢゝ、抔、かなのよみ本はから紙表紙にて、五すいでん或は牛若十二段抔のやう成類にて有し」（『続日本随筆大成 別巻』第八巻）とあり、子ども向けの「手遊び」の中に一枚絵とともに草双紙が数えられている。享保六年（一七二一）閏七月の町触にも「子共翫ひ草双紙幷一枚絵右子共一通リニいたし候草紙又ハ人形草花之類一枚紙半切等ニ致板行候儀者不苦候事」（『享保撰要類集』新規物幷書物之部）とある。草双紙は「子共翫《もてあそ》び」に供されるものであり、「人形草花之類一枚紙半切等ニ致板行候」ものと扱いは同じなのである。

「手遊び」ものを扱う店でこれらの草紙類が商われていたことはきわめて容易に想像できる。双六、十六武蔵、目付絵《めつけえ》等の印刷による紙製玩具も当然このなかに含まれていよう。草双紙はこれらと同様に、幼童の玩弄に供されるものとして扱われていた。前掲、野崎左文の文章に「適切なる草双紙の嗜好者」という語があった。なるほど、草双紙の享受を表現する場合、「読書」よりも「嗜好」の語こそ似つかわしい。愛敬のある絵題簽、または華麗な摺付表紙、役者の似顔、そして、価格・書型の親しみやすさ、すべて、草双紙を嗜好・愛玩するに相応しいものとしている大事な要件である。墨でいたずら書きされ、色を塗られ、登場人物の顔を擦《こす》り取られ、といった無残な状態の草双紙に接することは普通のことである。もともと、頑丈な仕立て・紙質のものではない。他の紙製玩具と同様、いつかは破れ、綴糸が切れ、本の形態を留めなくなり、廃《すた》っていく。造本・価格等、このような弄ばれ方が許容されるものなのであった。

辰「［中略］三ばん目《め》の兄《あにい》どのは又、合巻《ごうかん》とやら申草双紙《もうすくさぞうし》が出《で》るたびに買《かひ》ますが、葛籠《つゞら》にしつかり溜《たま》りました。ヤレ豊国《とよくに》が能《い》の、国貞《くにさだ》も能《い》と、画工《ゑかき》の名《な》まで覚《おぼ》えまして、それは〳〵今の子《こ》どもは巧者《こうしや》な事《こと》でございますよ　巳「さやうさねへ。私どもの幼少《ようせう》な時分《じぶん》は、鼠《ねづみ》の嫁入《よめいり》や、むかし咄《ばなし》の赤本《あかぼん》が此上《このうえ》なしでございました。

式亭三馬『浮世風呂』二編（文化七年＝一八一〇刊）の女湯における会話である。画工のことがまず話題になる。「きもの、ばんに来てゐるでつちアイ ト見かけてゐた合巻ゑざうしをきうにふところへおしこみ」（同、下巻）と、したがって「読みかけてゐた」ではなく、当然「見かけてゐた」となるわけである。鏑木清方が「草双紙は絵を見る方が主であつて、文は謂はば絵解に過ぎない」といみじくも語っていた通りである。製作する側でも「合巻は文よりも絵が主とされて居るから」（樋口二葉「浮世絵師の修業時代」）という意識であり、現代のわれわれが所謂小説とは享受の在り方が全く異なることは明らかである。

それはさておき、ここにも草双紙の熱心な蒐集家がいる。先程から引き合いに出している清方の文章の中に「大伯母が蒐《あつ》めたのであらう草双紙と、尚ほ若干の錦絵の帖とは、江戸の家の名残に持ち伝へられてゐた」としているくだりがある。江戸の婦女童幼の愛玩物、蒐集品として草双紙と錦絵とが取り合わせて掲げられ、また描かれる例は、錦絵や文芸にも数多く見出しうる。

山東京山の合巻『教艸女房形気《おしえぐさにょうぼうかたぎ》』一一編の表紙絵、同じく山東京山作『冬編笠由縁月影《ふゆあみがさゆかりのつきかげ》』（歌川国直

図３　『教艸女房形気』第11編表紙絵

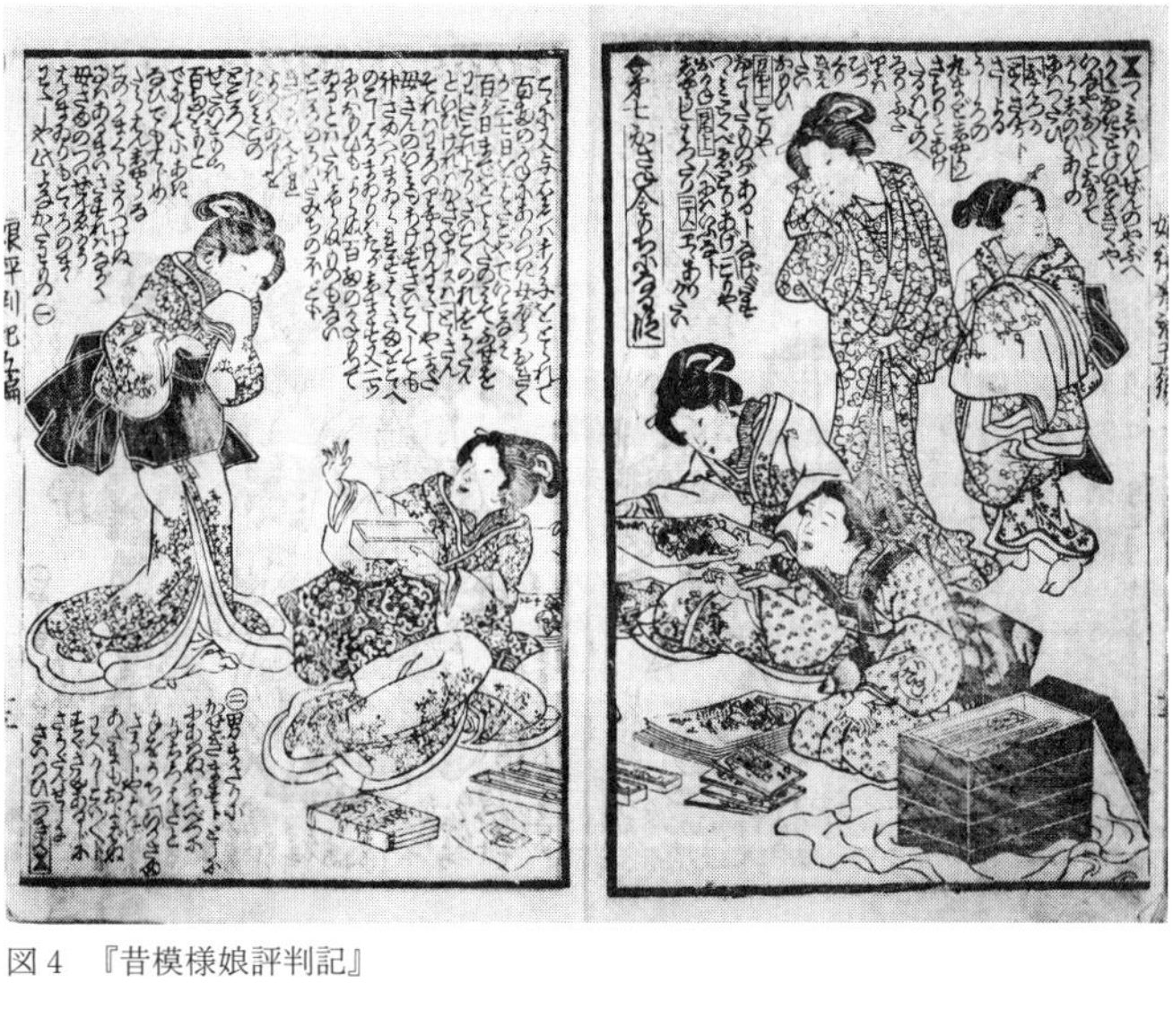

図４　『昔模様娘評判記』

画、文化一二年＝一八一五刊）の表紙、また、山東京山作・歌川国貞画『昔模様娘評判記』（天保一一年＝一八四〇、和泉屋市兵衛刊）の一場面、いずれもお屋敷の女中、お嬢様らが、出入りの絵草紙屋が持ってきた草双紙やら錦絵やらを品定めしている図である。両者は同時に彼女らへ同じ人間がもたらし、彼女らは両者に嬉々として戯れている。草双紙は、錦絵と等しく、愛玩して楽しみ、収集して悦《えつ》に入《い》る類のものである（図3・4）。

これらは珍書の蒐集に血道《ちみち》を上げる人種とは全く別である。そして特殊な人種でもなんでもない。求めやすい価格で多くの種類が多量に出回っていることが収集意欲を増す類のものである。草双紙の蒐集は、アニメのキャラクターやアイドルが印刷されているカードの収集などに近いものがある。

すなわち、享受のあり方からことを眺めてみると、むしろ、草双紙は、読本などよりは一枚絵の鑑賞様式・方法に近いといえるのである。同様の位相で蒐集の対象となる役者絵等の一枚絵と草双紙とはきわめて近似のもの、ほとんど同類のものであるといって当時の実情から大きく外れることはない。草紙類を擬人化する趣向の天明二年（一七八二）刊山東京伝作黄表紙『御存《ごぞんじの》商売物《しょうばいもの》』では、青本、すなわち黄表紙の妹が柱絵であり、青本の馴染みの遊女が美人画の錦絵、妹柱絵の恋人が役者絵なのである。

ここからまた逆に、浮世絵も草双紙同様、絵解きという鑑賞法をもって「読まれた」ものであるということも言えるのである。けっして近代絵画のように鑑賞されたものではないわけであるが、このことについては、また改めて述べることにしよう。

享受者

草双紙は幼童向けの絵本として発生した。それに、同じ範疇に属しているという認識が当時においてなされていた婦女も享受者の中に数えられ、婦女幼童を購買者として獲得すべく、婦女幼童向けの愛玩物というたてまえのもとで生産されることになった。『柳多留』二七編の「絵双紙を娵《よめ》と娘がまたせとく」（行商の絵草紙売りを困らせるのは、商品に夢中になるばかりの女性たちで、なかなか商いがはかどらない）など典型的な図である。ただし、この句の「絵双紙」は正月の絵草紙売りであり、商品は草双紙とは限らない。後述するが、一枚絵や双六も彼らがもたらすものであり、それらも「絵草紙」の範疇に入るのである。『柳筥《やなぎばこ》』初編の「絵草子を見い〳〵娵ハ餅をやき」の「絵草紙」は草双紙としてよかろう。この「女子ども」向けというたてまえは、この草紙が終焉を迎えるまで変わることはなかった。草双紙の享受をモチーフとした絵画にもそれはうかがえる。

社会的に、言い換えればたてまえとして「女子ども」は教え導かれるべき存在として位置づけられていた。「女子ども」向けの草紙が教化的内容を備えるのは当然のこととなる。それは、教訓的要素であり、知識の提供である。享受者もそれを欲し、生産する機構もそれに応える。草双紙の形態は教訓的要素や知識提供の具として相応しい面持ちを備えることにもなる。話は逆なのかもしれないが、江戸出来の中本型の往来物の、草双紙に近似した形態を持ち合わせているものが少なくないことを想起してもよかろう。中本摺付表紙、絵をふんだんに取り入れるという合巻様の形式を借りて教訓的内容を盛り込んだ草紙も数多く確認しうる。

寛政期ころから、草双紙の享受者が江戸にとどまらなくなり、また、全国的に新たな書籍の享受者層が顕在化しはじめたことは、拙著『江戸の読書熱』（二〇〇七）で論じた。多くが、自己をより高みへ引き上げ、よりよい生き方をするために、書籍に接してみようという真面目な人々であった。

分かりやすい教訓性を売り物にした山東京伝の善玉悪玉ものの黄表紙が、この新たな受容者層を取り込むべく編を重ねていったこと、その目論見が的中し大いに売れたらしいことも同書で述べた。安心して子どもに与えられる書籍、与えて益のある書籍として迎えられたと思われる。豊かな娯楽性とともに、分かりやすい教訓が絵解きされた草双紙が優良な商品となりうること、新たな市場を開拓する力をもつことを、版元蔦屋重三郎は見抜いていたわけである。

しかし、さて、草双紙が「女子ども」向けであることはあくまでたてまえであり、黄表紙を引き合いに出すまでもなく、享受者として成人男性が省かれていたわけではない。このことは最後にまた触れるつもりである。

二　その特性

縁起性

草双紙は、一枚絵や双六など正月の景物と等しく草双紙売りなどと呼ばれる行商によって正月の江戸市中において呼び売りされていた。それは、子ども向けの年玉としての最適品であったことによるが、正月の景物、いわば縁起物として遇されていたことにもよる。そもそもそれがなぜ年玉として最適であったかといえば、草双紙という形態そのものが新春を言祝《ことほ》ぐ縁起的要素を備えていたことが関与していよう。初期の草双紙の赤い表紙には一年間の子どもの無事息災を予祝する一種呪術的な意味合いがこめられてもいたはずである。

さらに、草双紙に対する縁起的な意識については、これが正月出版の一回性のものであるということとも大いに関係しているように思われる。原則的に当春きりのものであり、増刷により年中出回ることを想定して製作されたものではない。すべてが若やぐ初春において、新版意識はこれの縁起ものたる大きな要件である。だからこそ一枚絵もこれら縁起物のなかに等しく数えられるわけであり、また、双六の売り声等に「新版かわりました」という惹句がつきものであるわけである。草双紙についても新版を尊ぶ意識は双六と全く等しく、したがって正月の景物となりえたわけである。実際の発行時期が、早売り競争の結果、正月から大きく隔たるようになっても、草双紙は正月新版をうたうことをやめていない。むしろ頑迷にこのたてまえにこだわりつづけているのである。

消耗品

さて、この正月の景物としての縁起的要素は新版意識と密接なつながりがあるとして、ではこの新版意識はどこに由来するのか。これは、草双紙が正月をもってその使命を終え、使い捨てられることを原則とするものであるところから来ている。

本来、幼童の玩弄に供すべきものである。赤本のまともな形で現存するものの僅少であることもその証左となろうが、乱暴に扱われ、題簽が剝がれ、綴じ糸が切れ、表紙がなくなり、いつしか本の形態すら留めなくなり、紙屑として廃っていく。そうなっても惜しくないような価格であり、また廃って当然の仕立てに甘んじている草紙であった。一年間の内に消費され、また春を迎えて新版の草双紙が買い与えられる。このような使い捨て、大量消費を前提としたものであるからこそ、大量生産が可能となり使い捨てに相応しい価格が実現する。そして、毎春毎春、新版を世に送り出すことができるのである。草双紙は、このような一年を単位として更新する季節の円環の中に位置するものである。

速報性

草双紙は、短期間にその使命を終えることによって不断に新版が発行され、その周期が比較的短期の出版物である。したがって、これに盛り込む内容は、流れゆく「今」に密着することができる。不変の真理を体現し、家産として代々受け継がれてゆくべき書物と対極の位置にあるのが、これらの草紙なのである。

人気役者の死に際し、死絵が数多く出版されたことは、周知の事実であるが、追善の草双紙も多く発行されている。これについても一枚絵と享受の位相を同じくする部分が多いことが確認できると思われるが、それはさておき、これら追善の草双紙はもちろん正月新版とはなりえない不定期の刊行物である。追善草双紙は黄表紙が先鞭をつけたのであるが、そもそもこの草紙が、ニュースを盛るのに相応しい器として認知されていたからと考えられる。

さて、この速報性に草双紙の作り手がきわめて意識的であった時期がある。それは黄表紙の時代である。通《つう》という美意識に主導された文芸となり、作者が通人という評価を得ようとすれば、流行の最先端に作者自身が身を置いていることが示されなくてはならない。作者たちは競って、最新の風俗を紙上に再現しようと努める。遊女の異動が話題となり、最新の流行語を登場人物に使わせ、新しい穴場を指摘してみせ、楽屋落ちに興ずる。きわめて当時に密着した文芸となり、うがちが主要な表現技法となる。

天明末から寛政初めにかけて、打ち壊し一件、田沼一派の凋落、松平定信の新政、そしてそれらに伴う世上の混乱等々時事的な内容が黄表紙のモチーフとしてもてはやされる時期を迎えることは文学史の常識に属する。幕政の穴をうがつ作の競争じみた応酬は、そもそも備えている速報性に最大限に興じた結果であることは明らかである。そして、それに加えて、作者たちが危機感を鈍らせる何かがこの草紙に備わっていたということも考えられよう。

草双紙における時事性、すなわち、流行現象の即時的採取や時局風刺は、一枚絵と同じく、本来持ち合わせている速報性と表裏の関係にある一過性・一回性にも由来するのではないだろうか。幕府がこれら草紙にある程度寛容であったのも、この一過性の他愛なさを備えるがゆえであったように、黄表紙作者たちが筆を滑らせたのも、これが当春きりで速やかにこの世から消え去って行くはずのものであり、その一過性・一回性の気安さゆえではなかっただろうか。

草双紙が潜在的に持ち合わせていた時事性への志向は、徳川の世が終わると露骨に現れることになる。『鳥追阿松海上新話《とりおいおまつかいじょうしんわ》』（明治一一年＝一八七八刊）を嚆矢とする新聞ネタの草双紙は、そもそも新聞の雑報記事続き物の草双紙化という発明を抜きにして語れない。世人の草双紙への期待がどこにあったかということとともに、速報性をもっぱらとするメディアである新聞との速やかなる連携・引継ぎが草双紙に実際可能であったことは重視してよい。

広告媒体

草双紙を繰った人間なら、そこに薬やら化粧品やらの様々な広告が盛り込まれていることは常識であろう。後表紙の見返《みかえし》やら、巻末の余白やら、挙げ句の果ては登場人物の口から「仙女香」の効能が語られ、看板がいたるところに描き込まれる。草双紙は当時に密着する商品を広告する媒体となり得

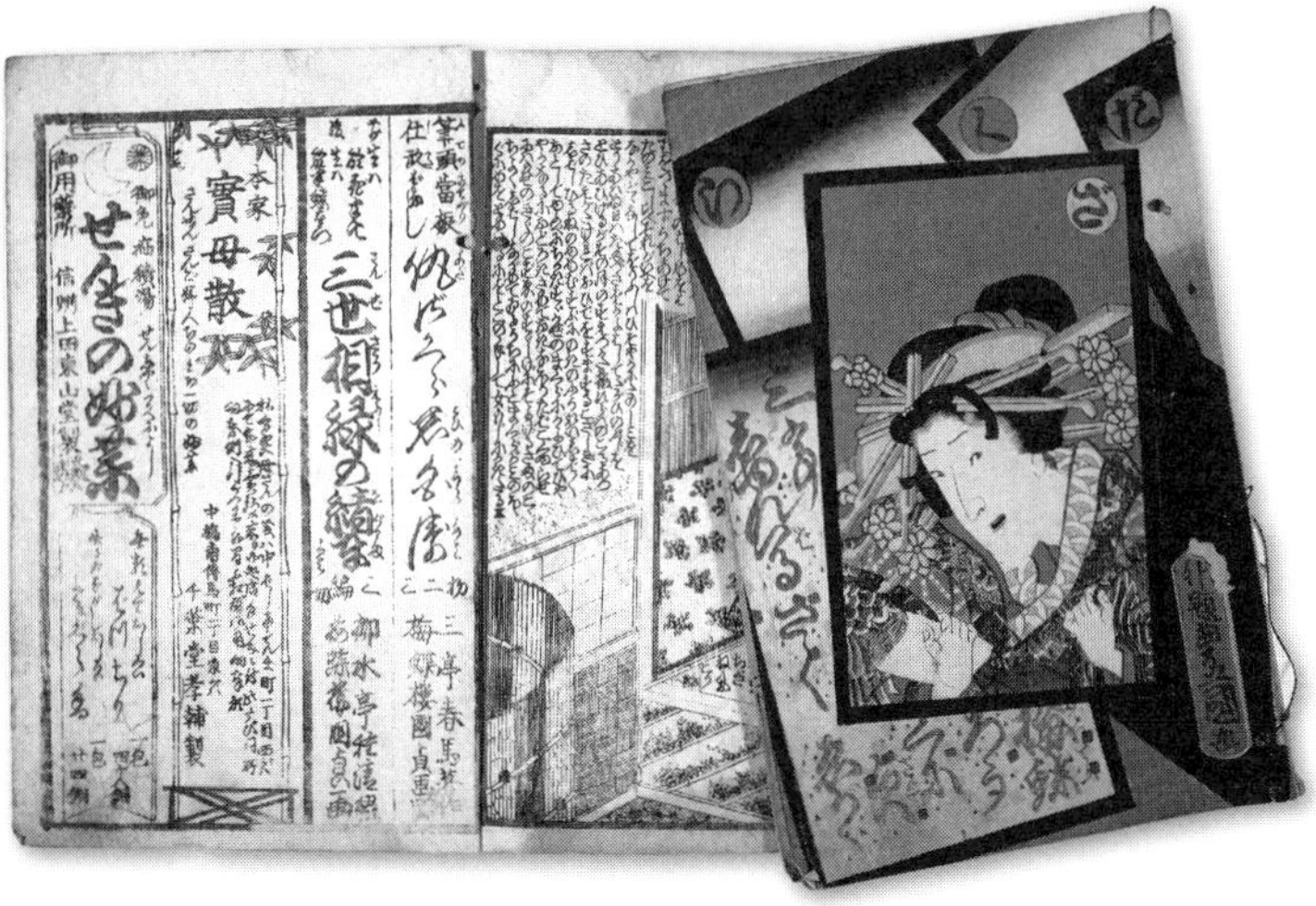

図5　草双紙の広告記事（三亭春馬作・歌川国貞画『仇ざくら恋白濤』初編）

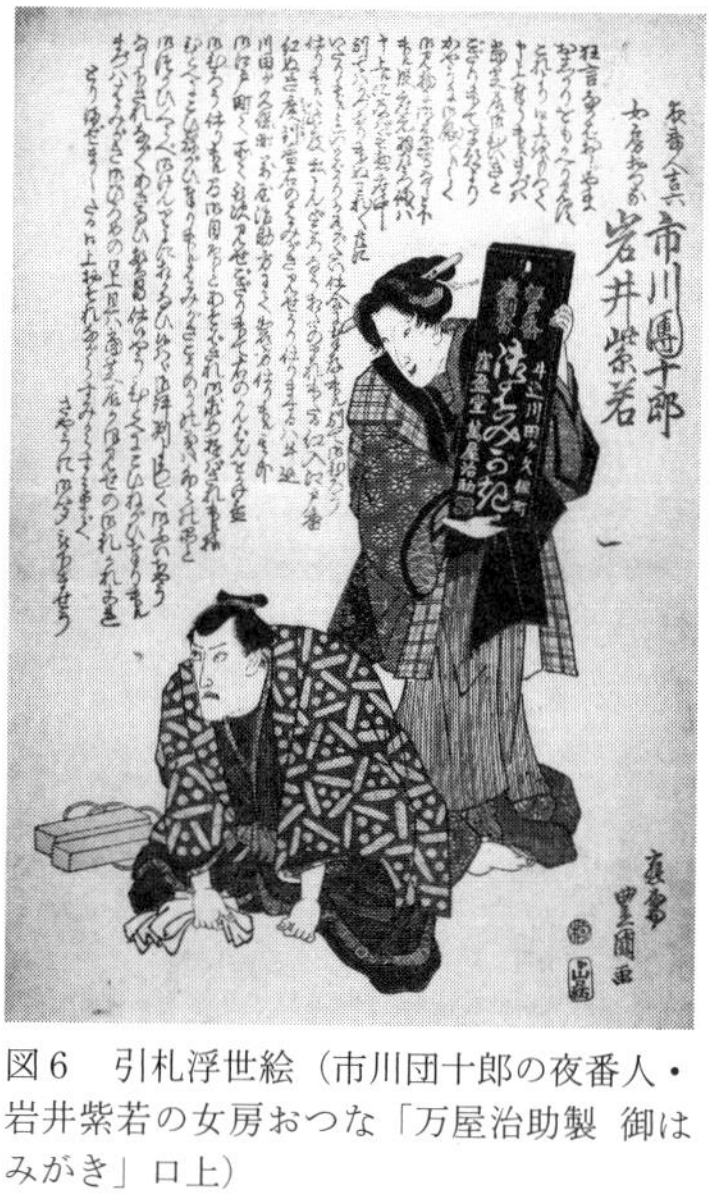

図6　引札浮世絵（市川団十郎の夜番人・岩井紫若の女房おつな「万屋治助製 御はみがき」口上）

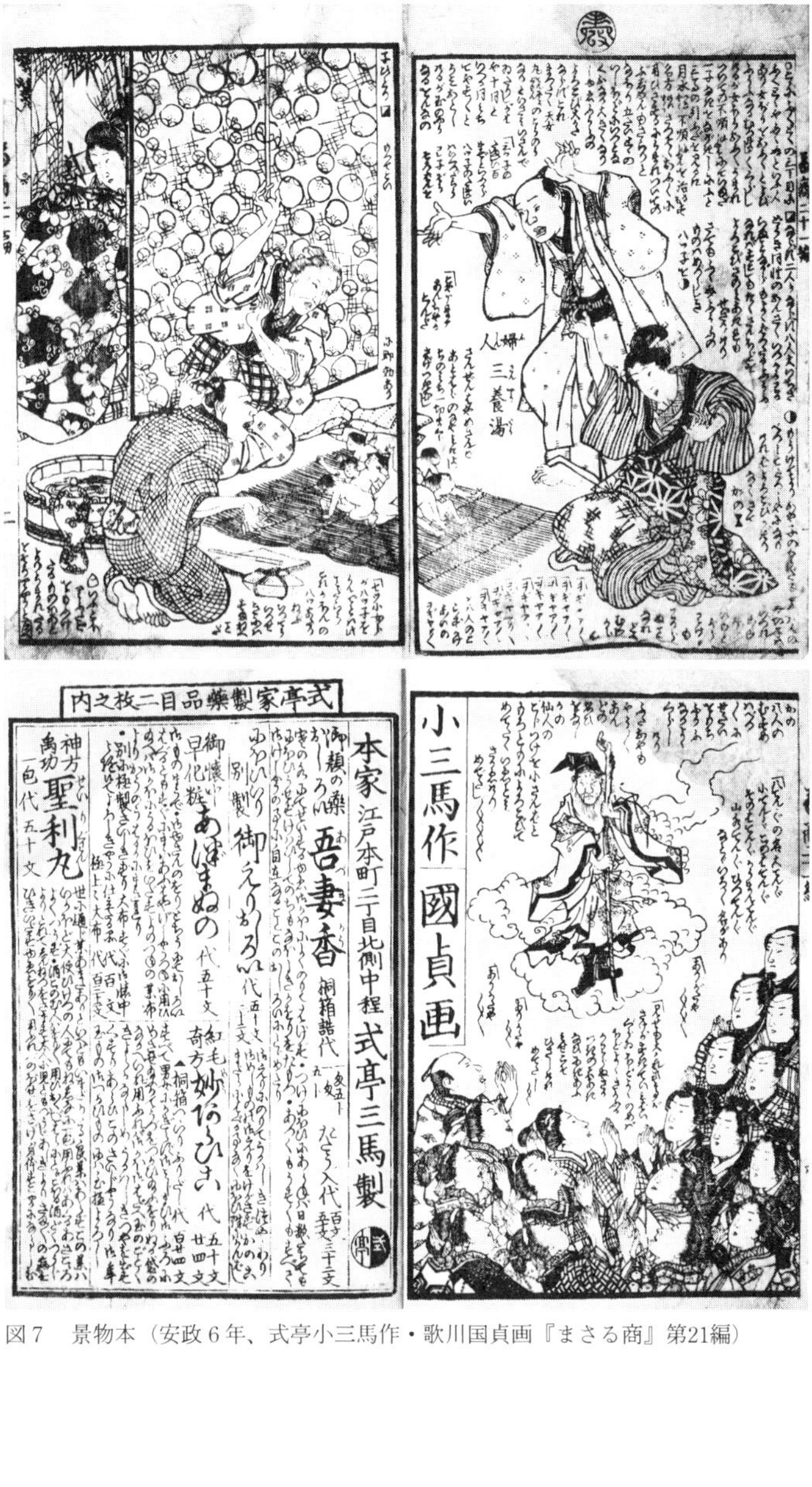

図7　景物本（安政6年、式亭小三馬作・歌川国貞画『まさる商』第21編）

ている（図5）。

景物本にも草双紙と同様の体裁を取るものが多い。これは当然、広告の発信者が消費者のどのあたりに狙いをつけたものであるのかということに要因の多くがあると思われるが、同時に、この中本摺付表紙、一巻五丁という形態が、今に密着する様式であり、広告に適したものであるという認識にもよるであろう（図7）。

ことは一枚絵も同様である。錦絵様式の引札があること、草双紙における景物本と同様で、そうではなくても見事に広告媒体としての使命を果たしている例に事欠かない。一枚絵も草双紙も、引札や読売、またその類似の簡便なる印刷物・草紙と近接するものであると言って差支えないのではなかろうか（図6）。

三　周辺・周縁

一枚絵

錦絵の類が草双紙とほとんど同一の享受者を想定したものであり、享受のされかたについてもかなり近いものであったことは今まで触れるところがあった。それらが生産・流通の機構を同じくするものであることについては後で触れることになろう。今、両者の親近性について二、三補足してみよう。

天保三年（一八三二）七月一日付殿村篠斎宛曲亭馬琴書簡に錦絵の発行部数についての言がある。

こゝにひとつの雑談あり。去冬より当春ハ、小まへのさうし問屋にて、合巻ハ例より捌ヶあしく、本残り候も有之よしニ御座候。その故ハ、俳優坂東三津五郎、旧冬死去いたし、初春ハ瀬川菊之丞没し候。この肖面《にがほ》の追善にしき画、去冬大晦日前より早春、以之外《もってのほか》流行いたし、処々ニて追々出板、正月夷講前迄ニ八十番余出板いたし、毎日二三万づゝうれ捌ヶ、凡惣板ニて三十五六万枚うれ候。みな武家のおく向よりとりニ参り、如此ニ流行のよし、山口屋藤兵衛のはなしニ御座候。前未聞の事ニ御座候。このにしき画におされ、よのつねの合巻・道中双六等、一向ニうれず候よし。

（『馬琴書翰集成』第二巻）

「このにしき画におされ、よのつねの合巻・道中双六等、一向ニうれず候よし」の文言から、一枚絵・合巻・双六は、発行・需要の時期はもちろん、享受者とその満足とをほぼ等しくし、それがゆえに商品として競合し合うものであったことを十分察することができよう。

現代における錦絵の高価は、それがほとんど使い捨て的に消費されたものであったことにより、遺品そのものは勿論、特にその優良なものが希少であることに因《よ》っていようが、それに対して、当時の錦絵の廉価は、それが大量に即製され消耗品的に享受されることにより保証されていたであろうことも、この書翰に掲げられた具体的数字が雄弁に物語っている。

天保一二年（一八四二）三月三日付小津桂窓宛曲亭馬琴書翰に、

「八犬伝錦絵」は、上野大喪《たいさう》にて、あきなひも無候間、早春売切候後、仕入申さゞる由ニて、近所絵草紙屋に無之候。都《すべ》てにしき絵ハよく売候物ニ千枚、さらぬは千枚、千五百枚ニて売留ニ候間、壱両月過候ヘバ、其絵何れの店にもあらず成行候。

（『馬琴書翰集成』第五巻）

と見えるように、商品の回転めまぐるしく、店頭から姿を消すのも速やかなのである。

『牛込神楽坂復讐』において、奥女中が、田舎出の新米草双紙売りに対し、その売り物の一枚絵を難じて「新しいといふは去年盆狂言又は顔見世に出せし狂言の絵を新しいといふなり」（国立国会図書館所蔵「鶯宿雑記」所収本による）という場面がある。役者絵の商品としての寿命は、せいぜい上演後半年ということになる。また、拙著『江戸の本づくし』（鈴木 二〇一一b）で触れたが、『御存商売《ごぞんじのしょうば》物《いもの》』の登場人物である一枚絵は勝川春章描くところの役者絵を想定していると考えられるが、これは「一過《いっくわ》の流行気《はやりぎ》」とその性格を揶揄される。これも当然で、役者絵ならずとも、この一過性・一回性は錦絵が必然的に持合わせざるをえない性格の一つであった。大量生産・大量消費という円環的周期の中で成立していた出版物であり、草双紙とはこの点に関しても同列に並ぶ。

馬琴の『近世物之本江戸作者部類』赤本作者部に、

くささうしは、予が稍《やや》東西を知れる明和安永の比は、二冊物多く出て三冊物はすくなし。そか中に一冊ものもあり。一冊物は、なそつくし、地口つくし、目つけ絵などなり。目つけ絵は、宝暦明和の間流行して、年々古板新板とも摺出さゝるはなかりき。いつれも一巻の紙五帳也

という記述がある。謎尽くし、地口尽くし、目付絵の類は、現在、国文学の術語として用いられる「草双紙」の概念からはむしろはみ出がちなものであろう。文学研究との折り合いや位置づけが難しいからか、研究者からは冷淡に遇され気味のものである。しかし、当時の意識からすればこれらも紛うかたなき草双紙の一類なのであり、他の割付けはない。

さて、「絵草紙」という語の守備範囲は極めて広い。「絵草紙」は草双紙のことを指すこともあるが、これは狭義の用法で、浮世絵等の一枚摺りも含め、絵入りの草紙を広く指す言葉であったとしてよかろう。

一枚絵と草双紙とが絵草紙屋で仲良く共存するのも当然であれば、愛玩の対象として同様の扱いを受けるのも不思議なことではない。絵草紙と草双紙とが併記され、両者が区別されることもあるが、おおまかにいえば、「絵草紙」は、「草双紙」より上位の、つまり今話題としている、今日文学史で通用する術語としての「草双紙」を包括する概念といってよい。ただし、この整理は、諸例総じての傾

向として指摘しうるものにすぎず、個々に就くかぎり、むしろ、明確な区別などないといったほうが実態に見合っている。当時にあっては、これらを截然と区別する意識、また必要がほとんどなかった。これらは総じて「絵草紙」だったのである。

「絵草紙」と呼ばれるもののなかには読売により売り捌かれる類のものも含まれ、この用例については群を抜いて多い。それら数々の用例に徴する限り、そして、それらの実に混乱を極めていることを素直に受け取るかぎり、当時において、すべてはほとんど大きな区別なく一連・同類のものとして捉えられていたとせざるをえない。

四　草紙の業界

絵草紙屋

鏑木清方の「新富座」という文章に絵草紙屋について書かれた文章がある。

それは芝居の中で売るのではない、賑やかな町には絵草紙屋があつて、そこには国周《くにちか》、国政などといふ絵師のかいた似顔絵の一枚絵、三枚続き、芝居帰りに気に入つた場面、ひいき役者の顔、それに絵としての鑑賞も加へて、店の框《かまち》に腰を下して、板下しの紙の匂ひ、絵の具のにほひを味ひながら、こばを揃へてきちんと積んだ中から出してくれるのを手に取つて見入る気もちは、私たちの何代か前の祖先が、写楽や春章、又は豊国の錦絵を、やはりかうして絵草紙屋の店先で手に取り上げたのと、なんの変りもなかつたらう。

（『鏑木清方文集』一）

絵草紙屋については、拙著『絵草紙屋 江戸の浮世絵ショップ』（二〇一一）で、かなり詳しく書いたが、この絵草紙屋、あるいは絵屋と呼ばれる小売店で草双紙も売られていた。役者絵が主要な商品であったことはこの文章にも明らかである。また品揃えは錦絵と草双紙ばかりであったわけではない。芝居町の絵草紙屋には芝居関係の草紙も並べられていたはずである。

また、先に引用した『江府風俗志』の記事などに照らしても、「手遊び」ものを扱う店で草紙類も商われていたことが想像できる。双六、十六武蔵、目付絵等の印刷による紙製玩具も当然このなかに含まれる。つまり、享受する側からすれば、その玩具性、愛玩物たる性格により、すべては一連なりの商品なのであった。

さて、読売も絵草紙屋の商品であった。『類集撰要』巻之四十六に、

去ル七日神田佐久間町、同九日檜物町、同十日松平伯耆守殿よりの出火ニ候処、右三ヶ所焼失場所絵図面、又ハ方角場所付より認《したため》、凡廿枚程板行致、町々売歩行、且絵草紙屋ニ而茂、見世売ニいたし、右は重キ御役人、其外諸家名前を顕し、殊ニ、時之雑説板行致間敷旨、前々より町触も

有之候処、右を不相用、不埒之至リ相聞候間、絵草紙屋ハ勿論、町々売歩行候者共、早々差留可申事

天保五午三月朔日　北三廻リ

町々　世話番名主中

とある。読売は文字どおり読売によって売り捌かれるものであるが、絵草紙屋も主要な販路であった。

行商

草双紙は、一枚絵や双六などといった印刷物、すなわち正月の祝言縁起性を体現する景物とともに、松の内の江戸市中において呼び売りされていたことは、拙稿「正月の草双紙売り」(一九九二年)で詳しく論じたことがある。

そもそも、行商人によって呼び売りされる印刷物は数多い。双六、芝居の番附、吉原細見、流行歌《はやり》の小冊子、祭礼や見世物などの催しを当て込んで出される番附、謎の本、簡易な占卜書、暦、宿坊付、役人付、行列付、年代記、大名付等々、そして現在瓦版と通称される読売である。草双紙も、正月の草双紙売り以外の者によって呼び売りされることがある。次の『よしの冊子』巻二の例はきわめて興味深い。

町々を、改りました御役人付、吉原仮宅細見の絵図、新板草双紙、万石通と呼あるき候よし。
（『随筆百花苑』第八巻、以下同じ）

「新板草双紙、万石通」とはこの天明七年（一七八七）正月蔦屋重三郎刊、朋誠堂喜《ほうせいどうき》三二《さんじ》作の黄表紙『文武《ぶんぶ》二《に》道万石通《どうまんごくどおし》』である。時期も松の内からはかなり外れているようであるし、役人附や細見とともに呼び売りされている。そもそも、草双紙がその具体的書名をもって呼び売りされるのは異例である。

同じく『よしの冊子』巻八、四月二日よりの条には、黄表紙『天下一面鏡梅鉢《てんかいちめんかがみのうめばち》』の売り声についての記事がある。

屋敷町を此間売ありき申候書物御座候由。其書物の名は天下一梅鉢鏡あけていはれぬこんたんの書物じや、と申てうりありき候よし。

これはほとんど読売と同じ業態である。

『守貞漫稿』巻之六には、暦商売の話題に続けて、三都トモニ毎時種々ノ珍説奇談、或ハ火災図、或ハ情死等一紙ニ印シテ、価四文八文等ニ売之者、此徒ノ生業トス、東都ニテ役人付、芝居番付、吉原細見、宝船等売巡ル者、皆此徒ノ生業也。

という記述がある。

暦だけとか、番付だけとか、売物の固定した生業は存在しない。売り子という商売は、一種専業化しており、季節により暦売りにもなれば、番付売りや宝船売りにもなり、また細見売りにもなり、何か事があって読売が出来上がれば、それらを売り歩くと考えてよい。時局のうがちを作中に取り入れて市中の話題となった草双紙が出れば、売り子が読売に類した口調で売り歩くのもごく自然なことである。

これら呼び売りされる一枚摺や小冊子は、原則的に地本問屋が制作し流通させるものである（読売等正規の流通に乗せられないものなど、必ずしもそうとも限らないことは後述する）。彼らにとって行商も流通の大きな部分を担っている大事な業者である。振り売りや絵双紙屋の見世売り等流通の要をどれだけ掌握しているかは草紙の制作に携わる問屋にとって大事な要件であったはずである。行商という流通を途絶えさせないために、彼らの生業を支えるためには、業界あげて流通に供すべき商品を生産しつづけなくてはならない。

地本問屋

たとえば、文政七年（一八二四）刊の『江戸買物独案内』を繰って、「草紙」の項に掲げられた地本問屋を一覧してみると、浮世絵やその他の草紙類のほか、千代紙や絵半切、あるいは菓子袋など、紙と印刷に関わること全般にわたって彼らが手がけていたことが了解できる。

地本問屋を中心とする江戸の草紙の業界は、もともと板木屋、すなわち木版印刷を業とする者たちを母体としていた。そのなかから、流通に本腰を入れると同時に職人たちを動かしていく者、彫師や摺師といった職人を抱えて印刷工房を営む者、また彫板や摺刷等特定の職に徹していく者等々さまざまな職種の者たちがひしめく大きな業界に育っていったのである（鈴木 一九九六）。絵師も含めて、同じ町内、または近接した地域に彼らは居住していて、仕事の上でも私的なところでも交流が密であったと思われる。何か必要な状況が生ずると、即座に連携して印刷物を仕立て上げ、流通させることが可能であった。

天保改革時に地本問屋仲間も解散したが、嘉永四年（一八五一）に再興した時、解散中に出版業に乗り出した者たちも新規に仲間に加入させ、解散前から仲間を結成していた者たちの元組に対して仮組として帳に付かせた。この時点で、元組が二九名であったのに対し、仮組加入者は一二四名を数えることができる（『地本草紙問屋名前帳』）。旧幕引継資料『諸問屋名前帳』によると、その後加入の者、またその後本組に加入した者等も含めてであるが、惣計一八八名の仮組加入の者を確認できる。彼らの多くは、浮世絵や草双紙などの草紙類の制作・販売こそしなかったが、類似の印刷物、たとえば、団扇や菓子袋、また絵半切や書翰袋など、彩色摺の木版印刷に関与してきた者たちであった。地本問屋の下請けもしていたであろう。すなわち、地本問屋を頂点として、その下に印刷に従事する職層が分厚く配置されていた大きな産業構造をこの業界は有していたのである。

何か事があって、その情報が売り物になると判断された場合、手をこまぬいて彼らがぼんやりを決め込むはずはなかろう。彫板・摺刷・製本、また行商や絵草紙屋への流通、すべてが備わっている一蓮托生の世界である。浮世絵や草双紙などが彩る絵草紙屋の裏側には無改の摺物が作られ流れる奥行きが広がっている。

江戸馬喰町一丁目の芳屋太兵衛は、安永七年(一七七八)に勝川春常画『吉原芸者曾我』など数点の黄表紙を出版しているが、天明三年(一七八三)の「浅間山大噴火道しるべ」という一枚摺等、読売の出版を確認できる版元である(小野秀雄『かわら版物語』に紹介がある)。

合巻や錦絵、また往来物などの草紙類を大量に発行し、明治になっても堅調な営業を継続していく地本問屋森屋治兵衛は摺師から身を立てたと言われている。彼は山王祭や神田祭の番付など、辻売り、振り売りという流通に乗せる草紙の発行も得意としていた。

摺工や彫工などの職人、また絵草紙屋や糶《せり》などは、無改の品の隠密の板行に関わることの多い職種であったこと、『藤岡屋日記』や『市中取締続類集』を斜め読みするだけで幾例も見つかる。読売など、江戸のものは特に版元の名を摺面に留めることは稀であるが、地本問屋とこれとの関わりが希薄であると考えるよりも、少なからぬ版元、特に仮組の者などがこれに大きく関わっていたと考えるほうが自然であろう。穏当なところで譲っても、版元の下請的な工房である彫工や摺工が積極的に関与していたことは確かである。森屋治兵衛が摺工であったことを引き合いに出すまでもなく、それら下職と版元との距離はわずかなものであり、境界は決して明瞭なものではなかったと考えられる。即製、即売、そして売り抜けるというきわめて小回りのきく生産・流通の機構が草紙の業界であった。そして、草双紙も含めてこの機構による出版物はこのような業界の性格を色濃く表出している。印刷ときわめて近しい、というよりも一連の職掌がないまぜの混沌とした環境の中から生いたったのが江戸の地本なのである。そして、その地本の性格は、機構自体に大きな変化がないかぎり変わることはなかった。下職から流通までを含み込み、木版印刷の能力を大きな原動力としていたこの機構は、木版印刷の需要が下火になるや、急速に解体に向かう。そこから生み出されてきた草双紙もこの業界と命運を共にすることになるのである。

江戸人が愛し、誇りとしてきた草紙の文化の終焉は、そのまま江戸という時代、江戸時代的日常の終焉として意識されたに違いない。

先述したように、草紙の文化は「女子ども」の領域に属するものであるというのが江戸時代のたてまえであった。草双紙もしかり、したがって、その享受の場面には「女子ども」が配置されるのがお約束である。ただし「たてまえ」は「たてまえ」、実際の「本音」とは大いに異なって当然である。草双紙も、成人男子の享受者を意識せずに制作されたはずはない。

「草双紙といかのぼりはおとなの物となつたるもおかし」（天明元年＝一七八一刊『菊寿草』開口）とい

う南畝の言を俟たずとも、草双紙は黄表紙の時代を迎えて通意識に裏打ちされ、大人の翫弄する戯作となった。しかし、そもそもこの時代において、大人と子どもとの境界は、私的な空間においてはおぼろげなものであり、黄表紙以前の草双紙にしても、大人が手にすることを拒むものではなく、十分「読者」として視野に入っていたものであろう。また逆に黄表紙とて、子どもから遠ざけられていたものでもない。大人の読者を意識することによって、絵を読ませることに一層の工夫が凝らされていったものと思われる。

寛政期になり、山東京伝の黄表紙をその尖兵として、地域的にも階層的にも広い範囲で新たに顕在化しはじめた「読者」たちに投ずるべく、教訓的な、あるいは、平易なものが作られはじめることも先述した。そもそも江戸限定の地本であった草双紙が、全国規模の流通に乗る商品となっていく。また、美麗な摺付表紙を備える合巻の時代となり、草紙類の流通も全国規模で密になり、江戸の草双紙は、ますます全国一般の日常に身近なものとなっていく。江戸の草双紙の様式をまねた中本の絵本が上方や名古屋でも制作されるようにもなる。この一連の現象は、絵を読む能力の全国的底上げ、絵を読む文化の全国的定着を意味しよう。

さて、先にも述べたように、これら絵入りの草紙は女子どもの領域のものというけじめであった。そして、それは公的なけじめであって、私的な時空間においては、そのけじめが優先されることはない。けじめの埒外、本音で楽しめる世界をたっぷり温存させておくというこの時代のけじめのない文化は、われわれに遺された大きな遺産であろう。草紙類はそのまま存続することはなかったが、この文化は現代のわれわれの中にしっかり息づいている。

一昔か二昔前までは、サラリーマンが少年漫画雑誌を電車の中で読みふけっている姿を見て顰蹙《ひんしゅく》する「大人」が生存していた。それは、車中が公的な世界であったからであろう。すでに「少年」の語は、あくまでたてまえ、いい大人の購入者が相当数あっての、『少年ジャンプ』の発行部数であった。そもそも、大人がそれを読むことについては何の不思議も覚えないけじめのない社会であった。それがあってこそ保たれつづけてきた漫画の質的水準であった。

短絡的すぎるとの批判は承知の上、蕩々たる水脈を隠然と保持しつつ、また一花咲かせた江戸時代の大きな遺産を、私はここに確認している。

参考文献

小野秀雄『かわら版物語』、雄山閣、一九六〇年
鏑木清方『鏑木清方文集』二、白凰社、一九七九年
鈴木俊幸「正月の草双紙売り」『中央大学文学部紀要』一四三号、一九九二年
鈴木俊幸「草双紙論」『中央大学文学部紀要』七五号、一九九五年
鈴木俊幸「板木屋から地本問屋へ」『中央大学文学部紀要』一六一号、一九九六年
鈴木俊幸「豆合巻小考」『江戸文学』三五号、二〇〇六年一〇月
鈴木俊幸『江戸の読書熱――自学する読者と書籍流通』、平凡社選書、二〇〇七年

鈴木俊幸『絵草紙屋　江戸の浮世絵ショップ』、平凡社選書、二〇一〇年a
鈴木俊幸『江戸の本づくし――黄表紙にみる江戸の出版事情』、平凡社新書、二〇一一年b
野崎左文「草双紙と明治初期の新聞小説」『早稲田文学』二六一号、一九二七年一〇月
樋口二葉「浮世絵師の修業時代」『早稲田文学』二六一号、一九二七年一〇月
『江府風俗志』、『続日本随筆大成　別巻』第八巻、吉川弘文館、一九八三年
『幕末明治　豆本集成』、加藤康子編、国書刊行会、二〇〇四年
『馬琴書簡集成』全七巻、八木書店、二〇〇二―〇三年
『よしの冊子』、『随筆百花苑』第八巻、中央公論社、一九八〇年

9　書籍の近代——東京稗史出版社の明治一五年

磯部 敦

一　東京稗史出版社刊本の造本様式

東京稗史《はいし》出版社（明治一五—一八年）の刊本、とりわけ初期の活字翻刻本を手にとって感じるのは、そのブランド戦略である。黄土色の表紙、左肩には子持ち枠の木版刷り題簽《だいせん》、いかにも読本然とした半紙本型四つ目袋綴じの装丁は初期の東京稗史出版社刊本に共通して見られるものであり、遠目にも一目でそれとわかるようになっている。手にとってみれば、どの表紙にも「東京稗史出版社」と「乾坤一草亭」の型押しがあしらわれており、これまた自社刊本であることを強く主張する意匠になっているいる（図1）。社名の「稗史」と曲亭馬琴落款「乾坤一草亭」が示しているように、明治一五年（一八

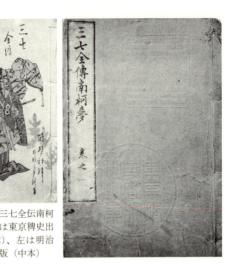

図1　二つの『三七全伝南柯夢』翻刻本。右は東京稗史出版社版（半紙本）、左は明治17年刊の鶴声社版（中本）

八二）四月、東京稗史出版社は『夢想兵衛胡蝶物語』『椿説弓張月』『南総里見八犬伝』の馬琴「稗史」三点を翻刻出版するのであった。この東京稗史出版社とおなじ造本様式の翻刻本を出版していたのが東京稗史出版社とほぼ同時期に起業した東京同益出版社や東京金玉出版社で、いずれも『俊寛僧都島物語』や『松浦佐用姫石魂録』といった馬琴読本、『絵本通俗三国志』や『絵本曾我物語』などの通俗読本の翻刻出版から始まっている。この三社は造本の美麗さを自社刊本の特徴としている点でも共通しており、実際、東京稗史出版社が明治一五年四月に配布した「予約購求方法書」第三条には、次のような文言を見いだすことができる。

> 該三書［『胡蝶物語』『八犬伝』『弓張月』］ノ版面ハ極メテ鮮明ニシ、製本ハ極メテ美麗ニシテ旧版ニ優ルモノヲ出版ス可シ。且ツ諸大家ノ検閲ヲ乞ヒ、最モ校正ニ注意シ一字一点ノ誤脱ナカラシムベシ。

「版面」の鮮明さ、「製本」の美麗さ、「諸大家ノ検閲」と「校正」を経た「一字一点ノ誤脱」のない本文によって「旧版」すなわち板本を上まわるものを目指したこの東京稗史出版社版『八犬伝』は、たとえば明治一五年一一月二二日付『読売新聞』雑報では次のように評されている。

南伝馬町三丁目の稗史出版社より、曲亭馬琴翁が著述の『八犬伝』第一輯より第三輯までを一帙六冊に縮刷したるが出板になりましたが、此書ハ弘道軒の四号活字にて印刷し、尤も鮮明なるうへ校合もよく行届き、口絵差絵とも原版のまゝを摸写したる善本なり。

右に見る「弘道軒の四号活字」とは活字製造所弘道軒の製造した清朝体活字のこと、毛筆の風格をのこした書体と、やや大きめの「四号」活字を用いているという評語は、翻刻雑誌や中本型活字翻刻本に多く見られる五号明朝活字ベタ組みの版面との差異を示すものであり、ひいては大部のものを「縮刷」してコンパクトにしてはいるものの読みやすさや品格をないがしろにしているわけではないことへの評価でもある（図2・3）。全部の絵を載せているわけではないけれども、「口絵差絵とも原版のまゝを摸写」している点も評価されている。その版面は「鮮明なるうへ校合もよく行届」いており、まさに東京稗史出版社の宣言どおりの評価である。むろん、これが東京稗史出版社からの売り込みである可能性もあるのだが、それはそれで東京稗史出版社刊本の特徴のありかを示しており、「善

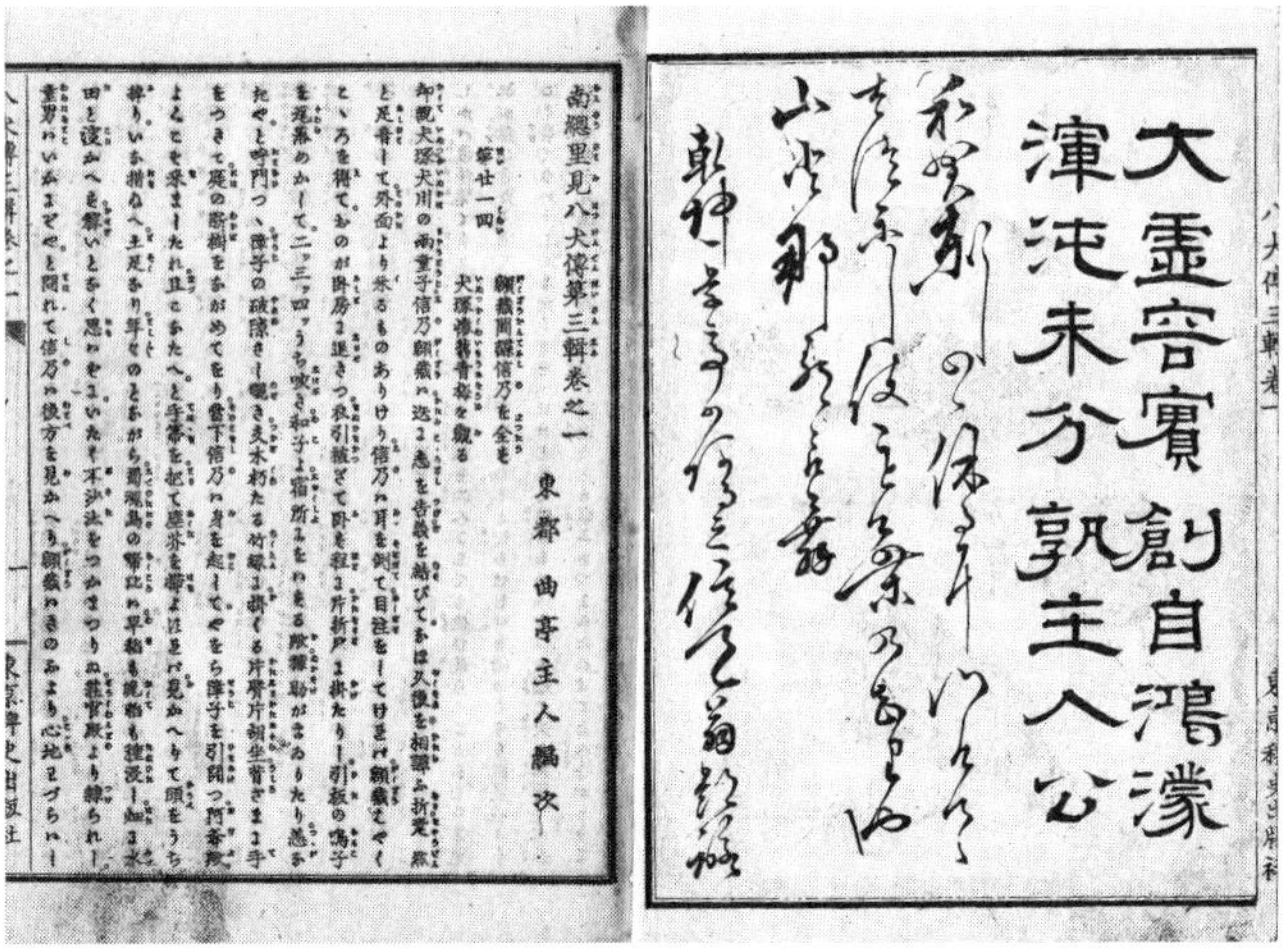

図２　東京稗史出版社『南総里見八犬伝』第３輯上巻。「弘道軒の四号」清朝体活字を用いた組版。前付は木板刷り

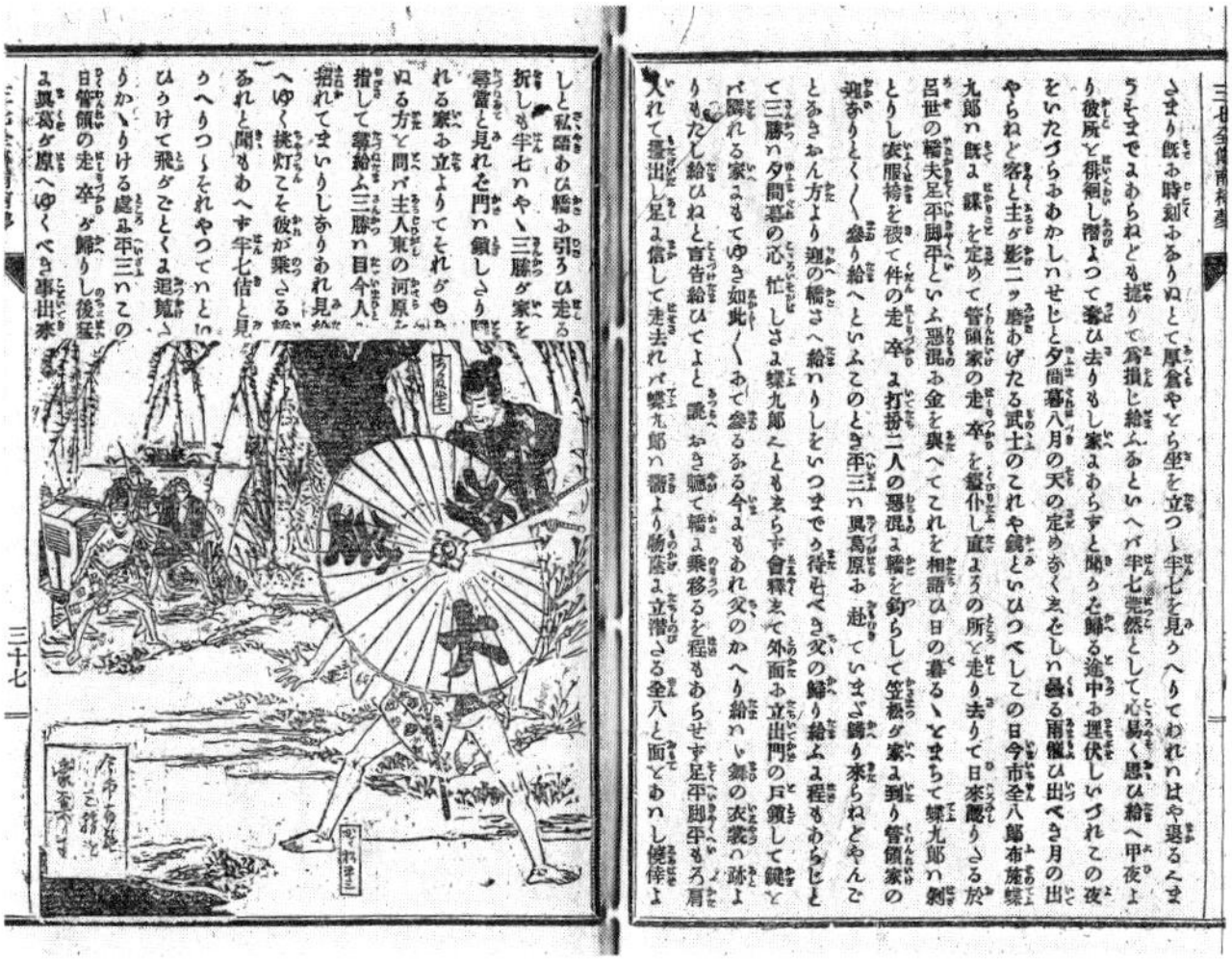

図３　鶴声社版『三七全伝南柯夢』本文。五号明朝ベタ組み。挿絵を紙型に入れるため左丁各行末尾が切られている

本」という『読売』の評語は、見た目だけではなく使用活字、校正、挿絵といった造本に関わってくる要素を指しての謂いであった。のちに東京同益出版社が「絵本太平記売出し広告」（明治一七年一〇月）において「近来流行する洋紙摺、或ハ赤表紙本の類にあらざれバ」云々と、粗製濫造されるボール表紙本や『今古実録』に代表されるような赤色地表紙に外題や表紙絵をあしらった翻刻雑誌との差異を明言したのも、それだけの書籍をつくったという自社刊本の造本に対する自負があったからだ。当然ながらこれらの書籍の向こうには実際に購入し手に取った読者がいたはずで、というよりは、出版が商売である以上は買い手である読者の存在を念頭に置いていなければならず、だとすればこれらの書籍は読者との同意のうえに成立していたと言いかえてもよいだろう。

本稿では、これら「美麗」な活字翻刻本を東京稗史出版社が起業した明治一五年に据えてみたい。そのとき、書籍をめぐるどのような状況が見えてくるだろうか。書籍と近代という問題を、本稿では書籍をめぐる言説をとおして考えてみたいと思う。

二　東京稗史出版社起業の風景

起業前史

現在のところ、東京稗史出版社の構成員として明らかなのは中尾直治・村上良弾・久保田清蔵・臼井五郎・石原信三郎・近藤義往・大柴四郎の七名。のちに朝香屋を開業する大柴を除いて素性の詳細は不明なのだが、そのなかで比較的足どりのはっきりしている中尾直治に焦点を絞って東京稗史出版社設立までを追いかけてみよう。

起業当初の東京稗史出版社の所在地は本郷区湯島切通坂町一二番地で、この近くに中尾の自宅があった。『慶應義塾入社帳』第七号記載の記録によれば、中尾は「明治八年五月三日」、年齢「一八年一月」のときに入塾している。出身は「浜松県」で「身分」は「士族」、入塾時は「東京第四大区五小区湯島切通坂町三十八番地」に住していた。いつまで慶應義塾に在籍していたのかは不明であるが、中尾はその後の明治一三年（一八八〇）七月、永井佳之輔とともに水産社を起業して『中外水産雑誌』を刊行している。いま、この中尾と東京稗史出版社の中尾を同一人物と見るには理由が二つあって、水産社の所付けが「本郷区春木町二丁目四十三番地」で中尾の自宅近くに立社されているという、きわめて細い糸にすがっているにすぎないのだが、後述するもう一つの状況証拠も含めて同一人としておきたい。さて、同誌第二号（明治一三年八月刊）掲載の津田仙祝辞によれば「永井中尾の二君は物産の興起に篤志の人なりて、嘗て笈を負ふて弊社に来り、雪案蛍燈博く農書を研究して毫も倦怠の色を見《あら》はさ」なかったという。「弊社」とは津田仙創立の学農社のことで、慶應義塾ののちはそこで学び知りあったと思しい永井と水産社を起業したようだ。津田はすでに『農業雑誌』を刊行しており、『中外水産雑誌』の体裁とコンテンツに対する評言「事実概ね確当にして体裁趣向亦た其宜きに適ひたる好雑誌なり」云々は、起業創刊の祝辞であるとはいえ、師にして雑誌発刊の先輩による最高の讃辞であった。『中外水産雑誌』は明治一四年九月刊の第一五号をもって廃刊となるが、この背景には、全国的規模の水産組織「大日本水産会」設立の動きがあった。同月に「発起人六氏」によって「創立ノ主旨ト会則数十条」が草せられ、「世ノ有志諸君ニ諮リタルニ大ニ此挙ヲ賛成シ、共ニ与《アヅ》カリテ功ヲ奏セント云フモノ数十名ヲ得」るにいたる(『大日本水産会報告』第一号、明治一五年三月)。品川弥二郎、伊庭想太郎、内村鑑三、前田円など朝野の有力者二四名が賛成者に名を連ねる同会は、明治一五年一月より運営開始。発起人六名を見てみれば、その筆頭に水産会社主の永井佳之輔と編集長の中尾直治の名を見いだしうるのであった。中尾はその後、大日本水産会役員として永井とともに「録事」――「幹事ノ指揮ヲ受ケ集会ノ紀事ヲ掌リ、会員姓名簿、書籍及列品目録等ヲ整頓シ、報告編纂ニ従事」――に任命され、これまた永井とともに同誌では学芸委員のうち「漁撈科委員」として活動することになった。けれども、これより間もない明治一五年五月刊『大日本水産会報告』第五号に、中尾と永井の役員解任が報告される。これは同号刊行前におこなわれた小集会の記事なので、明治一五年の三月末から四月上旬にかけてのできごとであったと見てよい。同号には「発起人宍戸隼太氏願ひに依り退会せり、就てハ自今同氏発起人幷に会員たる資格を脱す」る旨も報知されており、想像たくましくしてみれば、いわば旧水産会系と新体制派のあいだでいざこざがあったかと思われるのだが、それよりも本稿では、中尾が東京稗史出版社を立ちあげたのがまさにこのときであったことのほうに注目しておきたいのである。

起業の環境

右のとおり中尾は大日本水産会役員解任後すぐに東京稗史出版社を起業しており、これがずっと考えていてのことなのか、あるいは解任後に思いたってのことなのか、そのへんの事情はつまびらかにはしえないけれども、いずれにしても驚くべきはその早さである。この早さを可能にしていたのは、中尾を取りまく環境であった。

明治八年（一八七五）九月、それまでの出版条例が改正されて次のように規定された。

第二条　図書ヲ著作シ、又ハ外国ノ図書ヲ翻訳シテ出版スルトキハ、三十年間専売ノ権ヲ与フヘシ。此ノ専売ノ権ヲ版権ト云フ。但シ、版権ハ願フト願ハサルトハ本人ノ随意トス。故ニ、版権ヲ願フ者ハ願書ヲ差出シ免許ヲ請フヘシ。其願ハサル者ハ、各人一般ニ出版スルヲ許ス。

正規の手続きをふまえて内務省に願いでれば三〇年間の専売の権利「版権」を受けられるし、そうした手続きを経ていない無版権の書籍は誰が出版してもかまわない、という趣旨で、書林組合の権力をささえてきた板株の、事実上の解体であった。版権を取得して出版するにしても取得しないで出版するにしても手続き書類は必要であるが、たとえば手近な用文集のたぐいでも繰ってみれば頭注や巻末には願届や証文の書式などが列記されており、「各人一般ニ出版スル」ことが可能な法的環境と書式とが中尾のまわりには整えられていたのである。

さらにいえば、郵便や為替、通運といった東京と遠隔地とを結ぶ流通面においても中尾は恵まれた環境にあった。広告が掲載された新聞や雑誌が遠近に流通し、それを見た読者が郵便を使って問い合わせ、代価を支払い、通運を使って送られてきた品物を受けとることがおこなわれはじめていた。いや、むしろこうした環境が整備されていったからこそ、新聞や雑誌は潜在的読者を掘りおこすメディアとして最大限の力を発揮していった。広告は、文字どおり「広」く「告」げることが可能となったのである。東京稗史出版社が利用した予約出版方法は、こうしたメディアを利用して各地から広範に購買者を募るものであったが、この方法は、すでに脩道館や鳳文館でその有効性が実証済みであった。

中尾はすぐさま書籍を出版して広範な読者に告知できる環境のなかにあったのだが、東京稗史「出版社」起業という発想は彼の経歴からくるものであったといえるだろう。既述のとおり中尾は慶應義塾の出身であり、彼が在籍していたのは入塾前年に組織された「慶應義塾出版社」の活動期間でもあった。その後の学農社にしても『農業雑誌』や『開拓雑誌』を経営しており、水産社における「編輯長兼印刷人」という中尾の立場は、「本誌売捌《うりさばき》御望の方ハ弊社え御掛合可被下《おかけあひくださるべく》候」という広告文に見るとおり、読者だけではなく雑誌社や本屋との折衝も含めて右の履歴ゆえのことであった。もっとも、東京稗史出版社はもちろん水産社も、慶應義塾出版社のような合資会社組織ではなかったと見てよい。だいたい会社にするほどの資金はなかっただろうし、同意を得て出資を募るほどのネームヴァリューもなかっただろう。なにより会社にしないことで出資者への利益分配や損失補償は考えなくてよいのである。そのせいなのか、『中外水産雑誌』創刊まもなくして広告欄に次のような告知が掲載されることになる。

○本誌愛顧の諸君中代金御払無之《これなき》方ハ至急御送金被下度旨《くだされたきむね》兼て奉願上候処、未た以て御払込無之向き間々有之、帳合上甚た不都合に候間、至急御回金被下候様相願度、此段再ひ御催促申上候。（中略）／本誌定価壱部金六銭○拾部前金五十五銭（中略）右の前金相切れ候共廃止の御沙汰無之間は引続き差出可申候。

右の「未た以て御払込無之向き有之」「代金御払無之方ハ至急御送金」されたしという文言を文字どおり解釈すれば、どうやら申し込み手続きの際に雑誌代価を徴収してはいなかったようだし、何度通知しても改善されていないことは「再ひ御催促申上」ていることからも明らかだ。にもかかわらず「前金相切れ候共廃止の御沙汰無之間は引続き差出」、すなわち金を払わなくても雑誌は読者の手もとに送られてくるような方法を用いつづけているのであった。実は東京稗史出版社の経営を悪化させていった最たる原因がこの前金方法であって、このことはかつて拙著（磯部 二〇一二b）でも述べたことだけれども、水産社での失敗をそのまま繰りかえしているあたりは経営センスの欠如、あるいは士族の商法と評してもよいだろう。ただ、津田仙が評価した「体裁趣向」や記事の信憑性は東京稗史出版社の造本や校正にもあらわれており、このことは冒頭あるいは拙著にて述べたとおりである。それは水産社での「印刷人」という経験と、東京稗史出版社が印刷所も兼ねていたからこそ追求できた

「体裁趣向」なのであり、それが商品として受けいれられるだけの読者の存在があったればこその「体裁趣向」であった。

三　読者の居場所

読者をとりまく言説共同体

東京稗史出版社の出版広告の多くは『郵便報知新聞』『東京日日新聞』『朝野新聞』『時事新報』『自由新聞』といった大《おお》新聞で、小《こ》新聞では『読売新聞』のほか、明治一六年（一八八三）以降からは自由党系小新聞『絵入自由新聞』も利用している。いずれも東京出来の新聞で、いまのところ東京以外の新聞を利用した形跡を見つけるにいたっていない。東京稗史出版社の念頭には大新聞読者があり、複数の新聞広告を利用することで広範にひろがる潜在的読者をひろいあげようとしたもくろみが見てとれる。

大新聞と小新聞の違いについて、明治一一年（一八七八）二月一三日付『東京日日新聞』寄書における理解を引いておけば次のとおりである。

又貧富課税云々ノ説アレトモ、今手近キ譬〔タトヘ〕ヲ以テ示サンニ日々新聞ノ如キ紙幅大ニシテ、且ツ勿論其議論高尚ナルヲ以テ中等以上ノ人民之レヲ読ミ、又夫ノ仮名付小新聞ノ如キハ平均セバ下等社会ノ読ム所ナルベケレトモ、〔後略〕』

両者の違いは「紙幅」「議論高尚」「仮名付」というかたちの違いであり、それはすなわち「中等以上ノ人民」と「下等社会」という読者層の違いに起因するものであった。仮名垣魯文門下のひとり野崎左文も「大新聞は中流以上の知識階級を顧客とし、小新聞は中流以下の社会を相手とする通俗本位のものであるから自から硬軟の区別を生じ」ていったことを証言しており、「中等」「中流」や「下等」といった認識のしかたは同時代に共通するものであった。ただ、「女童《おんなこども》のおしへにとて為になる事柄を誰にでも分るやうに書てだす」(『読売新聞』創刊号、明治七年一一月二日)ことからはじまった小新聞『読売新聞』も、実は社のほうで「投書を含めて紙上に掲載する記事のスタイルを意識的にコントロール」しており、「種々雑多な人びとが出会い、反撥と共感、批判と賛同といった相反する関係がことばのやりとりを通して作りあげられる読者共同体の空間」が意識的に作りあげられていったことは、平田由美が指摘するところである(平田 二〇〇二)。東京稗史出版社が自社商品を『読売』紙上に広告しはじめたのは、明治一四年(一八八一)一月の紙幅拡張ともあいまった投書や読者層の質と量の変化が『読売』紙上に顕在化していったさなかのことであった。

この「読者共同体」においては「新聞社が「女子ども」として表象する「愚民」を「怜悧」の領分へ引き上げて「開化」の実を得させ、最終的に「国のために成る」存在に至らしめるという道筋として《国民》へのルートを描きだし、それがほかならぬ新聞によって拓かれるものであると自負していた」と平田前掲論文が指摘するように、『読売』紙上に創出されたこの言説共同体は「国民」と地続きに展開していたものであった。ベネディクト・アンダーソン『想像の共同体』によれば、出版資本主義によって創出された書記言語「出版語」によって「国民国家」という「想像の共同体」は創造されるのであって、その根底には活字印刷の持つ等質性があった。等質性が最大の効果を発揮するためには広範な流通が不可欠で、郵便や運送など活字メディアの流通環境の整備なくして共同体は形成されなかった。そして、その共同体への帰属意識は、教育や各種メディアの言説という指針なくしては発生しえない。その意味で「国民」意識とは、小新聞にかぎらず大新聞や雑誌などで形成される言説共同体という場のありかたと結びついたものであったといってよい。では、そうした言説に囲繞《いにょう》されていたのは、いったいどういう人たちであったのだろうか。

「中人」たちのまなざし

この問題を考えるにあたって注目したいのが、前出『東京日日新聞』寄書で用いられていた「中等以上」や「下等社会」といった階層認識である。人びとはいかにしてこのような指標を手に入れていったのだろうか。

福沢諭吉『学問のすゝめ』第五編（明治七年一月）に「ミッヅルカラッス」（middle class）を論じた箇所がある。福沢は、「国の文明は上政府より起る可らず、下小民より生ず可らず、必ず其中間より興りて衆庶の向ふ所を示し、政府と並立て成功を期す可きなり」として、その「中間」すなわち「ミッヅルカラッス」の社会的責務を明示した。では、「正に国人の中等に位し、智力を以て一世を指揮し」「衆庶の向ふ所を示し」うる者は誰か。福沢はまず「洋学者」に白羽の矢を立てるのだが、彼らの目的意識の欠如や安住意識が問題としてその任に適当な者とは見なさない。そして「洋学に志すこと日既に久しく、此国に在ては中人以上の地位にある者」として福沢は「先づ我より事の発端を開」いていかねばならぬと結論づけるのであった。

いま、福沢の用いた「中人以上」という用語の出自をさかのぼっていけば、『論語』雍也第六に見られる「子曰く、中人以上は以て上を語るべし、中人以下は以て上を語るべからず」（原漢文）にいきあたる。上（君子）と下（小人）のあいだに位置する「中人」。宝永七年（一七一〇）成立の貝原益軒『和俗童子訓』巻之一によれば「中人の性は教ゆれば善人となり、教えざれば不善人となる」もので、中人「以上」になるか「以下」に数えられるかは学びの有無にその境目があると考えられていた。寛政元年（一七八九）刊の北尾政演《まさのぶ》（山東京伝）画作の黄表紙『孔子《こうし》縞時于《じまときに》藍染《あいぞめ》』は、背中にこもをかけたざんばら髪の男たちが橋の上で漢籍と思しき書物を読んでいる図から始まっており、「中人以下不可以語上と畏るゝにいたれども」云々と、「中人以下」どころか人外の者を引きあいにして改革の世相を揶揄してみせる。時代はくだって、町名主の斎藤月岑《げっしん》も『武江年表』提要（嘉永元年識）で「此編に載る所は中人以下の耳目に触るるところにして、地理の沿革或ひは坊間の風俗、事物の権輿に至るまで、獲るに随ひて誌す」と述べている。今田洋三「江戸の災害情報」（一九七八年）によれば、「江戸において「中以下」という階層認識が成立してきたのは」「定めて享保～宝暦のころから」であるという。経済的弱者としての「中以下」すなわち「都市内における主体的存在」は、その頃に頻発した打ちこわしと結びついて警戒すべき存在として支配層たちに発見されていったというのである。こうした認識が『論語』を出自とするのかどうかはともかくとして、これらは、発言主体が自己を「中人以上」と見さだめていないかぎり出てこない言いまわしである。「以上」と「以下」とを分かつ基準がなんであれ、先ほどとおなじく発言主体が自己を「以上」の者と位置づけることによって「以下」は対象化され、自己と他者とは弁別されることになる。

福沢の提示した「ミッヅルカラッス」に「中人以上」や「中等」の訳語があてられていたように、福沢の念頭にあったのは右のような認識のしかたを内面化した人びとだ。したがって、そうでない人びとは次のような反応をすることになる。明治九年（一八七六）一二月七日付『読売』に掲載された「桑津賓楽」の寄書を引いてみよう。

> 普《あま》ねく世間の諸君へお尋ね申すのハ、是まで新聞中の雑報にも投書の中にも中人以下の不体裁にも困るといふ文章を毎度見えますが、此中人以下とハ下人を指《さし》ていふ事で有ましやうが、シテ見《みる》と上人も無てハ成らぬ筈。そこで此上中下の区別ハ何をもッて定められたのか。官吏の事ハしばらく閣《お》き、華士族平民と別つか。将《はた》また士農工商と別つか。或ひハ賢愚貧福を以ッて定めるか。（中略）何れにもせよ、中から下と書れるにハ定めし確《しか》と区分の有ることか。区分が判然せぬものを漫《みだ》りに中から下などゝ見下していふのハ、失敬な事でハ有りませんか。私共のやうな愚

人にハ此区別が分り兼《かね》ますから、博識先生方、どうか分るやうにお諭《さと》しを願ひます。

この投書からはいくつかの興味深い事実が指摘できる。まずこの「桑津賓楽」なる御仁は、「中人」の上下を「上人」「下人」としているように「中人以下」が『論語』出自の用語であることを知らない。どうやら『学問のすゝめ』も読んでいないらしい。福沢の「ミッヅルカラッス」論で批判されていたのは「中人以下の愚民」の無批判に迎合する態度すなわち「知」の欠如であって、だからこそ福沢は「学問」を「すゝめ」るのである。「以上」と「以下」とを分かつのは、『論語』や福沢の文脈においては「学問」、前出今田の事例においては貧富であったように、「以上」か「以下」かはどういった文脈でその語が用いられているかによるのだが、彼はそういうことを知らず、けれども自分の無知は知っているようで、だからこそ「区分が判然せぬ」のに「漫りに中から下などゝ見下」されているような空気を感じているのである。「私共」という複数形を用いて自己を集団のなかに朧化《ろうか》しながら、実はこの言説共同体のなかにきっといるはずであろう自分のような「愚人」を巻きこんだ体でこの寄書は提示される。では、「博識先生」と持ちあげられた読者はどのように「お諭し」するのだろうか。明治一〇年（一八七七）一月二六日付『読売』に載った「賞楠堂鶴甫」の寄書を見てみよう。

貴社五百六十三号に桑津賓楽先生が中人以下の区分の御不審ハ至極御尤で、どうぞ判然紏《ただ》して心得て置たいもので有ますが、扨《さて》私の思ふにハ、彼の中人以下の区分ハ強て賢愚またハ貧福などの一事をもツていふ事でハ無く、専ら其事柄によツて自から有る事かと思ひます。其事がらといふのハ、仮令《たとへ》バ身分をもツていふ時ハ士族さんから我々平民までを中人以下、また貧福でいふ時ハ、少しの動産不動産ハ持て居ても其町村の人民総代などに撰ばるゝ迄にハ至らぬものから末ハ裏店小店の者まてハ中人以下、また賢愚でいふときハ大概ハ廉恥も弁へ御布告の拾ひ読ぐらゐハ出来るものから末ハ破廉恥の野蛮人までを中人以下とでも言訳《いふわけ》でござりましやう［後略］

右の、「強て賢愚またハ貧福などの一事をもツていふ事でハ無く、専ら其事柄によツて自から有る事かと思ひます」という「賞楠堂鶴甫」の理解は正しい。寄書の末尾で「どちらへ廻ツても下等社会をまぬかれぬ」と自己韜晦するのだけれど、こうした言説共同体へ主体的に参加していることじたいが、そうでないことの証であるのはいうまでもない。「桑津賓楽」への返答は「愚民」から「中人以上」への移動をうながす契機となるものであったが、そこに見られるのは次のような認識である。

等外の人も学問さえすればひとりでに足の運びも覚へましてたちまち下等の人と成ります。下等の人は中等に昇り、中等の人は上等に進むも彼の勉強次第で有ます。

（『読売新聞』寄書、明治八年一〇月一五日）

学びの道は己を吝《をしま》ず一寸の光陰を惜んで励めば、下等社会の者も上等社会へ編入される様になりませう。

（『東京絵入新聞』寄書、明治一〇年九月九日）

「学問」や「学び」によって「等外の人」ですら移動可能な時代。前出『孔子縞時于藍染』の揶揄が現実のものとして認識されはじめたのである。しかしながらその一方で、右のような「区分」の不分明さや移動可能性についての言説が大新聞に見られないのは、そうした「区分」のしかたをすでに内面化した人びとによって言説共同体＝「社会」が形成されているからにほかなるまい。大新聞の言説共同体においては「中等以上ノ人民」たちと「下等社会」とは明確に「区《わか》」たれた「分」として認知されているのであり、そこにおいて「下等社会」は感化誘導されるべき対象として、またそうすることがみずからの「分」としてわきまえていることが前提であった。

新聞の流通拡大とともにこうした言説共同体も広範になり、「中等社会」のすそ野は重層的に拡がっていくことになる。東京稗史出版社はこうした「社会」、そこにうごめく種々の「中人」たちに向けて自社刊本を広告していく。ならば次に考えるべきは、新聞の向こうに拡がる、誰とも分からない不可視の「中人」たちをつらぬいていった「稗史」という糸だ。

四　教養としての稗史

東京稗史出版社の「稗史」観

まず「稗史」を辞書的に理解しておけば、「(「正史」に対して)公認されない歴史。重要でない事柄を記した歴史。また、民間の歴史」のことであり、それゆえに「小説を卑しめて呼ぶ語」にもなり「つまらない」「とるにたらない」意が含まれることになる(『日本国語大辞典』)。次に掲げる明治八年二月二五日付『朝野新聞』寄書も、そうした「稗史」観に基づいたものである。

> 維新以降、我帝国ノ学風遽然豹変シ、文章和漢ヲ混淆スルモ固《モト》ヨリ洋説ニ根拠シ、彼ノ小学訓誨ノ如キモ専ラ贅語ヲ廃業シ、簡便枢要ヲ旨趣トスルヲ以テ革面ノ標準トセリ。故ニ従来児女子ノ玩物タル小説稗史モ漸々掃滌《ソウデキ》シ、近頃坊間市店ニ合巻草紙物語ノ新刷ヲ看ズ。〔後略〕

教化誘導の対象となる「児女子ノ玩物」でしかない「小説稗史」、すなわち「合巻草紙物語」は世上を汚すものでしかなく、だからこそ次第にその「新刷」が「坊間市店」から姿を消して「掃滌」、すなわち「洋説」によって洗い清められていったと説明される。漢語辞書で「稗史」が「クサゾウシ」(片岡義助編輯『改正増補布令新聞漢語必要文明いろは字引』、若林喜助ほか、明治一五年)とか「ニンジヤウ本ノタグヒ」(『頭書画引類語明治いろは字引大全』、内藤彦一、同年)などと説明されるのも、これとおなじ位相にある。けれどもその一方で、たとえば明治一五年一二月二日付『東京日日新聞』雑報欄には、次のような新刊案内が掲載されるのであった。

石川鴻斎批撰の続日本文章軌範（三巻）、原弥一郎氏編纂の憂憤余情（三巻）、東京稗史出版社の南総里見八犬伝（第三輯迄）、岡野伊平氏編述の矯弊女子用文（二冊）等は此ほど刊行なりしが、何れも有益の書と云ふべし。又た博文社出版の類聚法規第六巻、随聴随筆の第二十号も刊行せしが、是また法家には尤も有益の書なり。

石川鴻斎批撰『続日本文章軌範』（稲田佐吉刊）や獄中での「憂憤」をまとめた漢詩集『憂憤余情』などと並んで、ここでは東京稗史出版社の『南総里見八犬伝』が「有益の書」として評されている。当の著者が「稗官野史の言、風を捕り影を逐ふ、架空無根、何ぞ世の人に裨益あらん」と述べていた『八犬伝』が（「南総里見八犬伝第九輯巻之三十三簡端附録作者総自評」）、漢詩文集と並記されているのである。ただし、このあとの「博文社出版の類聚法規」や『治罪法講義　随聴随筆』などの「法家には尤も有益の書」とは別記されており、だとすれば『南総里見八犬伝』の「有益」性は、漢詩文集や用文書とおなじ位相で評価されていたと見ねばならない。では、当事者の東京稗史出版社は、同書刊行の企てをどのように位置づけていたのだろうか。

明治一五年四月に東京稗史出版社が予約希望者に向けて配布した規約書には、冒頭、次のようにある。

本社、今般広ク稗史小説ノ出版ニ従事シ、第一ニ南総里見八犬伝、椿説弓張月、及ビ夢想兵衛胡蝶物語ノ三書ニ着手セントス。ソモ此ノ三書ハ稗官ノ巨擘《キョハク》曲亭馬琴翁ノ著書中、殊ニ傑作ノ称アリテ、ソノ物語リ因果応報ノ理ニ基キ、細ニ人情世態ノ真景ヲ摸出シ、所謂天心ヲ穿《ウガ》チ月胸ヲ鑿《ウガ》ツモノ、英雄豪傑佳人才子ノ状態宛然躍出、実ニ返魄写影モ啻《タダ》ナラズ、決シテ尋常ノ伝記小説ト同一視ス可キモノニ非ズ。亦以テ操觚ノ一大規範トスルニ足リナン。（中略）蓋《ケダ》シ此ノ挙タル、亦《マタ》以テ文学ニ裨補ナシトセンヤ。

起業最初の出版物である「南総里見八犬伝、椿説弓張月、及ビ夢想兵衛胡蝶物語ノ三書」が「尋常ノ伝記小説ト同一視ス可キモノニ非」ざる「傑作」なのは、「ソノ物語リ因果応報ノ理ニ基キ、細ニ人情世態ノ真景ヲ摸出シ、所謂天心ヲ穿チ月胸ヲ鑿ツモノ、英雄豪傑佳人才子ノ状態宛然躍出、実ニ返魄写影モ啻ナラ」ない内容に加えて「操觚ノ一大規範」とするべきその書きぶりにも理由があった。だからこそ、こうした出版企画は「文」の「学」びに益するものであるというのだ。

実用書としての稗史

このような稗史観は、同時期の民権運動に関わる啓蒙言説と密接したかたちで世上に流通していたものであった。たとえば明治一四年六月刊『鳳鳴新誌』三六号（開新社）掲載の玩球少年「稗史小説ノ利益ヲ論ズ」は次のようにいう。

稗史小説ハ世態人情ノ反照也。［中略］思フニ、夫《ソ》ノ稗史小説タル、或ハ実ヲ張大ニスル者アリ。或ハ事ヲ作為スル者アリ。凡ソ其事実ノ信ジ難キト否トニ拘《カカ》ハラズ、記者ハ一ニ其事実ノ世態人情ニ迫リ、密ニ其情態ヲ写出シテ、以テ人ノ感攬ヲ惹起シ、泣カシメ、笑ハシメ、怒ラシメ、喜バシメ、読者ヲシテ恍然身親シク其境ニ臨ムノ想アラシムルヲ目的トスル者ナレバ、縦令ヒ其記伝ノ筋書ハ虚構ニセヨ無実ニセヨ、其書中ノ地理ヲ説キ、風俗ヲ写シ、政治人情衣食住ノ細ニ至ルマデ筆記スル所、拠ル所ナキハ莫《ナ》ク、実際ナラザルハ莫ク、以テ歴々当時ノ有様ヲ徴証スベキニ足ラザル者ナキナリ。故ニ乱世ニハ自ヅカラ殺伐ノ気ヲ含ム者多ク、治世ニハ必ズ華奢逸楽ノ書ヲ出シ、以テ人心時好ニ投ズル有ントス。［後略］

右にいうところの「稗史小説」とは「羅管仲ノ水滸伝」や「滝沢馬琴ノ侠客伝」「八犬伝」のこと。「其ノ八犬伝中ニ官吏ノ訟ヘヲ聴キ民ニ接スル項ノ如キ、或人ノ説ニ拠レバ、一々悉ク当時幕吏ノ民ニ対スル無状ヲ直筆」してあると評し、「其当時ノ世態人情風俗文物ヲ観察シ、以テ後代学術ノ更進、政治ノ改良等、凡ソ邦家文明ノ進捗ヲ助成」するに「稗史小説」を利用すべきであるという。こうした言説において「邦家文明ノ進捗」を牽引する者こそ前出の「中人」たちなのであるが、ことさら彼らが「稗史小説」に注目するのは、それが「下等社会」の人びとにとって身近な読み物であったからにほかならない。明治一六年八月二八日付『絵入自由新聞』論説欄掲載の「政事に関する稗史小説の必要なるを論ず」（無署名）には次のようにある。

抑《そもそ》も稗史小説の人心を感動するの大なるや、蓋し其の性情に適切の刺衝を与へ易きが故なるべしと信ず。殊《こと》に中人以下婦女子に至るまで之れを聴き、之れを視て、以て解するに苦しむが如き憂なく、直ちに了得して、而して其効果を見るを得べきなり。

論題のとおり「政事に関」する現状と課題とを「社会一般の人民に早く」知らしめるためには「中人以下婦女子に至るまで」が「直ちに了得し」うる「稗史小説」を用いるにしくはないという。むろん、こうした「稗史小説」に「反照」された「世態人情」は現在進行形でなければならず、そこに稗史改良の余地があった。政治小説や立身小説などはこうした言説のうえに見さだめることができるのだが、いずれにしても「邦家文明ノ進捗」をはかり「下等社会」を誘導していくツールとしての「稗史小説」は、その実用性ゆえに「操觚ノ一大規範」とすべきものであった。

もう一つ、馬琴の文体そのものに対する評価も当時の稗史観をささえる水脈であった。明治八年八月二九日付『東京日日新聞』論説掲載の福地源一郎「文論」は、「日本ノ四大奇書トモ称スベキ」「馬琴ノ八犬伝、種彦ノ田舎源氏、一九ノ膝栗毛、春水ノ梅暦」が「勉メテ高調ニ趨ルノ風ヲ抑エ、通俗ニ帰セシムルニ在ル」文章に理想を求めた。山田俊治が指摘するように、「福地の「文」学認識の背景」には「国民国家の独立や開明進歩を測定する指標として「人文」（文化）を捉えていた」ことがあるのだが（山田 二〇一三）、こうした「文」をめぐる議論が稗史の実用性とパラレルに展開されているという言説共同体のありようが、東京稗史出版社の、「亦以テ文学ニ裨補ナシトセンヤ」という自社企画の位置づけにつながっていったのである。

五　書籍選別の指標

明治一五年一一月五日付『朝野新聞』広告欄に掲載された「著作館設立の主旨」は、冒頭、「本館設立の主旨ハ聊か世に益せん為め以下条章に定むるが如く同志相謀り、醵金して以て温故知新の良書と認むる書籍を出版し、廉価を以て之を賛成員に頒つに在り」とうたいあげる。そして申合規則第十九条において次のように規定した。

本館発起人の見込により、先第一に南総里見八犬伝（廿冊）、絵本通俗三国志（十冊）の両書の出板に着手すと雖も、両書共漸次出来の上ハ賛成員の見込に随ひ、他の有益の書籍出板に従事せんとす。依て有益と思量せらるゝ温知の書籍ハ何書にても書目冊数等詳細に報道せらるべし。

実は著作館とは『豊年温故誌』という翻刻雑誌を刊行していた温故社内に設けられた予約出版部門

の名称なのであるが、広告において温故社への通路は閉ざされている。馬琴の戯号「著作堂」に通じる「著作館」という名称は、「中等社会」で活動するために別に用意した手形のようなものであり、実際にその装丁も菊判仮綴じの『豊年温故誌』とは異なって、本稿冒頭に見た東京稗史出版社とおなじく半紙本型になっている。

松村操校閲・西村宇吉編『新編稗史通』(耕文社、明治一六年)は十返舎一九・山東京伝・式亭三馬・曲亭馬琴の略伝等を取りまとめたもので、その凡例で次のようにいう。

殊に近き比ハ翻刻とかいふ事行れ、それもて己《おの》が衣食を謀れども、その徒《ともがら》にして猶著者の氏名をだに知らざるもありと聞けり。是等の人のしるへにせまほしうて此書ハ編出《あみいだ》しゝなり。

右の念頭にあるのは、たとえば次のような事態だろう。明治一五年七月一六日付『東京絵入新聞』に掲載された可愛楼晴雪「翻刻者に告ぐ」の一節を引く。

(其版権のなきを僥倖としたまふ訳でハあるまいが)利欲に走るの一点より仮名が違ハふが字に誤りがあらふが我に於てハ恥ならず(ト亦為りもしまいが)、杜撰極るものを出版したらんにハ独後人を誤るのみならず翁[馬琴]をして千歳の後よく其栄誉を保存せしむること能はざるべし。[中略]頃日世に馬琴翁種彦先生その他有名大家の著書を頻りに翻刻するものあり。而して是を旧本に比較れバ其体裁劣るも決して優るものをみず。

右に見る「翻刻するもの」のなかには明治一五年前後からの翻刻雑誌や中本型の活字翻刻本なども含まれているはずで、だからこそ東京稗史出版社や東京同益出版社が「近来流行する洋紙摺、或ハ赤表紙本の類」との差異を「美麗ニシテ旧版ニ優ル」ところに求めるのである。

さらに深読みしてみれば、先ほどの凡例は「著者の氏名をだに知らざる」読者にも向けられているとも読めるだろう。粗製濫造する「是等の人のしるへ」が念頭にあったとはいえ、実際に手にとって読むのは彼らだけではない。近ごろの「翻刻」本を批判するのも、おなじく凡例で、「一言一行をも編者が自恣《ほしいまま》にせず必出所あり」と該書の信憑性を保証するのも、そうした読者に向けての、いわば「稗史」にかんする最低限の共通知を提示したものではなかったか。だとするならば『新編稗史通』の想定読者とは、自己を「中人」と内面化していた人びとではなく、むしろ「等外」や「以下」から移動してきた「中人」たちであるだろう。

明治一四年七月制定「中学校教則大綱」第一条に「中学校ハ高等ノ普通学科ヲ授クル所ニシテ中人以上ノ業務ニ就クカ為、又ハ高等ノ学校ニ入ルカ為メニ必須ノ学科ヲ授クルモノトス」とあり、これは翌年一二月にまとめられた『文部省示諭』にも引き継がれて「中学校ハ中人以上ノ業務ニ就クモノト高等学校ニ入ルモノトヲ養成スル」と規定された。「小学」と「大学」の中間にある「中学」を右のように位置づけたのが、種々雑多な「中人」たちがメディアの内外で顕在化してきた時期であったというのは興味深い。

中人以上ノ人士ハ即チ国家ノ本幹ニシテ、国家ノ禍福安危ハ主トシテ此人士ノ性行智識如何ニ由リ、其性行ノ良否、智識ノ浅深ハ中学校ノ教育如何ニ由ルモノナレハ、其教育ノ得失ハ国家ノ利害ニ関カルコト、蓋シ尠少ナラサルナリ。

教育課程において「中人以上ノ人士ハ即チ国家ノ本幹」として規定され、だからこそ彼らの「性行智識」は喫緊の課題として浮上し、書籍もそこに関与する。中学校にかぎらず「書籍館」は「智識ヲ伝播シ文明ヲ誘導スル」ところなのであり、そこに収められる「書籍ハ人ノ思想ヲ伝播スル所ノ最大媒介」となるものであった。ゆえに「善良ノ書」と「不良」のそれは選別されねばならない。

善良ノ書ハ読者ノ特性ヲ涵養シ、其善良ノ智識ヲ啓発シ、其愛国ノ誠心ヲ誘起シ、親族及社会ノ交際ヲシテ寛和敦厚ナラシムルカ如キ其効益タル最モ著大ナリト謂フヘシ。

しかしながら、その選別を困難にしているのは書籍の生産流通環境そのものであった。

晩今印刷法ノ旺進スルニ従ヒ発兌スル所ノ図書ハ日一日ヨリ多キヲ加ヘ汗牛充棟啻ナラス。而シテ其多数ノ図書タル間々良好ナルモノナキニアラスト雖モ、亦其弊害アルモノ頗《スコブ》ル多シ。

東京稗史出版社の「美麗」な造本が指向していたのは、メディアの内外において創出あるいは発見され、言説に囲繞されていた「中人」たちであった。予約出版方法において規約書とともに体裁見本を頒布するのも、そうした意識のあらわれだ。書籍それじたいが良書選別の指標になっていたのである。

さて、こうした時期も長くは続かない。「汗牛充棟」の文字が紙上を席巻していくように、大量生産にともなって書籍が飽和状態になっていくのである。「文字の鮮明ならざるもの、表紙及び全体所々汚れたるもの、或は紙質の粗悪なるもの、或は綴り方の粗漏なる等多く、殊に原書ハ古本を改製したるもの」(『時事新報』寄書、明治二〇年一二月二〇日)などが出まわり、丁寧な造本も数に埋もれて選別指標として機能しなくなる。明治二〇年(一八八七)八月刊『出版月評』第一号掲載の矢田部良吉「出版月評発兌ニツキ所感ヲ述フ」は次のようにいう。

今此ニ一ノ難事トイフハ、書籍ヲ購求シ之ヲ読ミテ自ラ益セント欲スルモノ、、其書ヲ選択スルニ何ヲ標準トスヘキヤ、何ニ拠テ其書ノ良否ヲ知ルヤノ一事ナリ。

近代小説や近代批評は、こうした流れのうえに成立していったのである。

参考文献

ベネディクト・アンダーソン著、白石隆・白石さや訳『定本 想像の共同体――ナショナリズムの起源と流行』、書籍工房早山、二〇〇七年
石堂彰彦『近代日本のメディアと階層認識』、吉川弘文館、二〇一二年
磯部敦「『西洋夜話』訴訟一件――出版史料としての『大審院刑事判決録』」『日本近代文学』八三集、日本近代文学会、二〇一〇年一一月
磯部敦「〈中人〉の諸相――福沢諭吉「ミッヅルカラッス」を中心に」『叙説』三九号、奈良女子大学日本アジア言語文化学会、二〇一二年一二月a
磯部敦『出版文化の明治前期――東京稗史出版社とその周辺』、ぺりかん社、二〇一二年b
磯部敦『明治前期の本屋覚書 附東京出版業者名寄せ』、文圃文献類従26、金沢文圃閣、二〇一二年c
今田洋三「江戸の災害情報」、西山松之助編『江戸町人の研究』第五巻、吉川弘文館、一九七八年
菊池城司『近代日本の教育機会と社会階層』、東京大学出版会、二〇〇三年
ロバート・キャンベル「規則と読者――明治期予約出版の到来と意義」『江戸文学』二一号、ぺりかん社、一九九九年一二月
ロバート・キャンベル「東京鳳文館の歳月（上・下）」、中野三敏監修『江戸の出版』、ぺりかん社、二〇〇五年
国立教育研究所第一研究部教育史料調査室編『学事諮問会と文部省示諭』、教育史資料1、国立教育研究所、

一九七九年
鈴木俊幸『江戸の読書熱――自学する読者と書籍流通』、平凡社選書、二〇〇七年
鈴木俊幸「葉書という社会資本、あるいは書籍流通史料としての葉書」『書物・出版と社会変容』一一号、書物・出版と社会変容研究会、二〇一一年
鈴木俊幸「信濃出版会社と脩道館――予約出版の蜜月と落日」『中央大学文学部紀要』一一一号、二〇一三年三月
土屋礼子『大衆紙の源流――明治期小新聞の研究』、世界思想社、二〇〇二年
東京書籍商組合編『東京書籍商伝記集覧』、日本書誌学大系2、青裳堂書店、一九七八年
長尾正憲『福沢屋諭吉の研究』、思文閣出版、一九八八年
平田由美「《議論する公衆》の登場――大衆的公共圏としての小新聞メディア」『近代知の成立』、近代日本の文化史3、岩波書店、二〇〇二年
前田愛『前田愛著作集　第二巻　近代読者の成立』、筑摩書房、一九八九年
山田俊治「福地源一郎の「文」学」、河野貴美子・Wiebke Denecke 編『日本における「文」と「ブンガク」』、勉誠出版、二〇一三年

【執筆者】

堀川貴司（ほりかわ たかし）
1962年生まれ。東京大学大学院人文科学研究科博士課程満期退学。現在、慶應義塾大学附属研究所斯道文庫教授。専攻、日本漢文学・和漢書誌学。主な著作に、『詩のかたち・詩のこころ』（若草書房）、『書誌学入門』（勉誠出版）、『五山文学研究』（笠間書院）などがある。

高木浩明（たかぎ ひろあき）
1967年生まれ。二松学舎大学大学院文学研究科博士後期課程国文学専攻満期退学。博士（文学。関西大学）。現在、清風高等学校講師。専攻、中世文学、書物文化史。主な著作に、『伊勢物語版本集成』（共著、竹林舎）、『中院通勝真筆本『つれつれ私抄』』（新典社）、「『百人一首抄』（幽斎抄）成立前後——中院通勝の果たした役割」（『中世文学』58号）などがある。

岩坪充雄（いわつぼ みつお）
1960年、金沢市生まれ。大東文化大学大学院修了。中国学修士。現在、文京学院大学職員。書学書道史学会会員。江戸の毛筆文化研究のため、和刻法帖、近世碑文拓本と和本の序跋を研究。かたわら研究成果に関して『東隅随筆』を継続執筆し、現在400号を超える。

佐藤貴裕（さとう たかひろ）
1960年、埼玉県川口市生まれ。東北大学大学院文学研究科博士後期課程単位取得退学。現在、岐阜大学教授。専攻、国語学・国語史。主な著作に、「節用集の辞書史的研究の現況と課題」（『日本語の研究』11巻2号）、「古本節用集の対利用者意識・試論」（『国語語彙史の研究33』、和泉書院）、「近世節用集史の俯瞰のために」（『近代語研究17』、武蔵野書院）などがある。

柏崎順子（かしわざき じゅんこ）
1960年生まれ。実践女子大学大学院文学研究科博士課程修了。現在、一橋大学大学院法学研究科教授。専攻、近世文学。主な著作に、『増補 松会版書目』（青裳堂書店）、『菅茶山遺稿』（太平書屋）、『ジェンダーから世界を読むII』（共著、明石書店）などがある。

山本英二（やまもと えいじ）
1961年、長野県生まれ。国学院大学大学院博士後期課程単位取得退学。博士（歴史学）。現在、信州大学人文学部教授。専攻、日本近世史。主な著作に、『慶安御触書成立試論』（日本エディタースクール出版部）、『慶安の触書は出されたか』（山川出版社）、『〈江戸〉の人と身分2 村の身分と由緒』（共編、吉川弘文館）、『信州松本藩崇教館と多湖文庫』（共編、新典社）などがある。

高橋明彦（たかはし あきひこ）
1964年、新潟県生まれ。東京都立大学大学院博士課程単位取得退学。現在、金沢美術工芸大学教授。専攻、日本近世文学。主な著作に、『近世奇談集成1』（共著、国書刊行会）、『八文字屋本全集 索引』（共著、汲古書院）などがある。

磯部敦（いそべ あつし）
1974年生まれ。中央大学大学院博士後期課程単位取得退学。博士（文学）。現在、奈良女子大学研究院人文科学系准教授。専攻、近代日本の出版文化史研究。主な著作に、『出版文化の明治前期』（ぺりかん社）、『明治前期の本屋覚書き 附.東京出版業者名寄せ』（金沢文圃閣）、「書簡の表現と物質性」（『日本近代文学』90号）などがある。

【編者】

鈴木俊幸（すずき としゆき）
1956年、北海道生まれ。中央大学大学院博士課程満期退学。現在、中央大学文学部教授。専攻、書籍文化史。主な著作に、『江戸の読書熱』『絵草紙屋 江戸の浮世絵ショップ』（平凡社選書）、『江戸の本づくし』（平凡社新書）、『書籍流通史料論 序説』『近世・近代初期 書籍研究文献目録』（編、勉誠出版）などがある。

平凡社創業100周年記念出版

シリーズ〈本の文化史〉2
書籍の宇宙——広がりと体系

発行日　2015年5月25日　初版第1刷

編　者　鈴木俊幸
発行者　西田裕一
発行所　株式会社平凡社
〒101-0051 東京都千代田区神田神保町3-29
電話 03-3230-6580（編集） 03-3230-6572（営業）
振替 00180-0-29639
ホームページ http://www.heibonsha.co.jp/
装　丁　東幸央
DTP　平凡社制作
印　刷　藤原印刷株式会社
製　本　大口製本印刷株式会社

ISBN978-4-582-40292-6 NDC分類番号020.21
四六判（19.4㎝） 総ページ344